高等学校应用型物流管理系列经典教材

物流与供应链管理

主　编　杨大平　张增平

副主编　刘艳菊

参　编　宋小乐　杨　佳

东南大学出版社

SOUTHEAST UNIVERSITY PRESS

·南京·

内容提要

本书是一本全面、深入介绍物流与供应链管理的教学用书，全面系统地介绍了物流与供应链管理概述、物流系统规划、采购管理、仓储与库存管理、装卸搬运管理、包装与流通加工管理、运输管理、配送管理与客户服务、供应链管理中的物流信息技术、物流成本与控制、物流与供应链管理绩效评价、物流与供应链管理的未来发展趋势等内容。

本书注重理论与应用的结合，既可作为高等院校工商管理专业、物流管理专业、电子商务专业及相关经济管理专业的教学用书，也可作为物流从业人员的培训教材和参考用书。

图书在版编目(CIP)数据

物流与供应链管理/杨大平，张增平主编. —南京：东南大学出版社，2021.11
ISBN 978-7-5641-9801-5

Ⅰ.①物… Ⅱ.①杨… ②张… Ⅲ.①物流—物资管理—高等学校—教材②供应链管理—高等学校—教材
Ⅳ.①F252

中国版本图书馆 CIP 数据核字(2021)第 235245 号

责任编辑：丁志星　责任校对：张万莹　封面设计：易帅　责任印制：周荣虎

物流与供应链管理
WULIU YU GONGYINGLIAN GUANLI

主　　编：杨大平　张增平
出版发行：东南大学出版社
社　　址：南京市四牌楼 2 号　邮编：210096　电话：025-83793330
网　　址：http://www.seupress.com
电子邮件：press@seupress.com
经　　销：全国各地新华书店
印　　刷：天津市蓟县宏图印务有限公司
开　　本：787mm×1092mm　1/16
印　　张：16.75
字　　数：357 千字
版　　次：2021 年 11 月第 1 版
印　　次：2021 年 11 月第 1 次印刷
书　　号：ISBN 978-7-5641-9801-5
印　　数：1—5000 册
定　　价：46.90 元

前言 PREFACE

物流业是融合运输业、仓储业、货代业、信息业等的复合型服务产业，是国民经济的重要组成部分，涉及领域广，吸纳就业人数多，促进生产、拉动消费作用大，在促进产业结构调整、转变经济发展方式和增强国民经济竞争力等方面发挥着重要作用。

供应链管理虽然提出时间较短，但已得到广泛关注和应用。其发展大体可以分为传统物流管理阶段、第三方物流管理阶段以及专业供应链管理阶段。目前随着我国交通运输能力的不断提升以及各行业产业链成熟程度的不断提高，供应链管理已经逐渐应用到各行各业。

由于物流与供应链管理对降低企业成本、增加企业利润、提高国民经济运行质量、促进产业升级的作用变得日益重要，世界各国的企业界和学术界都把物流与供应链问题作为重大战略进行研究。物流行业极快的发展速度和国内外企业观念的不断更新对专业教学提出了更高的要求，现有的教材急需更新扩充以适应应用型人才培养的要求，满足高等院校物流管理专业及其他经济管理类专业的教学需要。

本书基于以上出发点，分 12 章展开，系统深入地介绍了物流与供应链管理概述、物流系统规划、采购管理、仓储与库存管理、装卸搬运管理、包装与流通加工管理、运输管理、配送管理与客户服务、供应链管理中的物流信息技术、物流成本与控制、物流与供应链管理绩效评价、物流与供应链管理的未来发展趋势等内容。目的在于让学生正确理解物流与供应链管理的基本理论、基本原理和一般方法，具有解决一般物流与供应链管理问题的能力。

目前，物流与供应链管理的教材很多，与这些教材相比，本教材具有以下特点：

第一，结构严谨，体系完整。本书内容全面，大体涵盖了物流与供应链管理最基本、最核心的内容。

第二，本着可读、可操作、实用的原则，我们对大量的物流与供应链管理的知识、理论与方法重新进行了梳理、取舍与整合。

第三，鉴于物流与供应链管理学科本身专业性较强，学生学起来较为吃力，本教材力求通俗易懂，增加趣味性，以减少学生学习时的枯燥感。

第四，理论联系实际，便于教学。本教材每章都有学习要点及目标、本章小结、复习思考题和案例分析，既有利于读者自学并掌握各章的重点内容，也有利于教师讲授。

本书由杨大平、张增平担任主编，刘艳菊担任副主编，宋小乐和杨佳参与编辑。编写期间，编者参考大量物流与供应链管理相关教材、最新科研成果及其他相关资料，在此对所有作者表示崇高的敬意和衷心的感谢。

然而，由于物流与供应链管理专业性很强，编者团队水平有限，书中难免存在疏漏之处，恳请专家及读者朋友批评指正！

编　者

目录 CONTENTS

第一章 物流与供应链管理概述

学习要点及目标

本章主要是对物流管理和供应链管理的基本概念、理论和方法进行概括性的叙述，让学生对物流与供应链管理的内容有个初步的认识。通过本章的学习，学生能够做到以下几点。

(1)了解物流的产生与分类。

(2)了解并掌握物流的主要功能及其在国民经济中的作用。

(3)理解物流管理的主要内容及其与供应链管理的区别。

(4)理解并掌握供应链管理的结构及其主要内容。

引导案例

沃尔玛物流成功的三大要素：配送中心+信息技术+配送体系

“我们的‘天天平价’不是来自外界所传言的榨干供应商和低工资低福利，而是依靠改善和提高我们物流体系的效率节约成本。物流供货系统是沃尔玛的核心竞争力所在。”

前任沃尔玛总裁大卫·格拉斯这样总结：“配送设施是沃尔玛成功的关键之一，如果说我们有什么比别人干得好的话，那就是我们的配送中心。”

灵活高效的物流配送系统是沃尔玛达到最大销售量和低成本存货周转的核心。沃尔玛配送中心是指在100多家零售卖场中央位置的物流基地周围建立一个配送中心，可以同时满足100多个销售网点的需求，以此缩短配送时间，降低送货成本。

同时，沃尔玛首创交叉配送的独特作业方式，进货与出货几乎同步，没有入库、储存、分拣环节，由此加速货物流通。在竞争对手每5天配送一次商品的情况下，沃尔玛每天送货一次，大大减少中间过程，降低管理成本。数据表明，沃尔玛的配送成本仅占销售额的2%，而一般企业这个比例高达10%。

这种灵活高效的物流配送方式使沃尔玛在竞争激烈的零售业中技高一筹、独领风骚。

配送中心"灵活高效"说起来容易做来难，是什么使卓越的理念转化为强大的竞争力？就是现代化的物流信息技术。沃尔玛能长期在世界500强企业中独占鳌头，很大程度归因于其强大的信息系统的支持。它利用信息技术(如EDI[电子数据交换系统]、EOS[电子订货系统]、POS技术等)提高物流配送效率，增强其经营决策能力。沃尔玛正是在这些信息技术的支撑下，做到了商店的销售与配送中心、配送中心与供应商的同步。

注重与第三方物流公司形成合作伙伴关系

在美国本土，沃尔玛做自己的物流和配送，拥有自己的卡车运输车队，使用自己的后勤和物流方面的团队。

但是在世界上的其他地方，沃尔玛就只能求助于专门的物流服务提供商了，飞驰公司就是其中之一。飞驰公司是一家专门提供物流服务的公司，在世界上的其他地方为沃尔玛提供物流方面的支持。飞驰成为沃尔玛大家庭的一员，并百分之百献身于沃尔玛的事业。飞驰公司同沃尔玛是一种合作伙伴的关系，它们共同的目标就是努力做到最好。

挑战"无缝点对点"物流系统

在物流方面，沃尔玛尽可能降低成本。为了做到这一点，沃尔玛为自己提出了一些挑战。其中的一个挑战就是要建立一个"无缝点对点"的物流系统，能够为商店和顾客提供最迅速的服务。这种"无缝"的意思是使整个供应链达到一种非常顺畅的连接。

自动补发货系统

沃尔玛之所以能够取得成功，还有一个很重要的原因是沃尔玛有一个自动补发货系统。每一个商店都有这样的系统，包括在中国的商店。它使得沃尔玛在任何一个时间点都可以知道，目前某个商店中有多少货物，有多少货物正在运输过程中，有多少是在配送中心等。同时，补发货系统也使沃尔玛可以了解某种货物上周卖了多少，去年卖了多少，而且可以预测将来的销售情况。

零售链接系统

沃尔玛还有一个非常有效的系统，叫作零售链接系统，可以使供货商们直接进入沃尔玛的系统。

任何一个供货商都可以进入这个零售链接系统去了解他们的产品卖得怎么样，昨天、今天、上一周、上个月和去年卖得怎么样，可以知道这种商品卖了多少，而且这个系统可以在24小时内就进行更新。供货商可以及时了解沃尔玛公司每一个店的有关情况。

第一节 物流的概念和分类

物流如同“水流”(水的流动)，是指“物的流动”，并且是一种有目的的人为流动；物流管理就是对物流进行的计划、组织和控制。随着科学技术、生产技术和管理科学的不断发展，物流的概念也得到不断发展与完善。物流作为现代管理的重要组成部分，特别是经济全球化和需求个性化及企业竞争战略变化的条件下，在企业经营与国民经济中的地位与作用也日益突出。甚至有人认为：“一个国家现代物流发展水平的高低能充分反映该国的综合实力和市场竞争能力。”这样，关于物流的理论研究与应用得以不断深入和发展，重视物流、研究物流、学习与掌握现代物流理论与方法并提高物流效率，已成为国民经济各部门、各领域、各企业的重要任务。

一、“物流”一词溯源

物流概念最早出现在20世纪初的美国，当时被称为“Physical Distribution(PD)”，中文意思是“实物分配”或“货物配送”。PD这一概念最早由一位叫阿奇·萧的美国市场营销学者提出。他在1915年出版的《市场流通中的若干问题》一书中指出：“物流是与创造需求不同的一个问题，流通活动中的重大失误都是因为创造需求与物流之间缺乏协调。”这里，明确地将企业的流通活动分为创造需求的活动和物流活动，Market Distribution指的是商流，时间和空间的转移指的是销售过程的物流。书中还提出：“物资经过时间或空间的转移，会产生附加价值。”这是首次提到物流创造价值，也是对传统经济学观点“生产创造价值，而流通不创造价值”的突破。20世纪20年代，美国著名营销专家弗雷德·E. 克拉克在研究市场营销问题时再次使用这一概念，泛指一切与产品销售有关的实物配送活动。1935年，美国销售协会正式定义了“Physical Distribution”，对其做了进一步阐述，认为“物流(Physical Distribution)是包含于销售之中的物质资料和服务在从生产场所到消费场所的流动中所伴随的种种经济活动”。此时的物流指的是销售过程中的物流，侧重于商品的物质移动，属于狭义的物流概念，还不是现代意义上的物流。第二次世界大战后，西方经济进入大量生产、大量销售的时期，降低流通成本的要求引人注目，实物分配(PD)的概念更为系统化。20世纪50年代，PD的概念在日本被译为“物的流通”，日本著名学者、被称为“物流之父”的平原直就用“物流”这一更为简捷的表达方式代替“物的流通”，之后迅速地被广泛使用。我国许多文献中也是按PD的概念来阐述物流的。

另一方面，第二次世界大战期间，围绕着战时军事物资的供应管理，美国创立了后勤管理(Logistics Management)理论，它是指将战时物资生产、采购、运输、配给等活动作为一个整体进行统一布置，以使战略物资补给的费用更低、速度更快、服务更好。实践证明这一理论很有效，战后这一理论逐渐由军事领域渗透到工商领域，在企业中广泛应用，后来又有商业后勤、流通后勤的提法，这使得后勤包含了生产过程和流通过程的物流，而且是一个范围更广泛的物流概念。

到了20世纪60年代，欧美经济危机以及日本和亚洲四小龙等新兴工业化国家和地区的出现，加之70年代西方国家爆发的两次“石油危机”，使企业开始意识到重视物流系统的能源与供应管理的重要性，企业物流管理开始走向制度化。物流概念开始从Physical Distribution向Logistics过渡，并已被广泛接受。物流理论实现了从一个狭小的应用领域(具体的流通领域或者军事领域)向一个更加广阔的空间(一般的供应链)的飞跃，物流概念也实现了从狭义的传统物流向广义物流或者是现代物流转变。成立于1963年的美国物流管理协会作为世界上比较有影响的物流协会，在1985年下半年将其名称从National Council of Physical Distribution Management(NCPDM)更名为Council of Logistics Management(CLM)，Logistics取代Physical Distribution成为物流的标准用语。目前，欧美国家多称物流为Logistics，而Physical Distribution的说法渐渐变得少见。

日本的物流概念是1956年直接从英文的Physical Distribution翻译而来的，1956年日本派团考察美国的流通技术，引进物流概念。到了20世纪70年代，日本已成为世界上物流最发达的国家之一。

我国现在广泛使用的物流概念，主要是在20世纪70年代末80年代初从日本的“物流”概念引进的。

二、物流的概念

物流概念产生后，物流问题在西方发达国家引起广泛关注。许多国家加强了对物流有关问题的研究，美国、欧洲、日本等纷纷成立国家或区域性物流协会或学会，一些跨国公司成立物流部，统一协调和管理公司物理活动。物流概念的界定也成为物流理论研究的重要内容。自20世纪60年代以来，物流的各种定义层出不穷，现在很难统计到底有多少机构或组织给出了物流的定义。这里只列举一些权威性的定义。

日本日通综合研究所1981年的《物流手册》认为：“物流是将货物由供应者向需求者的物理性移动，是创造时间价值和场所价值的经济活动，包括包装、搬运、保管、库存管理、流通加工、运输、配送等活动领域。”

1986年，美国物流管理协会给物流的正式定义：“所谓物流，就是为了满足顾客需要而对原材料、半成品、成品及其相关信息从产地到消费地有效率或有效益的移动和保管进行计划、实施、统管的过程。这些活动包括但不局限于顾客服务、搬运及运输、仓库保管、工厂和仓库选址、库存管理、接受订货、流通信息、采购、装卸、零件供应，并提供服务、废弃物回收处理、包装、退货业务、需求预测等。”随着现代物流以及相关领域(如供应链管理)实践和理论研究的发展，1998年该协会对物流概念做了局部的修订，认为：“物流是供应链流程的一部分，是为了满足客户需求而对商品、服务及相关信息从原产地到消费地的高效率、高效益的正向和反向流动及储存进行的计划、实施与控制过程。”

欧洲物流协会(European Logistics Association，简称ELA)1994年公布的物流术语

中，对物流下了这样的定义："物流是在一个系统内对人员或商品的运输、安排及与此相关的支持活动的计划、执行与控制，以达到特定的目的。"

中国台湾地区的物流管理协会于 1996 年 1 月给出的物流定义为："物流是一种物的实体流通活动的行为，在流通过程中，透过管理程序有效结合运输、仓储、装卸、流通加工、资讯等相关物流机能性活动，以创造价值，满足顾客及社会性需求。"这一定义与美国物流管理协会的定义相似。

2006 年，国家标准《物流术语》(GB/T 18354—2006)对物流下的定义是："物品从供应地向接收地的实体流动过程。根据实际需要，将运输、储存、装卸、搬运、包装、流通加工、配送、信息处理等基本功能实施有机结合。"

从上面的这些定义来看，尽管表述不同，但对物流本质的理解是一致的：物流的实质是通过产品及其相关信息在供给点与消费点之间的加工、运输与交换，以低成本提供用户满意的服务，从而实现价值，是密切市场经济中供求关系的网络组织。它主要涵盖以下几个方面的内容。

(1)物流的对象既包括有形的"物"，即传统上可认知的一般性物品，如农、畜、渔、原材料、在制品、零部件、产成品、邮件、包裹、废弃物等；也包括无形的信息和服务等传统上不能被认知的特殊性物品，如电力、信用卡、物流服务和废弃物清理服务等。这一点在美国物流管理协会的物流定义中可以看出，物流管理的对象是物品、服务和相关的信息。

(2)物流过程是一个由许多物流作业环节组成的复杂系统。比如物流过程包括运输、储存、包装、流通加工、信息处理等环节，其中的运输环节，又包括组配、装车、驾驶、卸货等具体作业，每一项作业还可以划分为若干具体的动作，如组配作业动作。要使物流过程的结果符合要求，必须对物流过程进行系统化的设计与管理。由于物流过程是由具有相对独立性的运输、储存、包装等环节组成的，在对物流系统进行管理之前，需要对物流系统进行重新设计，也有称为工程再造或物流系统重构的。这种设计是使物流系统最优的保证，而物流管理的重点就是对运输、储存、包装等环节进行的系统化管理以及对物流过程进行控制。

(3)物流功能并不是物流各组成要素功能的简单加总。物流作为一个系统，它当然不能等同于这个系统中的某个部分。例如物流与传统储运就是两个内涵完全不同的概念。虽然传统的储运指的是储存、运输等活动，物流也包括储存、运输等活动，但物流概念代表着各种物流活动的集成与协调。物流包括但不只包括这些活动，更为关键的是，物流中的这些传统活动，在一个共同的目标下经过权衡而能够达到比较好的配合，无论是由第三方物流公司提供这些服务，还是由作为物流用户的生产、销售企业自己承担这些活动，都会从物流的实际需要出发，对物流各环节进行整合并开展总体设计，最优的总体设计方案并不能使储存或运输环节局部达到最优，却能使系统整体达到最优。提供物流服务的公司会将传统的储存、运输等服务集成起来，实现储存、运输等服务的最优组合从而降低用户的物流总成本，提高物流服务水平。总之，物流除了包含储存、运输等这些纵向的具体活动，更强调各环节活动之间的横向协调、配合与集成。在物流中，虽然储存、运输这些具体的活动或环节依然存在，但是它们是以行使物流系统的特定使命而存在的，是经过集成的储存和运输，比以前单独存在的储存和运输具有更大价值。物流系统仍然需要纯粹的、传统的运输公司、储运公司、仓储公司、包装公司、配送公司等，但是它们是执行物流系统集成指令，因为物流系统而存在的具体物流运作组织。类似地，我们还可以把物流的概念与其中包含的包装、流通加工、配送、信息处理等概念进行比较，采用同样的方法和思路，也可得出类似的结论。

(4)物流活动大多是由商品贸易、服务贸易和物流服务等多种方式，通过许多的人员、地点、行为和信息的组合搭配以及协调才能够完成的。这个过程涉及顾客服务、运输、仓储、信息处理等多项作业，还要涉及公司的策略选择与企业具体作业的联系，但最终的目标都是利用供应链中的资源，使物流活动在成本和收益的约束条件下达到顾客满意的结果。

三、物流的分类

物流是社会经济活动的重要组成部分，贯穿于社会再生产的全过程，存在于国民经济的各个领域。由于在不同领域中物流的对象、目的、范围和范畴的差异，可根据物流的需求、物流在社会再生产过程中的地位与作用等不同角度，将物流划分为不同类型。

(一)按照从事物流的主体分类

按照从事物流的主体分类，可将物流分为第一方物流、第二方物流、第三方物流、第四方物流。

第一方物流是指供应方(生产厂家或原材料供应商)提供运输、仓储等单一或某种物流服务的物流业务。

第二方物流是指需求方(生产企业或流通企业)为满足自己企业在物流方面的需求，由自己完成或运作的物流业务。

第三方物流(Third Party Logistics，简称 TPL)是指由物流的供应方与需求方以外的物流企业提供的物流服务，即由第三方专业物流企业以签订合同的方式为其委托人提供所有的或部分的物流服务。所以第三方物流也称为合同制物流。

第四方物流(Fourth Party Logistics)是一个供应链的集成商，是供需双方及第三方的领导力量。它不是物流的利益方，而是通过拥有的信息技术、整合能力以及其他资源提供一套完整的供应链解决方案，以此获取一定的利润。它帮助企业降低成本，有效整合资源，并且依靠优秀的第三方物流供应商、技术供应商、管理咨询以及其他增值服务商，为客户提供独特的和广泛的供应链解决方案。

(二)按照物流系统性质分类

按照物流系统性质分类，可以将物流分为社会物流、行业物流和企业物流三大类。

1. 社会物流

社会物流是物流的主要研究对象，是指以全社会为范畴、面向广大用户的超越一家一户的物流。社会物流涉及在商品的流通领域所发生的所有物流活动，因此社会物流带有宏观性和广泛性，所以也被称为大物流或宏观物流。伴随商业活动而发生，物流过程通过商品的转移，实现商品的所有权转移，这是社会物流的标志。

2. 行业物流

顾名思义，在一个行业内部发生的物流活动被称为行业物流。在一般情况下，同一个行业的各个企业往往在经营上是竞争对手，但为了共同的利益，在物流领域中却又常常互相协作，共同促进行业物流系统的合理化。在国内外有许多行业均有自己的行业协会或学会，并对本行业的行业物流进行研究。在行业的物流活动中，有共同的运输系统和零部件仓库以实行统一的集中配送，有共同的新旧设备及零部件的流通中心，有共同的技术服务中心对本行业操作和维修人员进行培训，有统一的设备机械规格、统一的商品规格、统一的法规政策和统一报表，等等。行业物流系统化的结果是行业内的各个企业都得到相应的利益。

3. 企业物流

在企业经营范围内由生产或服务活动所形成的物流系统称为企业物流。企业作为一个经济实体，是为社会提供产品的。一个生产企业的产品生产过程，从采购原材料开始，按照工艺流程经过若干工序将原材料加工成产品，然后再销售出去，有一个较为复杂的物流过程；一个商业企业的物流运作过程包括商品的进、销、调、存、退等各个环节；一个运输企业的物流活动有按照客户的要求提货，将货物运送到客户指定的地点并完成交付。

(三)按照物流系统功能结构分类

按照物流系统功能结构分类，可以将物流分为运输、保管、装卸搬运、包装、流通加工、物流信息六种功能类型。

1. 运输

运输指对物资进行较长距离的空间移动。它是物流的动脉，是物流体系中所有动态功能的核心。

2. 保管

保管指对物资进行储存、管理、保养、维护。它是物流的中心，是物流体系中唯一的静态环节。

3. 装卸搬运

装卸搬运指在同一地域范围内进行的、以改变物的存放状态和空间位置为主要内容和目的的活动。它是物流的接口，包括装上、卸下、移动、拣选、分类、堆垛、入库、出库等。

4. 包装

包装指对物资进行某种程度的捆扎或将物资装入适当容器，保护物品在流通过程中不受损坏。它是物流的起点。

5. 流通加工

流通加工指在流通过程中辅助性的加工活动，是生产加工在流通中的延伸。它是物流价值的新途径。

6. 物流信息

物流信息指对物流各项活动进行计划、预测、分析，及时提供物流有关信息。它是物流的中枢神经。

(四)按照物流活动地域范围分类

按照物流活动地域范围分类，可以将物流分为地区物流、国内物流和国际物流。

1. 地区物流

地区物流是指某一行政区域或经济区域的内部物流。研究地区物流对于提高当地企业物流活动的效率，保障居民的生活福利和环境具有不可缺少的作用。对地区物流的研究应根据所在地区的特点，从本地区的利益出发组织好相应的物流活动，并充分考虑利弊两方面的问题，要与地区和城市的建设规划相统一。例如，某地区计划建设一个大型物流中心，这将提高当地的物流效率，降低物流成本，但也应考虑供应点集中所带来的一系列交通问题。

2. 国内物流

为国家的整体利益服务，在国家的领土范围内开展的物流活动称为国内物流，国内物流作为国民经济的一个重要方面，应该纳入国家总体规划。我国的物流事业是国家现代化建设的重要组成部分，因此，国内物流的建设、投资和发展必须从全局着眼，清除部门和地区分割所造成的物流障碍，尽早建成一些为国民经济服务的大型物流项目。

3. 国际物流

国家之间和世界各大洲之间进行的原材料与产品的流通称为国际物流。当前的世界已成为地球村，国家与国家之间的经济交流越来越频繁，各国的经济发展已经融入全球的经济潮流之中。另外，企业的发展也走向社会化和国际化，出现了许多跨国公司，使一个企业的经济活动范畴就可以遍布世界各大洲。因此，国际物流已成为物流研究的一个重要分支并显得越来越重要。

(五)按照物流涉及的领域分类

按照物流涉及的领域分类，可以将物流分为宏观物流和微观物流。

1. 宏观物流

宏观物流也称社会物流(External Logistics)，是指社会再生产总体的物流活动，业务范围为整个社会。其主要特点是综观性和全局性。其主要研究内容包括物流总体构成、物流与经济发展的相互关系等。

2. 微观物流

微观物流也称企业物流(Internal Logistics)，是指消费者、生产企业所从事的物流活动，主要面向企业。其主要特点是具体性和局部性，主要内容贴近企业经营管理的实际。

两者的区别在于，前者是从国民经济宏观角度划分的物流范围，后者是从企业的微观角度划分的物流业务范围。一般地，在大空间范畴内发生的物流活动，往往带有宏观性，属于宏观物流；在小空间范畴发生的物流活动，往往带有微观性，属于微观物流。

(六)按照物流在社会再生产中的作用进行分类

按照物流在社会再生产中的作用进行分类，可以将物流分为供应物流、销售物流、生产物流、回收物流、废弃物物流等不同的种类。

1. 供应物流

供应物流即物质产品生产企业、流通企业或消费者购入原材料、零部件或商品的物流过程，也就是物资生产者、持有者及使用者之间的物流。对于生产企业而言，是指生产活动所需要的原材料、备品备件等物资的采购、供应活动所产生的物流；对于流通企业来说，是指在交易活动中，从买方的角度出发的交易行为中所发生的物流。企业的流动资金大部分是被购入的物资材料及半成品等所占用的。供应物流的严格管理及合理化对于降低企业的成本有着重要的影响。

2. 销售物流

生产企业、流通企业售出的产品的流通过程称为销售物流，是指从产品的生产者或持有者到用户或消费者之间的物流。对于生产企业来说是指售出产品，而对于流通企业来说是指交易活动中，从卖方角度出发的交易行为中的物流。通过销售物流，企业得以回收资金，并进行再生产活动。销售物流的效果关系到企业的存在价值是否被社会承认。销售物流的成本在产品的最终价格中占有一定的比例。因此，在市场经济中，为了增强企业的竞争力，销售物流的合理化是可以收到立竿见影的效果的。

3. 生产物流

从生产企业的原材料购进入库开始，直到生产企业的成品库的成品发送为止，这一全过程的物流活动称为生产物流。生产物流是制造产品的生产企业所特有的，它和生产流程同步。原材料、半成品等按照工艺流程在各个加工环节之间不停地移动、流转形成了生产物流。如果生产物流中断，生产流程也随之停顿。生产物流合理程度对企业的生产秩序、生产成本有极大影响。生产物流均衡稳定，可以保证在制品的顺畅流转，缩短生产周期。在制品库存的压缩，设备负荷的均衡化，也都和生产物流的管理和控制有关。

4. 回收物流

在生产和流通活动中，有一些物资是要回收再利用的，如作为包装物的纸箱、塑料瓶、啤酒瓶等，建筑业的脚手架也属于这一类物资。还有可用杂物的分类和再加工，例如旧报纸、书籍通过回收、分类可以再制成纸浆加以利用。特别是金属的废弃物，由于金属具有良好的再生性，可以回收并重新熔炼成有用的原材料。目前我国每年冶金生产中有3 000万吨废钢铁会作为炼钢原料使用，也就是说我国钢产量中有30%以上是由回收的废钢铁重熔冶炼提供的。回收物资种类繁多，流通渠道不规范且多有变化，因此管理和控制的难度较大。

5. 废弃物物流

生产和流通系统中会产生废弃物，如开采矿山时产生的土石，炼钢中产生的废渣、工业废水，以及其他一些无机垃圾等。如果不妥善处理，不但没有再利用价值，还会造成环境污染，就地堆放会占用生产用地以至妨碍生产。对这类物资的处理过程产生了废弃物物流。废弃物物流没有经济效益，但是具有不可忽视的社会效益。为了减少资金消耗，提高效率，更好地保障生活和生产的正常进行，对废弃物物流的综合利用及研究很有必要。

第二节 物流管理概述

一、物流管理的定义与目标

物流作为一项社会经济活动，为了提高其有效性和效率，确保其目标得以实现，必须对其进行科学的管理。物流管理作为组织管理的主要内容和方法，对于降低运作成本，改善服务水平有极好的功效。

(一)物流管理的定义

国家标准(《物流术语》GB/T 18354—2006)中将物流管理(Logistics Management)定义为:“为了以合适的物流成本达到用户满意的服务水平，对正向及反向的物流活动过程及相关信息进行的计划、组织、协调与控制。”

物流管理是一种职能活动和“计划—实施—评价”的循环过程，侧重于物流成本和物流服务，追求的目标是顾客满意。物流管理依据其对象也就是物流的存在形态的不同，可分为宏观物流管理和微观物流管理。宏观物流管理是从国民经济角度出发，对物流在国民经济中的地位与作用、物流产业政策与法规、物流基础设施建设、物流设施的布局、物流结构、物流的社会效益和经济效益等方面进行管理。微观物流管理则是对企业物流进行的管理，可以进一步将其细分为企业物流管理和物流企业管理。企业物流管理是对制造企业、建筑业和商业企业的物流活动进行的管理，具体包括物流战略、物流计划、物流组织、物流控制等；物流企业管理则是对专门从事物流的企业以市场需求为对象、以市场为背景所提供的物流活动进行管理，包括物流企业的形态、竞争战略、服务方式等。

(二)物流管理的目标

(1)快速反应。快速反应是关系到一个企业能否及时满足顾客服务需求的能力。IT 的运用为企业创造了在最短的时间内完成物流作业并尽快交付的条件。快速响应的能力把作业重点从预测转移到以装运和装运方式对顾客要求做出反应上来。

(2)最小变异。变异是指破坏物流系统表现的任何想象不到的事件，它可以产生于任何一个领域的物流作业。在充分发挥信息作用的前提下，采取积极的物流控制手段可以把这些风险减少到最低限度，作为经济上的结果可以提高物流的生产率。

(3)最低库存。保持最低库存的目标是把库存减少到与顾客服务目标一致的最低水平，以实现最低的物流总成本。“零库存”是企业物流的理想目标，物流设计必须把资金占用和库存周转速度当成重点来控制和管理。

(4)物流质量。物流管理的目标是要寻求持续不断地提高物流质量。全面质量管理要求企业物流无论是在产品质量方面，还是物流服务质量方面，都要做得更好。随着物流全球化、信息技术化、物流自动化水平的提高，物流管理面临着“零缺陷”的物流质量高要求，这种挑战强化了物流的目标。

(5)产品所处不同生命周期的物流管理目标。产品生命周期由引入、成长、饱和成熟和完全衰退四个阶段组成，不同阶段生产技术和组织特点各不相同，其物流管理的目标也应各不一样。

在新产品引入阶段，物流是在充分提供物流服务与回避过多支持和费用负担之间求得平衡。在成长阶段，产品取得了一定程度的市场认可，销售量骤增，物流活动的重点从不惜代价提供顾客所需服务转变为平衡的服务和成本绩效。处于成长阶段的企业有更多机会去设计物流作业并获取物流利润。此阶段销售利润渠道是按不断增长的销量来出售产品，只要顾客愿意照价付款，几乎任何水准的物流服务都可能实现。

饱和成熟阶段具有激烈竞争的特点，物流活动会变得具有高度的选择性，而竞争对手之间会调整自己的基本服务承诺，以提供独特的服务取得顾客的青睐，成熟阶段的竞争状况增加了物流活动的复杂性和作业要求的灵活性。当一种产品进入完全衰退阶段时，企业所面临的难题是在低价出售产品和继续有限配送等可选择方案之间进行平衡。于是，企业一方面将物流活动定位于继续相应的递送活动，另一方面是要最大限度地降低物流风险。在两者中，后者显得相对更重要。

二、物流管理的内容与原则

(一)物流管理的内容

从不同的角度考察，物流管理的内容各不相同。

1. 物流活动要素的管理

从物流活动要素的角度出发，物流管理可分为以下几个方面。

(1)运输管理。其主要内容包括运输方式及服务方式的选择，运输路线的选择，车辆调度与组织。

(2)储存管理。其主要内容包括原料、半成品和成品的储存策略，储存统计、库存控制、养护等。

(3)装卸搬运管理。其主要内容包括装卸搬运系统的设计、设备规划与配置、作业组织等。

(4)包装管理。其主要内容包括包装容器和包装材料的选择和设计，包装技术和方法的改进，包装系列化、标准化、自动化等。

(5)流通加工管理。其主要内容包括加工场所的选定，加工机械的配置，加工技术与方法的研究和改进，加工作业流程的制定与优化。

(6)配送管理。其主要内容包括配送中心选址及优化布局，配送机械的合理配置与调度，配送作业流程的制定与优化。

(7)物流信息管理。其主要是指对反映物流活动内容的信息、物流要求的信息、物流作用的信息和物流特点的信息所进行的搜集、加工、处理、存储和传输等。信息管理在物流管理中的作用越来越重要。

(8)客户服务管理。其主要是指对与物流活动相关的服务的组织和监督，例如，调查和分析顾客对物流活动的反应，决定顾客所需要的服务水平、服务项目等。

2. 对物流系统要素的管理

根据物流系统要素的组成，物流管理又可分为以下几个方面。

(1)人的管理。人是物流系统和物流活动中最活跃的因素。对人的管理包括物流从业人员的选拔和录用，物流专业人才的培训与提高，物流教育和物流人才培养规划与措施的制定等。

(2)物的管理。“物”是指物流活动的客体即物质资料实体。物的管理贯穿于物流活动的始终。它涉及物流活动要素，即物的运输、储存、包装、流通、加工等。

(3)财的管理。其主要是指物流管理中有关降低物流成本、提高经济效益等方面的内容，它是物流管理的出发点，也是物流管理的归宿，主要内容包括物流成本的计算与控制，物流经济效益指标体系的建立，资金的筹措与运用；提高经济效益的方法等。

(4)设备管理。设备管理是指与物流设备管理有关的各项内容，主要有各种物流设备的选型与优化设置，各种设备的合理使用和更新改造，各种设备的研制、开发与引进等。

(5)方法管理。其主要内容包括各种物流技术的研究、推广普及，物流科学研究工作的组织与开展，新技术的推广与普及，现代管理方法的应用等。

(6)信息管理。信息是物流系统的神经中枢，只有做到有效地处理并及时传输物流信息，才能对系统内部的人、财、物、设备和方法等5个要素进行有效的管理。

3. 物流活动中具体职能管理

从活动职能来划分，物流主要包括以下几个方面。

(1)物流计划管理，是指对物质生产、分配、交换、流通整个过程的计划管理，也就是在物流大系统计划管理下，对物流过程中的每个环节都要进行科学的计划管理，具体体现在物流系统内各种计划的编制、执行、修正及监督的全过程。物流计划管理是物流管理工作的首要职能。

(2)物流质量管理，包括物流服务质量、物流工作质量、物流工程质量等方面的管理。物流质量的提高意味着物流管理水平的提高，意味着企业竞争能力的提高。因此，物流质量管理是物流管理工作的中心问题。

(3)物流技术管理，包括物流硬技术和物流软技术的管理。对物流硬技术进行管理，即是对物流基础设施和物流设备的管理，如物流设施的规划、建设、维修、运用；物流设备的购置、安装、使用、维修和更新；提高设备的利用效率，日常工具管理工作等。对物流软技术进行管理，主要是物流各种专业技术的开发、推广和引进，物流作业流程的制定，技术情报和技术文件的管理，物流技术人员的培训等。物流技术管理是物流管理工作的依托。

(4)物流经济管理，包括物流费用的计算和控制，物流劳务价格的确定和管理，物流活动的经济核算、分析等。成本费用的管理是物流经济管理的核心。

(二)物流管理的原则

1. 物流管理的根本原则

物流合理化是物流管理的根本原则，是指在兼顾成本与服务的前提下，对物流系统的构成要素进行调整改进，实现物流系统整体优化的过程。

2. 物流管理的派生原则

(1)系统化原则：物流合理化的第一原则，要把系统化和整体化放在首要位置来考虑。

(2)标准化原则：坚持使用国际标准或国家标准，保持物流系统的开放性和可接入性。

(3)柔性化原则：与生产的柔性化发展相对应，满足客户个性化需求，如配送中心提供小批量、多品种的柔性配送服务。

(4)协同化原则：配送协同化、物流资源利用协同化、物流设施与设备利用协同化及物流管理协同化等，减少重复建设和环境承载压力。

(5)优先化原则：优先考虑彼此之间物流量大的设施布置得近一些，在物流系统规划和设计上或者某些业务操作上，要充分体现这一原则。

(6)近距离原则：尽量缩短物料流动或运输的距离，如一些企业的联合厂房设计和一些地区的物流园区生产布局等。

(7)零库存原则：追求库存最小原则，要通过供应链管理和各种管理的改进使企业各种库存降到最低限度。

(8)集装化原则：使用标准化托盘、料箱、料架等工位器具，提高作业机械化和自动化水平等。

(9)信息化原则：提高自动化和计算机利用水平，建立并完善物流信息管理系统，并努力向智能化自动管理迈进。

(10)环保化原则：注重环境保护，物流系统规划、设计、改造要符合可持续发展原则和绿色制造要求，与其他系统相互协调。

3. 实施科学管理的原则

科学管理的原则是按照物流活动的客观规律来开展物流管理。也就是说，要建立适宜的物流运作指挥系统，做好基础工作(建立、健全规章制度和管理规范)，实现管理工作的制度化、程序化，运用现代管理思想和方法管理物流企业，实现一切以数据说话。

4. 7R(服务)原则

通过物流管理力求达到物流活动能将适合的产品(Right Product)以适合的质量(Right

Quality)、适合的数量(Right Quantity)、适合的成本或价格(Right Cost)、适合的条件(Right Condition)在适合的时间(Right Time)和适合的地点(Right Place)送达到客户手中。

三、物流管理的特征

(一)物流管理以实现顾客满意为第一目标

追求顾客满意是当今组织管理的共同目标。物流管理不仅是一项物流活动，而且是一项服务活动，服务的绩效指标是顾客满意。因此，物流管理的第一目标是顾客满意。

(二)物流管理强调从供应到生产再到销售最后到回收的全过程管理

传统观点认为物流是从生产阶段到消费阶段商品的物质运动，也就是说，物流管理的主要对象是“销售物流”和“企业内物流”。而现代物流管理的范围不仅包括销售物流和企业内物流，还包括供应物流、回收物流以及废弃物物流。同时，销售物流概念也有新的延伸，即不仅是单个阶段的销售物流(如厂商到批发商、批发商到零售商、零售商到消费者的相对独立的物流活动)，而且是一种整体的销售物流活动，也就是将销售渠道的各个参与者(厂商、批发商、零售商和消费者)结合起来，来保证销售物流活动的合理化。

(三)物流管理以整体最优为目的

面对当今产品生产周期的缩短、顾客要求高效经济的输送、产品流通地域的扩大等市场环境，如果物流管理仅仅追求“部门最优”或“部分最优”将无法在日益激烈的竞争中取胜。从原材料的采购计划到向最终消费者转移物的运动等各种活动，不仅仅是部门和部分的活动，而是将各部分和部门有效结合以发挥综合效益。也就是说，当今物流所追求的费用、效益观，是针对采购、生产、销售、物流等整体最优而言的。但是，应当注意的是，追求整体最优并不是可以忽略物流的效率化，在强调整体最优的同时应当与现实相对应，彻底实现物流部门的效率化。

(四)物流管理既重效率更重有效性

现代物流管理具体在哪些行为方面有新的变化呢？首先在物流手段上，从原来重视物流的机械、机器等硬件要素转向重视信息等软件要素。在物流活动领域方面，从传统以运输、保管为主的活动转向全部物流活动。从管理方面来看，现代物流从原来的作业层次转向管理层次，进而向综合层次发展。另外，在物流需求的对应方面，原来强调的是与输送力的确保、降低成本等企业内需求的对应，现代物流则强调与物流服务水准的提高等市场需求的对应，并更进一步地发展到与重视环境、公害、交通、能源等社会需求的对应。所以，以上论述表明：传统的物流以提高效率、降低成本为重点，而现代物流不仅重视效率方面的因素，更强调整个流通过程的物流效果。也就是说，从成果的角度来看，如果有些活动虽然使成本上升，但如果它能有益于整个企业战略的实现，那么这种物流活动仍然是可取的。

第三节　供应链管理概述

对于供应链这一复杂系统，要想取得良好的绩效，使整个供应链有效运转，必须找到有效的协调管理方法，供应链管理思想就是在这种环境下提出的。

关于供应链管理，有许多不同的定义和称呼，如有效用户反应(Efficient Consumer Response，简称 ECR)、快速反应(Quick Response，简称 QR)、虚拟物流(Virtual Logistics，简称 VL)、连续补充(Continuous Replenishment)等。这些称呼因考虑的层次、角度不同而不同，但都通过计划和控制实现企业内部和外部之间的合作，实质上它们一定程度上都集成了供应链和增值链两个方面的内容。

一、供应链管理的概念

供应链管理(Supply Chain Management，简称 SCM)是伴随着供应链竞争理念的出现而在管理领域形成的一种崭新的管理思想和方法。随着信息技术的发展，计算机网络的形成进一步推动了制造业的全球化、网络化过程。虚拟制造、动态联盟等制造模式的出现，使现代企业迫切需要新的管理模式与之相适应。传统的企业组织中的采购(物资供应)、加工制造(生产)、销售等看似整体，但却是缺乏系统性和综合性的企业运作模式，已经无法适应新的制造模式发展的需要，而那种大而全、小而全的企业自我封闭的管理体制，更无法适应网络化竞争的社会发展需要。因此，供应链的概念和传统的销售链概念是不同的，它已跨越了企业界限，从建立合作制造或战略伙伴关系的新思维出发，从产品生命线的“源头”开始，到产品消费市场，从全局和整体的角度考虑产品的竞争力，使供应链从一种运作性的竞争工具上升为一种管理性的方法体系，这就是供应链管理提出的实际背景。

供应链管理可以定义为：是用系统的观点对供应链中的物流、信息流和资金流进行设计、规划、控制与优化，即行使计划、组织、协调与控制等管理职能，以寻求建立供、产、销企业以及客户间的战略合作伙伴关系，最大限度地减少内耗与浪费，实现供应链整体效率的最优化并保证供应链中成员取得相应的绩效和利益，满足顾客需求的整个管理过程。它覆盖了从供应商的供应商到客户的全部过程，主要内容涉及外购、制造分销、库存管理、运输、仓储、客户服务等。

供应链管理是一种集成的管理思想和方法，它贯穿于供应链中从供应商到最终用户的物流、信息流、资金流的计划和控制等管理职能。

二、供应链管理的基本特点

供应链管理是一种新型的管理模式，具有以下特点。

(一)供应链管理是一种基于流程的集成化管理模式

传统的管理以职能部门为基础，由于职能矛盾、利益目标冲突、信息分散等原因，各职能部门往往无法完全发挥出潜在的效能，所以很难实现整体目标的最优。供应链管理是一种纵横的、一体化经营的集成管理模式。它以流程为基础，以价值链的优化为核心，强调供应链整体的集成与协调，通过信息共享、技术交流与合作、资源优化配置和有效的价值链激励机制等方法实现经营一体化。

(二)供应链管理以顾客满意为核心

让最终顾客更满意是供应链全体成员的共同目标，顾客满意的实质是顾客获得超出他们承担的产品价格以上的那部分“价值”，供应链可以使得这部分“价值”升值。比如，由于供应链中供应商与制造商、制造商与销售商彼此之间已经建立了战略合作伙伴关系，所以供应商可以将原料或配件直接送给制造商，制造商可直接将产品运送给销售商，企业间无须再进行原来意义上的采购和销售，这两项成本就大大削减了；同时，包装和管理等成本也随物流环节的减少而降低，因此，供应链完全可以以更低的价格向客户提供优质产品。此外，供应链还可改善产品质量、提高服务水平、增加服务承诺，增大顾客所期待的那部分“价值”，从而提高顾客的满意度。

(三)供应链管理提出了新型合作竞争理念

与传统企业经营管理不同，供应链管理是对供应链全面协调性的合作式管理，它不仅要考虑核心企业内部的管理，还更注重供应链中各个环节、各个企业之间资源的利用和合作，让各企业之间进行合作博弈，最终达到“双赢”。早期的单纯竞争观念完全站在企业个体的立场上，以自己的产品销售观在现有的市场上争夺产品和销售渠道，其结果不是“你死我活”就是两败俱伤，不利于市场空间的扩大和经济的共同繁荣进步。供应链管理的合作竞争理念把供应链视为一个完整的系统，将每一个成员企业视为子系统，组成动态联盟，彼此信任，互相合作，共同开拓市场，追求系统效益的最大化，最终分享节约的成本和创造的收益。

(四)供应链管理以现代网络信息技术为支撑

新的计算机和通信技术使得供应链管理能够做到“实时”和“在线”，使供应链上的成员能彼此快速地进行通信联系。这就使得供应商、制造商、分销商和零售商、最终客户形成一种快速的供应链的连接。这种通过计算机和网络通信技术形成的链接，打破了传统供应链基于纸介和人工的操作，避免了不必要的操作，节约了业务运营成本，提高了效率。

供应链管理战略是现代网络信息技术与战略联盟思想的结晶，高度集成的网络信息系统是其运行的技术基础，ERP(企业资源计划)就是供应链管理广泛使用的信息技术。ERP是由美国权威计算机技术咨询和评估集团 Garter Group 在 20 世纪 90 年代提出的。ERP综合应用了多项网络信息产业的成果，集企业管理理念、业务流程、基础数据、企业资源、计算机软硬件于一体，通过信息流、物流、资金流的管理，把供应链上所有企业的制造场所、营销系统、财务系统紧密地结合在一起，以实现全球内多工厂、多地点的跨国经营运作，使企业超越传统的供方驱动的生产模式，转向需方驱动生产模式运营，体现了完全按用户需求制造的思想，通过信息和资源共享，顾客满意为核心的战略得以实现。

三、供应链管理的内容

在供应链管理内容方面，不同的学者根据自己的理解提出了自己的看法，如我国著名供应链管理专家马士华教授认为，供应链管理主要涉及四个领域：供应(Supply)、生产计划(Schedule Plan)、物流(Logistics)和需求(Demand)。供应链管理是以同步化、集成化生产计划为指导，以各种技术为支持，围绕供应、生产作业、物流(主要指制造过程)、满足需求来实施的。供应链管理主要包括计划、合作、控制从供应商到用户的物料(零部件和成品等)和信息。供应链管理的目标在于提高用户服务水平和降低总的交易成本，并且寻求两个目标之间的平衡。在以上四个领域的基础上，我们可以将供应链管理细分为职能领域和辅助领域。职能领域主要包括产品工程、产品技术保证、采购、生产控制、库存控制、仓储管理、分销管理。而辅助领域主要包括客户服务、制造、设计工程、会计核算、人力资源、市场营销。

由此可见，供应链管理关心的并不仅仅是物料实体在供应链中的流动，除了企业内部与企业之间的运输问题和实物分销以外，供应链管理还包括以下主要内容。

(1)战略性供应商和用户合作伙伴关系管理。

(2)供应链产品需求预测和计划。

(3)供应链的设计(全球节点企业、资源、设备等的评价、选择和定位)。

(4)企业内部与企业之间物料供应与需求管理。

(5)基于供应链管理的产品设计与制造管理、生产集成化计划、跟踪和控制。

(6)基于供应链的用户服务和物流(运输、库存、包装等)管理。

(7)企业间资金流管理(汇率、成本等问题)。

供应链管理注重总的物流成本(从原材料到最终产成品的费用)与用户服务水平之间的关系，为此要把供应链各个职能部门有机地结合在一起，从而最大限度地发挥出供应链整体的力量，达到供应链企业群体获益的目的。

四、供应链管理的基本原则

根据 Mercer 管理顾问公司的报告，有近一半接受调查的公司经理将供应链管理作为公司的 10 项大事之首。调查还发现，供应链管理能够提高投资回报率、缩短订单履行时间、降低成本。Andersen 咨询公司提出了供应链管理的 7 项原则。

(1)根据客户所需的服务特性来划分客户群。传统意义上的市场划分基于企业自己的状况，如行业、产品、分销渠道等，然后对同一区域的客户提供相同水平的服务；供应链管理则强调根据客户的状况和需求，决定服务方式和水平。

(2)根据客户需求，如供货时间、数量、地点和企业可获利情况，设计企业的后勤网络。

(3)及时掌握市场的需求信息。销售和营运计划必须监测整个供应链，以及时发现需求变化的早期警报，并据此安排和调整计划。

(4)控制时间延迟。市场需求波动剧烈，因此距离客户接受最终产品的时间越长，需求预测就越不准确，而企业还不得不维持较大的中间库存。例如一家洗涤用品企业在实施大批量客户化生产的时候，可先在企业内将产品加工结束，再在零售店完成最终的包装。

(5)与供应商建立双赢的合作策略。迫使供应商相互压价，固然使企业在价格上收益，但相互协作可以降低整个供应链的成本。

(6)在整个供应链领域建立信息系统。信息系统首先应该处理日常事务和电子商务；然后支持多层次的决策信息，如需求计划和资源规划；最后应该根据大部分来自企业之外的信息进行前瞻性的策略分析。

(7)建立整个供应链的绩效考核准则，而不仅仅是局部的个别企业的孤立标准，供应链的最终验收标准是客户的满意程度。

五、供应链管理实施步骤

实施供应链管理大致可分为四个步骤：一是制订供应链战略计划；二是选定合作伙伴，构建供应链；三是计划与实施；四是评估供应链管理绩效。

(一)制订供应链战略计划

实施供应链首先要制订计划，主要有以下工作：第一，将企业的目标同现有能力及业绩进行比较，发现供应链上的显著弱点，经过改善，迅速提高企业竞争力；第二，同关键客户和供应商探讨、评估全球化、新技术和竞争局势，建立供应链的远景目标；第三，制订实现供应链目标的行动计划，评估企业现有条件；第四，根据优先级安排上述计划，并且承诺相应的资源。根据实施计划，确定长期的供应链结构，使企业在与正确的客户和供应商建立的正确的供应链中处于正确的位置，然后重组和优化企业内部和外部的产品、信息和资金流；第五，在供应链的重要领域如库存、运输等环节提高质量和生产率。

(二)选定合作伙伴，构建供应链

构建供应链，首先要选定合作伙伴。在选择时可参考以下事项。

(1)供应链的经营战略一致的企业。

(2)有强烈业务改革欲望的企业。

(3)能成为解决供应链难题对象的企业。

(4)最高经营者彼此之间志同道合，能构建信赖关系的企业。

(5)经营管理中活用信息技术的企业。

(6)经营透明度高，值得信赖的企业。

(7)有前瞻性的企业。

(8)目前有交易的实际业绩的企业。

(9)今后的合作伙伴关系前景良好的企业。

企业可采取以下措施建立供应链。

第一，明确自己在供应链中的定位。一条富有竞争力的供应链要求各成员企业都具有较强的竞争力，各成员企业应该是专业化的，具有专业化的优势。供应链中总会有企业处于主要或从属的地位，任何企业都不能包揽供应链中所有的环节，它必须根据自己的优势确定自己的位置，制定相关的发展战略。

第二，建立物流、配送网络。物流、配送网络是供应链存在的基础。

第三，广泛采用信息技术。广泛采用各种信息技术，尽可能地全面收集消费者需求信息，建立整个供应链管理信息网络系统，将供应链各企业连在一起。

(三)计划与实施

共同改革供应链的合作伙伴选定后，首先实施小规模的试验项目，合作伙伴之间相互交换信息、了解现状，以此来制订改善的计划，推进业务、人员、组织的变革。在这一阶段，共同分享利润和风险、转变观念和改变业务模式是计划与实施的三个要点。

首先，企业间相互公开信息是相当难的事情，因为公布出的数字如实地反映了企业的强项和弱项，稍不留意就会透露给竞争对手企业，或者被合作伙伴企业恶意利用，招来致命的打击。但供应链管理的活动始于合作伙伴企业间的信息共享，根据相互间的信赖关系，挖掘共同实现最佳化供应链的信息，而且向对方提供正确、迅速的高质量信息，将有助于降低供应链的成本和提高对消费者的附加价值。这就要求合作伙伴企业本着共享利润和风险的理念，相互公开各自的经营现状和信息，公开其责任和成果的测定方法，求得认同，共同构建准确把握活动的责任和成果的体制，努力构建双赢关系。

其次，在供应链业务中，要时刻考虑整体的最佳，以此决定库存计划、订货计划、需求预测、生产计划和销售计划等，这就使准备进入供应链的企业的业务目标发生变化。例如，以前销售人员以扩大销售、增加销售额为目标，而现在需要考虑销售客户的库存量，分批适量地销售成为新的目标。另外，为了提高下游企业的供应链效率，要求供应链上游企业要从事贴商标、分拣、信息沟通等不能给本企业带来直接效益的工作，这就要求实行业务的“人”的观念跟上这种变化，使业务的目标适应变化后的业务评价标准。

最后，业务目标的变化和人的观念的转变，势必带来供应链企业的业务模式的改变，使采购管理、生产计划、库存管理、物流、销售管理等业务系列化，其中最重要的是彻底地实施“业务流程再造”，才能取得更大的效果。

(四)评估供应链管理绩效

供应链管理绩效的评价指标应该基于业务流程绩效评价指标，能恰当反应供应链整体运营状况以及上下节点企业之间的运营关系，而不是孤立的评价某一个供应商、制造商或分销商的运营情况。通过绩效评估，进一步改善供应链管理。

本章小结

物流的实质是通过产品及其相关信息在供给点与消费点之间的加工、运输与交换，以低成本提供用户满意的服务，从而实现价值，是密切市场经济中供求关系的网络组织。

按照从事物流的主体分类，可将物流分为第一方物流、第二方物流、第三方物流、第四方物流。按照物流系统性质分类，可以将物流分为社会物流、行业物流和企业物流三大类。按照物流系统功能结构分类，可以分为运输、保管、装卸搬运、包装、流通加工、物流信息六种功能类型。按照物流活动地域范围分类，可以分为地区物流、国内物流和国际物流。按照物流涉及的领域分类，可以分为宏观物流和微观物流。按照物流在社会再生产中的作用分类，可以将物流分为供应物流、销售物流、生产物流、回收物流、废弃物物流等不同的种类。

物流管理是一种职能活动和“计划—实施—评价”的循环过程，侧重于物流成本和物流服务，追求的目标是顾客满意。物流管理依据其对象也就是物流存在的形态不同，可分为宏观物流管理和微观物流管理。

物流管理以实现顾客满意为第一目标，强调从供应到生产再到销售最后到回收的全过程管理，以整体最优为目的。物流管理既重效率更重有效性。

供应链管理可以定义为：是用系统的观点对供应链中的物流、信息流和资金流进行设计、规划、控制与优化，即行使计划、组织、协调与控制等管理职能，以寻求建立供、产、销企业以及客户间的战略合作伙伴关系，最大限度地减少内耗与浪费，实现供应链整体效率的最优化并保证供应链中成员取得相应的绩效和利益，满足顾客需求的整个管理过程。

供应链管理是一种基于流程的集成化管理模式，以顾客满意为核心，提出了新型合作竞争理念，以现代网络信息技术为支撑。

复习思考题

1. 简述物流的分类。
2. 简述物流管理的主要内容及其与供应链管理的区别。
3. 简述供应链管理的基本特点及其主要内容。

案例分析

京东物流：12 年发展历程

京东在 2007 年正式宣布开始自建物流后，京东物流已走过 12 年(本案例时间截至 2019 年)，经历了“诞生、独立、开放、转变”四个过程。近日，京东物流正式对外提出“供应链产业平台(OPDS)”，基于不同属性的产业提供一体化供应链服务，推动供应链对产业的数字化改造与技术赋能。

在 2019 年 10 月 29 日举行的全球智能物流峰会上，京东物流集团 CEO 王振辉表示，“基于对物流、技术和产业互联网发展的判断和共识，京东物流将携手合作伙伴共建供应链产业平台(OPDS)”。

这也可以看作京东物流12年发展历程中，围绕“体验为本、效率制胜”这个核心战略进行的又一次转变，也是京东物流从服务成品配销B2C到服务端到端B2B的一次转变。

1. 诞生

京东在2007年正式宣布开始自建物流，随后位于北京东三环的潘家园站的第一个站点正式营业，开启物流起航之路。2012年8月注册成立“京邦达”公司，此后，京东物流也把8月18日这天定义成京东物流的生日。成立之初，京东物流更多的是基于提升消费体验打造的物流平台，更多的场景在于消费者在网上下单到快递员送货上门。京东物流的核心是通过自建物流体系在全国不同的几大城市建立区域仓运营。然后根据购买数据、规模的大小，完成库存及时补货，再从仓储送到消费者家里，实现点和点之间的配送。京东物流采用仓配一体化的模式，通过建设越来越多的仓库，货物离消费者越来越近，货物移动的距离越来越短，因此速度越来越快，成本也越来越低。当时京东物流是希望通过这种正向循环提升消费者体验。这也被认为是京东的“杀手锏”，不仅让自身物流费用降低，还会提升消费者体验以及让全行业受益。京东通过自建物流，逐步建立了自己的仓储、配送设施以及全自营的队伍，支撑了京东零售过千亿的业务规模。从2010年到2015年，京东物流开始追求专业化和规模化的经济效应，通过建设“亚洲一号”，京东物流的客户时效和服务标准打造成为全球标杆之一。到2016年，京东物流全面转向开放化和智能化的时代，着手为产品筹备社会化开放。

2. 独立

2016年11月23日，在公布2016年Q3财报一周后，京东物流品牌化出炉。将“京东物流”作为品牌，向社会开放三大服务体系：仓配一体化供应链服务、快递和物流云。这是京东物流业务首次正式全面开放，此前，仅服务京东自营和POP平台第三方卖家。这一次品牌开放，当时也令很多龙头物流企业感觉焦虑。毕竟有着近10年自营物流成熟体系的京东物流，完全可以成为一家比同行更好的社会化物流企业。2017年4月25日，京东物流正式宣布独立物流业务，以子集团形式运营。当时，京东物流还确立了一个目标：在五年后(2022年)成为年收入规模超过1 000亿的物流科技服务商。以往京东物流的组织架构是围绕运营来设计的，在京东物流独立运营后进行了两次比较大的组织架构调整。2017年(独立的第一年)，京东物流正式成立开放业务部，这一次调整可以让业务端拥有更加市场化的经营权和决策权。2018年8月，京东物流进行了历史上最大规模的一次组织升级，形成了“1844”的体系，建立了从运营、财务和组织去全方位打造效率至上的竞争体系。

整个体系分为前台、中台、后台三个单元，这一次的组织架构调整也被外界解读为京东物流开始把更多的经营目标下放到产品条线去，通过强化产品的能力或者产品体验去强化经营，为京东物流创造更大的规模和营收，并把订单规模密度和管理精细化作为升级的核心。近期，王振辉也在公开场合提到，围绕“体验为本，效率制胜”核心战略，未来几年京东物流比较重要的两项工作。

(1)深入推进B网、大件、冷链网建设，做好网络协同，不断打磨、升级标准产品，实现内外部客户比例各50%，同时优化履约费用率。这是坚定的开放战略，也是衡量京东物流转型成功与否的关键数字。

(2)加快产地供应链平台的建立，实现从采购、生产到流通、消费一体化供应链服务，最大化发挥供应链价值。

3. 开放

自京东对外提出基于消费变革和技术更新带来的“第四次零售革命”后，就明确要从零售走向“零售＋零售基础设施服务”。在这场深层次的变革和战略转型中，京东物流作为京东的零售基础设施服务和核心组成部分，也在从自有走向公共服务。纵观物流发展历史，可以发现每一次变革都是两股力量共同推动的结果：一是消费和产业的升级，二是技术的突破。这两股力量交互作用，牵引供应链的“权力中心”不断转移，物流在整个商业系统中承担的作用和角色也在不断升级，进而推动物流不断演化。2017年12月8日，京东物流提出以“3S”——短链(Short-chain)、智慧(Smartness)、共生(Symbiosis)为特征的无界物流发展方向，为全面开放做准备。从最早开放的开仓配一体化业务，到近一两年推出的六大产品(快运/冷链等)、个人快递等新业务，都取得了不错的成绩。2019年8月13日，京东集团发布的2019年Q2财报显示，整个集团净收入为1503亿元，其中净服务收入达到168亿元人民币(物流以及其他服务收入占比34%，粗略估计Q2京东物流非自营收入是57亿)，以开放物流业务为代表的物流及其他服务收入同比增长98%，继续保持在90%以上，高于总收入增速。同时，财报也透露，经过多年布局，京东物流目前已实现盈亏平衡。另一个开放是下沉和国际。渠道下沉是京东2019年很重要的一个战略，下沉对物流来说就是要以更快的速度把货物送到消费者手里面，所以京东物流推出“千县万镇24小时达”时效提升计划，内部称之为“4624”，即四到六线城市，24小时内送达。在过去的9年，京东物流通过“211限时达”(2010年推出)，打通了一二线城市最高端消费者在网上购物的物流通道。京东物流希望通过“4624”以更快的速度把货物送到四到六线城市消费者手里面。王振辉表示，“下沉不光是京东物流的战略，也是集团战略，更延伸来说，它也是我们开放战略”。以往，京东物流凭借自营的优势已打造高水平的产品服务能力，但下沉的供应链建设思路将要打破原有的模式，通过开放共生的体系，利用产地的资源，把当地的车、当地的仓、当地的农户能力结合起来。而国际业务也被京东物流定为主战场之一。在王振辉看来，“首先跨境业务——中国到全球的双通路线的生意就非常大，无论是跨境小包还是其他形式，都有很大的机会。同时，京东物流在泰国、印尼等一些国家通过技术出海提升当地物流效率，已经验证成功。另外，京东物流的技术，也可以通过共生的手段，在国外持续发挥很大的潜力”。

4. 转型

2019年10月29日，京东物流正式对外提出“供应链产业平台(OPDS)”，基于不同产业的属性提供一体化供应链服务，推动供应链对产业的数字化改造与技术赋能。这可以看作京东物流的一次华丽“转身”。随着消费升级和技术进步，供给端的商业主流业态趋势会由原来B2C到C2B转变，供应链也会由推动式转变到拉动式，未来会呈现智能化生产、网络化协同、个性化定制、服务化延伸的新模式和新业态。B2C的成品配销改变的是消费者的体验，而端到端(B2B)的产业供应链的根本是优化成本结构。所以，在产业互联的趋势下，打造一个智能、共生的产业供应链平台将是未来物流行业的新趋势。根据王振辉的描述，供应链产业平台的构成分为全供应链服务(产地供应链和销地供应链)以及供应链技术平台。全供应链服务：将产地和销地网络的打通，聚焦“最先一公里”和“最后一公里”，实现从采购、生产到流通、消费的一体化供应链服务，真正打通产销全链路。供应链技术平台：基于机器人、人工智能、5G、大数据等技术应用，构建供应链业务与数据中台，推动产业供应链技术标准的建立及效率提升。总而言之，人工智能、大数据、云计算、机器人等技术的成熟发展，将会深入影响物流的每一个环节，不断降低成本、提高效率的同时，还将反向指导上游生产制造，为消费者提供更好的服务和体验。这一次，京东物流构建供应链产业平台后真正要做的是，从采购开始到生产、制造，整合整个前端的环节，利用技术的力量变成标准化的平台，而这个平台可以综合计划、运输、仓储等形成一体化的服务，达到各方的协同。依托智能科技，通过打通供应渠道、物流平台、服务场景、消费需求等多维度的界限，深度融合，共建价值网络，嵌入生产、流通、消费的每一个环节当中，为B端、C端、G端等多用户创造随时随处随需、唾手可得的价值体验升级。回看物流历史，每一次获得突破性发展的背后，其实都离不开消费与产业、技术变化的影子。如今，提高自动化、智能化水平，促使整个物流业从人力密集型向技术密集型转变，已成为目前物流行业最强烈且迫切的需求。

今天，京东物流已经走过十几年，从一个物流部门变成一个企业物流，再从一个企业物流演变成物流企业，再到现在发展为产业供应链平台。我们可以看到京东物流正在不断地变化，从以“减少商品搬运次数”为核心进行设计的自营物流，到通过技术创新、智慧化的物流体系以及网络化协同去构建共生物流生态。随着京东物流进一步推进产业供应链平台建设，在单量增长、规模效应提高、成本下降的同时，结合仓配一体服务能力，六张(中小件、大件、冷链、B2B、跨境和众包)物流网络将提供高品质服务的产品体系以及数字供应链。

思考

1. 结合所学知识，试分析京东物流获得成功的原因。
2. 看完京东物流十几年发展历程，你有什么感悟或心得体会？

第二章 物流系统规划

学习要点及目标

物流系统规划是物流与供应链管理中的一项重要内容。要建立一个物流系统，需要在物流系统规划阶段进行物流系统的分析、物流系统的建模和物流系统的评价，在此基础上做出决策。通过本章的学习，学生能够做到以下几点。

(1)了解物流系统的概念及特点。

(2)掌握物流系统的基本结构。

(3)熟悉物流系统规划的内容。

(4)能够进行单一物流设施的选址规划。

引导案例

世佳物流公司物流管理系统设计

1. 背景介绍

借助北京世佳经贸集团在9年时间内建立的销售网络，北京世佳物流公司最初的服务模式仍以单一的物流配送为主，配送服务形式可分为2种：B to B模式和B to C模式。

世佳物流公司重新设计物流管理系统主要基于以下几个因素。

(1)居民消费模式的转变。

(2)世佳物流公司业务模式的更新。

(3)全方位物流服务模式的需要。

(4)世佳物流公司正式启动物流管理信息系统项目。

2. 信息系统简介

(1)物流管理信息系统职能部门的划分。

世佳物流公司的管理信息系统主要由4个职能部门组成，分别为：总部管理与营销中心、仓储管理部、运输管理部、客户联络部。

(2)物流管理信息系统的4个业务系统。

世佳物流公司物流管理信息系统采用柔性构建技术，即模块化设计方式，每一个模块完成单一功能。世佳物流公司的物流管理信息系统包括分布式库存管理监控系统、运输优化调度系统、第三方物流作业支持系统和客户关系管理与商用智能系统。4个业务子系统分别完成企业的库存透视、调度优化、订单跟踪、智能决策。

3. 物流管理信息系统的功能与实施效果

世佳物流公司物流管理信息系统的功能体现在以下几点。

(1)能够透视供应链库存。

(2)可以优化配送流程。

(3)进行订单执行跟踪。

(4)实现客户关系管理。

世佳物流公司物流管理信息系统的引进在充分利用运输资源、提高客户服务水平以及加快资金周转速度等方面都取得良好的效果。该系统使得公司能够充分利用库存、提高服务水平，同时能够进行客观决策分析。由此可见，优良的物流管理系统设计能够提高工作效率，也能提高工作效益。

第一节 物流系统概述

物流活动涉及经济和生活的各个方面，物流行业的组成也十分复杂，以此为研究对象和研究内容的物流学科属于经济学、管理学、工程学与理学等学科相互交叉的综合性新学科。因此，必须采用系统的观点和方法对物流活动进行研究。

一、物流系统的概念

系统是由相互作用和相互依赖的两个或两个以上元素结合而形成的，具有特定功能的有机整体。

物流系统是指在一定的空间和时间里，物流活动所需的机械、设备、工具、节点、线路等物质资料要素相互联系、相互制约的有机整体。它是由物流各要素组成的，要素之间存在着有机联系并具有使物流总体合理化功能的综合体。物流系统是社会经济大系统的一个子系统或组成部分。

二、物流系统的特点

物流系统具有一般系统所共有的特点，如整体性、相关性、目的性、环境适应性，并具有规模庞大、结构复杂、目标众多等大系统所具有的特征。

物流系统的特点主要有以下几点。

(一)物流系统是一个"人—机系统"

物流系统是由人和形成劳动手段的设备、工具组成的。它表现为物流劳动者运用运输设备、装卸搬运机械、仓库、港口、车站等设施作用于物资的一系列生产活动。在这一系列物流活动中，人是系统的主体。因此，在研究物流系统的各个方面问题时，需把人和物有机地结合起来，作为不可分割的整体加以考察和分析；而且应始终把如何发挥人的主观能动作用放在首位。

(二)物流系统是一个大跨度系统

物流系统是一个大跨度系统，这反映在两个方面，一是地域跨度大，二是时间跨度大。在现代经济社会中，企业间物流经常会跨越不同地域，国际物流的地域跨度更大。通常采取储存的方式解决产需之间的时间矛盾，这样时间跨度往往也很大，大跨度系统带来的问题主要是管理难度较大，对信息的依赖程度较高。

(三)物流系统是一个可分系统

物流系统无论规模多么庞大，都可以分解成若干个相互联系的子系统。这些子系统的多少和层次的阶数是随着人们对物流的认识和研究的深入而不断扩充的。系统与子系统之间，子系统与子系统之间，存在着时间和空间上及资源利用方面的联系；也存在总的目标、总的费用以及总的运行结果等方面的相互联系。

(四)物流系统是一个动态系统

一般的物流系统总是连接多个生产企业和用户，随着需求、供应、渠道、价格的变化，系统内的要素及系统的运行也经常发生变化。这就是说，社会物资的生产状况，社会物资的需求变化，资源变化，企业间的合作关系，都随时随地影响着物流，物流受到社会生产和社会需求的广泛制约。物流系统是一个具有满足社会需要、适应环境能力的动态系统，人们必须对物流系统的各组成部分经常不断地修改、完善，这就要求物流系统具有足够的灵活性与可改变性。在有较大的社会变化的情况下，物流系统要重新进行系统设计。

(五)物流系统是一个复杂的系统

物流系统的运行对象——物，遍及全部社会物质资源。资源的大量化和多样化带来了物流的复杂化。从物质资源上看，品种成千上万，数量极大；从从事物流活动的人员上看，需要数以百万计的庞大队伍；从资金占用上看，占用着大量的流动资金；从物资供应点上看，遍及全国城乡各地。这些人力、物力、财力资源的组织和合理利用，是一个非常复杂的问题。

在物流活动的全过程中，始终贯穿着大量的物流信息，物流系统要通过这些信息把这些子系统有机地联系起来。如何把信息收集全、处理好，并使之指导物流活动，也是非常复杂的事情。

物流系统的边界是广阔的，其范围横跨生产、流通、消费三大领域。这一庞大的范围，给物流组织系统带来了很大的困难，而且随着科学技术的进步、生产的发展、物流技术的提高，物流系统的边界范围还将不断地向内深化，向外扩张。

三、物流系统的模式

一般来讲，物流系统具有输入、处理(转化)、输出、限制(制约)和反馈等功能，具体内容因物流系统性质的不同而有所区别。

(一)输入

输入包括原材料、设备、劳动力、能源等，就是通过提供资源、能源、设备、劳动力等手段对某一系统发生作用，统称为外部环境对物流系统的输入。

(二)处理(转化)

处理(转化)是指物流本身的转化过程。输入到输出之间所进行的生产、供应、销售、服务等活动中的物流业务活动称为物流系统的处理或转化。具体内容包括：物流设施设备的建设；物流业务活动，如运输、储存、包装、装卸搬运等；信息处理及管理工作等。

(三)输出

物流系统的输出是指物流系统与其本身所具有的各种手段和功能．对环境的输入进行各种处理后所提供的物流服务。具体内容有：产品位置与场所的转移；各种劳务，如合同的履行及其他服务等；能源与信息。

(四)限制和制约

外部环境对物流系统施加一定的约束称为外部环境对物流系统的限制和制约。具体内容有：资源条件、能源限制、资金与生产能力的限制，价格影响、需求变化，仓库容量，装卸与运输的能力；政策的变化等。

(五)反馈

物流系统在把输入转化为输出的过程中，由于受系统各种因素的限制，不能按原计划实现，需要把输出结果返回给输入，并进行调整。即使按原计划实现，也要把信息返回，以对工作作出评价，这称为信息反馈。信息反馈的活动包括各种物流活动分析报告、各种统计报告数据、典型调查、国内外市场信息与有关动态等。

四、物流系统的构成

物流系统由物流要素或子系统构成。

(一)物流要素

物流要素是指人、财、物、设备、任务和信息这 6 个内部要素，以及制度、法律、行政命令和标准化系统等外部支撑要素。

1. 物流系统内部要素

(1)人。人是物流系统非常重要的一个因素，因为人是系统中最活跃、最具有能动性的因素。人是物流得以顺利进行和管理水平得以提高的最关键的因素。

(2)财。财是物流活动中不可缺少的固定和流动资金及其有效利用。

(3)物。物包括物流系统所传递的物品以及维持物流系统自身运行的物质条件。

(4)设备。设备包括物流活动中的建筑、机电设备、运输设备、装卸搬运设备等。

(5)任务。任务即按照客户要求，物流系统所实现的物资传递，也就是完成从供方到需方的物资传递。

(6)信息。信息包括人工或计算机处理的各种物流的统计资料、数据、报表、图纸、账目等。信息也是物流系统的重要因素之一，信息流与物流在系统中相辅相成。信息流是指在物流系统中，为物资(或物料)运动服务的情报、指令、信号、文件等形成的流动过程。信息流是双向的，它对物流起控制作用。在考虑信息时，要特别注意系统信息的反馈。

2. 物流系统外部支撑要素

物流系统的建立需要许多条件，要确定物流系统的地位，要协调与其他系统的关系，这些要素必不可少。主要包括：

(1)体制、制度。物流系统的体制、制度决定物流系统的结构、组织、领导和管理方式，国家对物流系统的控制、指挥、管理方式，以及对系统地位的认可、范围的确定，是物流系统运行的重要保障。有了这个支撑条件，物流系统才能确定在国民经济中的地位。

(2)法律、规章。物流系统的运行，不可避免会涉及企业或人的权益问题。法律、规章一方面是限制和规范物流系统的活动，使之与更大的系统协调；另一方面是保障物流系统的活动，合同的执行、权益的划分、责任的确定都需要法律、规章来维护。

(3)行政、命令。物流系统和一般系统的不同之处在于物流系统关系到国家军事、经济命脉，因此，行政、命令等手段也常常是物流系统正常运转的重要支持要素。

(4)标准化系统。标准化系统保证物流环节协调运行，是物流系统与其他系统在技术上实现联结的重要支持。

3. 物流子系统

物流系统包括作业子系统和信息子系统两大部分。

(1)作业子系统。作业子系统是指运输、储存、包装、装卸搬运、流通加工等职能系统。它是为了实现物流各项作业功能的效率化，通过各项作业功能的有机结合增进物流效率化的统一体。

该子系统中最重要的就是运输系统和仓储系统。运输在传统物流和现代物流中都具有非常重要的地位，因为它是联结供求的桥梁和纽带，只有通过运输系统才能实现物资的传递。现代物流系统中的运输系统更加注重服务成本、服务速度和服务的持续一致性，在设计物流系统时，要使运输速度和成本趋向平衡。仓储系统与运输系统一样，也是在传统物流系统与现代物流系统中处于重要地位的子系统，仓储系统主要涉及仓库管理和存储控制。

(2)信息子系统。信息子系统又称为“物流情报系统”，这个子系统是传统物流所不具备的。它包括订货、发货管理，在库、出货管理等机能，是力求完成商品流动全过程的信息活动。它同其他职能，如采购、生产、销售等有机地结合在一起，通过信息的顺畅流动提高物流系统的工作效率，是实现作业活动效率化的支持系统。信息子系统在现代物流系统中处于一个中心的地位。

第二节 物流系统的基本结构

一、物流系统的流动结构

物流系统有五个流动要素：流体、载体、流向、流量、流程。物流系统都要具备这五个要素，缺一不可，只是具体内容不尽相同。

(一)流体

流体指物流中的“物”，即物资实体。流体具有自然属性和社会属性。自然属性是指其物理、化学和生物属性。在物流过程中需要对流体进行检验、养护。根据物资实体的自然属性合理安排运输、保管、装卸等物流作业，使其自然属性不受损坏。社会属性是指流体所体现的价值属性以及生产者、采购者、物流作业者与销售者之间的各种关系，有些关系国计民生的重要商品作为物流的流体还肩负着国家宏观调控的重要使命，因此，在物流过程中要保护流体的社会属性不受任何影响。由于物流的目的是实现流体从供应者向需要者的流动，为实现这一目的，尽管有一部分流体要不断地储存在仓库中，但这也是一种流动形式，这是流体在时间上的移动。所有的流体终究要通过运输等方式实现空间上的移动。总的来说，流体是处于不断流动的状态中的。

(二)载体

载体是指承载物的设备以及这些设备赖以运作的设施。载体可分为两类：一类载体指基础设施，如铁路、公路、水路、港口、车站、机场等，它们大多是固定的；另一类载体指设备，即以第一类载体为基础，直接承载并运送流体的设备，如车辆、船舶、飞机、装卸搬运设备等，它们大多是可以移动的。物流载体的状况，尤其是物流基础设施的状况，直接决定物流的质量、效率和效益。物流学科研究物流载体的结构、规模，尤其要研究物流载体的网络结构、技术进步等，比如要研究物流中心或者配送中心的选址、载体的定位和跟踪、载体运行速度的提高、载体的协调等问题。

(三)流向

流向指流体从起点到终点的流动方向。物流的流向有四种：

1. 自然流向

自然流向是指由产销关系所决定的商品的流向，这表明一种客观需要，即商品要从产地流向销地。

2. 计划流向

计划流向是指根据流体经营者的商品经营计划而形成的商品流向，即商品从供应地流向需要地。

3. 市场流向

市场流向是指根据市场供求规律由市场确定的商品流向。

4. 实际流向

实际流向是指在物流过程中实际发生的流向。

对某种商品而言，可能会同时存在以上几种流向。如根据市场供求关系确定的商品流向是市场流向，这种流向反映了产销之间的必然联系，是自然流向；实际发生物流时还需要根据具体情况来确定运输路线和调运方案，这才是最终确定的流向，这种流向是实际流向。在确定物流流向时，理想的状况是商品的自然流向与商品的实际流向一致，但由于计划流向与市场流向都有其存在的前提，还加上载体的原因，商品的实际流向经常偏离自然流向。物流学科通过研究流向准确掌握流向的变化规律，达到合理配置物流资源、合理规划物流流向，降低物流成本、加快物流速度的目的。

（四）流量

流量是指通过载体的流体在一定流向上的数量表现。流量与流向是不可分割的，每一种流向都有一种流量与之相对应。因此，流量的分类可以参照流向的分类，也分为四种，即自然流量、计划流量、市场流量和实际流量。

但是，流量的分类也有特殊性，根据流量本身的特点，可以将流量具体分为以下两类：

1. 实际流量

实际流量也就是实际发生的物流流量。它又可以分为以下几种：按照流体统计的流量，按照载体统计的流量，按照流向统计的流量，按照发运人统计的流量，按照承运人统计的流量。

2. 理论流量

理论流量即从物流系统合理化角度来看应该发生的物流流量，也可按照与实际流量相对应的五个方面来分类。

物流的理想状况应该是所有流向上的流量都均匀分布，这样，物流资源利用率最高，组织管理最容易。但是实际上，在一定的统计期间内，在一个流向上流量达到均衡的物流是不存在的，在流体之间、载体之间、流向之间、承运人和托运人之间的实际物流流量是不可能完全均衡的，这样，就需要从宏观物流管理的角度，通过资源的合理配置、采用合理的物流运行机制等手段消除物流流向和流量上的不均衡。

（五）流程

流程是指通过载体的流体在一定流向上行驶路径的数量表现。流程的分类与上述流向的分类基本类似，可以分为自然流程、计划流程、市场流程和实际流程，也可以像流向的分类那样，分为理论流程和实际流程。理论流程往往是可行路径中的最短路径。路径越长，物流运输成本越高。如果要降低运输成本，一般就应设法缩短运输里程。

在任何一个物流系统中，这五个要素都是相关的：流体的自然属性决定载体的类型和规模，流体的社会属性决定流向、流量和流程；流体、流量、流向和流程决定载体的属性；载体对流向、流量和流程有制约作用，载体状况会影响流体的自然属性和社会属性。因此，对一个物流系统来说，可以根据流体的自然属性和社会属性确定流向、流程的远近及具体运行路线，根据流量的大小与结构来确定载体的类型与数量。

网络型物流系统中，在一定的流体从一点到另一点转移的过程中，经常会出现载体的变换、流向的变更、流量的分解与合并、流程的调整等变化，这在某些情况下是必要的，但也应尽量减少变换的时间、环节，降低变换的成本。

二、物流系统的网络结构

物流过程实际上是由许多停顿过程和运动过程组成的，与这种运动形式相对应，物流网络结构由物流节点和运输线路两种基本元素组成，即点和线。点就是节点，一般是指仓库、车站、码头、货场、物流中心、配送中心、零售店等。线是指点和点之间的联系，可体现为运输线路、运输方式、运输量及运输成本的综合。线路与节点的相互关系、结构、联系方式不同，也就形成了不同的物流网络。

（一）物流节点

物流节点是物流网络中物流线路的连接处。包装、装卸、保管、分拣、配货、流通加工等物流功能要素都是在物流节点上完成的。实际上，物流线路上的活动也是靠节点来组织和联系的。现代物流网络中的物流节点对优化整个物流网络起着重要作用，从发展的眼光来看，它不仅执行一般的物流职能，而且越来越多地执行指挥调度、信息传输等神经中枢的职能。随着物流系统化观念的增强，物流节点在实现物流系统的协调、顺畅和总体优化中的作用也逐渐增强。

1. 物流节点的功能

(1)物流处理功能。物流节点是物流系统的重要组成部分，是仓储保管、物流集疏、流通加工、配送、包装等物流活动的载体，是完成各种物流功能、提供物流服务的重要场所。

(2)衔接功能。物流节点不仅将各条运输线路连接成一个系统，使各运输线路通过物流节点形成相互贯通、错综复杂的物流网络，而且将各种物流活动有效地联系起来，使各种物流活动通过物流节点的整合实现无缝对接。物流节点的衔接效率将影响整个物流系统的效率。如沃尔玛成功地运用货物对接的衔接技术，减少物流节点中的库存量，而且没有引起运输成本的增加，从而提高了整个物流系统的效率与效益。

物流节点的衔接作用主要表现在：

第一，物流节点将不同运输方式或同一运输方式连接起来，通过多式联运，集疏运输与干线运输、干线运输与干线运输得以衔接。

第二，物流节点将运输、仓储、加工、搬运、包装等物流功能有效地联系起来，实现物流作业一体化。

(3)信息功能。物流节点是整个物流系统物流信息收集、处理和传播扩散的集中地。在现代物流系统中，每一个物流节点都是一个物流信息节点，若干个这种类型的信息点和物流信息中心结合起来，便形成了指挥、调控、管理、调度整个物流系统的信息网络。

(4)管理功能。物流系统中的管理设施和机构集中设置于物流节点之中，从现代物流系统的观点来看，物流节点是集管理、调度、信息和物流处理为一体的物流综合设施。整个物流系统运转是否有序化、合理化和效率化都取决于物流节点的管理水平。

2. 物流节点的主要类型

按照节点的功能，可以将物流节点分为以下几种类型：

(1)转运型节点。它是指处于运输线路上，以连接不同线路和运输方式为主要功能的节点。例如，铁道运输线上的车站、货站，水运线路上的港口、码头，空运线路上的空港，连接不同方式的转运站和中转仓库等。货物在这类节点上停留的时间都比较短。

(2)储运型节点。它是指以保管存放货物为主要功能的节点，包括储备仓库、营业仓库等。这类节点主要是带有储备性质，货物存量较大，周转速度较慢，因此一般对仓库的货物保管、养护能力的要求比较高。

(3)集散型节点。它是指以集中货物或分散货物为主要功能的节点，包括集货中心和分货中心。顾名思义，集货中心是将一定范围内来源分散、批量小，但总量较大的货物集中起来，以便大批量处理或发货。分货中心就是对集中到达的数量巨大的货物进行拆分处理，形成新的货体和新的包装形态，以适应大量、集中生产和小批量、分散的要求。

(4)配送型节点。它是指连接干线物流与末端配送，以货物配备和组织送货为主要功能的节点。这类节点的典型代表就是配送中心。配送中心是现代物流业发展中出现的新型物流节点，具有集货、分货、分拣、倒装、加工、配货、为客户调节库存、送货、收集及传递信息的功能。

(5)综合性节点。它是指在一个节点中将若干功能有机结合在一起，有完善的设备，能有效地衔接和协调各个工艺流程的集约型节点。配送中心和物流中心等都属于这一类型的节点，是为了适应物流大量化、复杂化、细致准确的要求而出现的。

物流节点的分类并不绝对，现实中各类节点往往是交叉并存的。另外，现代物流的发展对节点的要求不断提高，传统的单一型节点出现向多功能、综合性节点转变的趋势。

物流节点从结构层次上可以分为一级物流节点、二级物流节点和三级物流节点，包括物流园区、物流中心、配送中心和货运站三类。

一级物流节点(物流园区)是各地政府为了当地经济发展、物资流转需要而开辟的物流集中运作地，往往位于重要的生产基地、交通枢纽附近，或者位于集中消费地，如各大中心城市附近。其主要功能往往包括进口商品的分拨、中转、仓储和区域配送，以及出口商品的集中、中转、拼装箱、仓储、进出口报关等，还应具备集装箱货运站的功能。同时，物流园区一般也承担区域配送功能，配送重点为物流中心或城市配送中心。

二级物流节点(物流中心)是指具备集货、分货、中转、储存、流通加工、配送、信息服务等其中 4 项以上主要功能的节点。现实中的物流中心有多种存在形式，按其主要功能上的差异，可分为物流集货中心、物流分货中心、配送中心、物流转运中心、物流储调中心、流通加工中心等。

三级物流节点(配送中心、货运站)是指具备配送、中转、信息服务或集货的一项或多项功能的节点。

3. 物流节点的服务内容

相对于整个物流系统而言，节点是系统的转换点或终端，是直接面向服务对象的物流基础设施。

(二)物流线路

物流网络中的线路一般具有如下特点：

一是方向性。一般在同一条线路上有两个方向的物流同时存在。

二是有限性。节点是靠线路连接起来的，一条线路总有起点和终点。

三是多样性。线路是一种抽象的表述，公路、铁路、水路、航空路线、管道等都是线路的具体存在形式。

四是连通性。不同类型的线路必须通过载体的转换才能连通，并且任何不同的线路之间都是可以连通的，线路间的转换一般在节点进行。

五是选择性。两点间具有多种线路可以选择，企业既可以在不同的载体之间进行选择，又可以在同一载体的不同路径之间进行选择。物流系统理论要求两点间的物流流程最短，因此，企业需要进行路径和载体的规划。

六是层次性。物流网络的线路包括干线和支线。根据载体类型不同，物流线路可划分为铁路线、公路线、水路线、航空线、管道线五类。不同类型的线路，比如铁路和公路，都有自己的干线和支线，各自的干线和支线又分为不同的等级，如铁路一级干线、公路二级干线等。

节点和线路本来都是孤立、静止的，但是通过系统的方法，将节点和线路有机地结合起来就构成了物流网络，就能发挥系统的整体功效。节点与线路之间如何联系才能发挥最大作用，正是物流网络规划设计所要解决的问题。

第三节 物流系统规划概述

一、物流系统规划的含义

物流系统规划是根据现有的条件和未来发展的需要，从社会或企业整体利益出发，综合考虑社会经济、物流环境等各个方面的影响因素，合理利用资源，对区域或企业的物流发展的产业政策、物流活动模式、物流供应(如承载物流配送、仓储、信息等活动的园区、运输、网络等)进行合理规划，以最小的社会消耗、最佳的效益、最高的效率实现发展目标。

物流系统规划将对象视为一个相互联系的有机整体，从全局的观点出发，进行全面的综合分析，从整体上进行宏观控制。系统规划要遵循局部服从全局、个别服从整体、微观服从宏观、治标服从治本、眼前服从长远、子系统服从大系统的原则。只有重视了全局、整体和大系统的要求，使系统整体上合理、经济上最优，才能体现出系统的综合效益和整体效率。

二、物流系统规划的重要性

物流规划的重要性与物流本身的特殊性有关。

(一)涉及面广，需要有各方共同遵循的规划

物流的涉及面非常广泛，需要有各方共同遵循的规划。物流涉及军事领域、生产领域、流通领域、消费领域。涵盖了几乎全部社会产品在社会上的运动过程，是一个非常庞大复杂的领域。物流涉及的行业主管部门不但有交通部、铁道部，还有民航管理部门、邮政局、海关等。其中的物流规划往往缺乏沟通和协调，更多是从局部利益考虑，再加上局部资源的有限性，就不可避免地破坏物流总系统的有效性，为物流发展留下诸多后遗症。所以，必须实施高层次的、全面的、综合的物流规划，将我国现代物流发展推上有序的轨道。

(二)存在效益背反，需要规划进行协调

物流过程本身存在效益背反现象，需要有规划的协调。物流系统建设的过程很长，系统中诸多环节之间往往存在效益背反现象，如果没有共同的规划来制约，各个环节各自独立发展，就可能使背反现象更加严重。

(三)存在低水平重复建设现象，需要规划进行制约

物流领域容易出现严重的低水平重复建设现象，需要有规划的制约。物流领域进入的门槛比较低，而发展的门槛比较高，这就使物流领域容易出现低水平层次的重复建设

现象。

（四）投资规模大，需要有规划的引导

物流领域的建设投资，尤其是基础建设的投资规模巨大，需要有规划的引导。如果没有有效的规划，就不能有效地利用资源，就可能造成巨大损失。

（五）要实现物流跨越式发展，需要有规划的指导

要跨越低水平的发展阶段，实现我国物流跨越式的发展，需要有规划的指导。我国物流系统建设还处于刚刚起步的低水平发展阶段，与发达国家有几十年的差距。就目前技术水平和管理水平而言，跨越这一差距是完全有可能的。但是，如果缺乏规划的引导和制约，各行其是，就会有相当多的地区和企业，重复这种低水平发展阶段，以致消耗大量的资源和时间。

（六）企业发展对物流规划的需求

就生产企业而言，在暴利时代结束之后，“轻资产”运行的新型企业，必须将大量制造业务外包，建立诸如供应链之类的物流系统，形成以联盟为新的组织形式的虚拟企业。这就必须对物流系统进行新的构筑，或对企业的整个流程从物流角度进行再造，这也正是物流规划的必要性之所在。社会上存在着一种误解，以为规划物流问题是宏观的问题而不是企业的问题。这显然是低估了物流对于企业发展的重要意义。

三、物流系统规划的内容和主体

（一）物流规划的层次和主要内容

1. 国家一级的物流规划

国家一级的物流规划主要是指以物流基础设施和物流基础网络为内容的物流基础平台的规划。这一规划包括铁路和公路的线路规划、不同运输方式线路的合理布局、物流基地以及相应的综合信息网络。

2. 省、市一级的物流规划

省、市一级的物流规划主要是指地区物流基地、物流中心、配送中心三个层次的物流节点以及综合的物流园区规模和布局的规划。其中，物流基地、物流中心、配送中心三个层次的物流节点是省、市物流系统中进行外结内连的规模、功能各异的物流设施，是较大规模的投资项目，它们的物流规划也是省、市物流运行合理化的重要基础。

3. 经济运行部门的物流规划

经济运行部门的物流规划应当着重于物流本身的运行以及“物流支持营销”等各项事业发展规划。在物流基础平台之上，将有大量的企业和经济事业单位运作，如供应、分销、配送、连锁经营等。要使这些运作达到合理化和协调发展，需要有规划的指导，例如，以现代物流、配送为支持的分销，重要企业、重要产品的供应链规划以及连锁规划等。

4. 企业的物流规划

生产企业，尤其是大型生产企业，从“营销支持”和“流程再造”角度进行物流系统的建

设规划，会有效地提高企业素质，增强企业的运营能力。

(二)物流系统规划中的主体

1. 物流系统规划的主体

根据物流系统涵盖的范围不同，物流系统规划的主体也不同。一般而言，国家、省、市及物流系统规划经济圈中，物流系统规划的主体是政府。在现代物流业发展过程中，政府扮演的主要角色是规划者、投资者、培育者、引导者和调控者。具体的实施方式是政府委托产学研机构进行。许多城市制定了物流发展规划，对物流节点、物流园区进行了规划，这些物流节点的建设将会提高城市的整体物流水平。但是如果从物流运作的功能整体性和跨边界的特点来看，以城市的行政区划为基础来制定物流节点的规划具有局限性，可能会出现物流节点分布过密或者物流节点的作用不大的情况，从而影响整体的物流效果。因此，应以市场辐射区域或经济地理区域为界对物流节点进行发展战略规划，充分考虑区域经济的辐射范围和能力。显然，这一发展战略规划必须由政府来协调组织制定。

2. 物流系统规划实施的主体

物流系统发展规划的规划主体可以是政府(宏观物流)，也可以是企业。但是物流系统规划实施的主体是企业，无论是宏观物流还是微观物流。所不同的是由企业进行规划时，政府应负一定的指导责任，当地政府也应当给予企业一定的支持。

四、规划中应注意的问题

(一)物流规划应体现出层次性

物流系统是由许多不同层次的系统组成的，各个层次在地位与作用、结构与功能上表现出等级秩序。在规划时应强调这种层次性。其主要表现在：

国家一级的物流规划，应当与国家基础设施建设的国策相吻合，应当从现代物流综合的角度进行全面的规划，组建综合的网络。

省、市一级的物流规划，应着重于地区物流基地、物流中心、配送中心三个层次的物流节点以及综合的物流园区规模和布局的规划。

企业的物流规划，应着重于“物流支持营销”的规划。

目前，由于一些局部利益问题，部门分割现象仍然存在，物流规划应当由部以上的更权威、更综合的机构去组织和制定。在各级省、市、自治区，应当由地区政府统筹物流规划事宜；应优先做好高一级物流系统的规划，即国家一级。这样才能更有效、更合理地解决我国物流系统中的不合理之处。

(二)物流规划应加强对运输基础设施的统一规划

在物流系统中，运输基础设施属于基础平台，其合理统一的配置是物流系统高效运作的前提。在物流运输资源稀缺的情况下，需要由政府对物流运输基础设施进行统一的规划和建设。

我国物流资源的管理权限被划归到多个部门，如铁路、公路、航空等运输资源，分别属于铁道部、交通部、航空总局等统辖。这几种基础运输方式之间的规划发展，由于条块分割严重而无法做到科学有效的统一配置，资源浪费极其严重。例如，北京市在做物流系统发展规划时，交通部、铁道部两个基础设施部门也在各自研究，彼此缺乏联系，由于北京铁路枢纽建设发展较早，相比公路枢纽离城市更近一些，以至于铁路枢纽被圈在公路枢纽之内。因此，在物流规划中，打破部门之间的限制，加强协调，进行统一规划，就显得极为重要。否则，各自为政进行规划会使资源无法整合，资源浪费会继续加重。长此以往，各部门的投资会被固化，所造成的损失也是难以弥补的。

(三)物流规划应注意物流节点的建设

物流系统的网络由点和线这两个基本要素组成。目前，我国在物流网络建设方面还存在着不平衡，在硬件的投入上偏重线的建设。忽略了对物流基地、物流中心的建设。由于物流节点的建设明显落后于线的建设，物流系统的点与线没有产生良好的结合，所以我国物流资源分散、封闭，物流网络缺乏联系和动态性。因此，当前建设一些连接多种载体的枢纽点对于形成全国统一、开放和先进的物流网络具有战略意义。在物流系统规划时，应加大对物流基地和物流中心的规划和建设，通过这些节点将各种物流网络线连接起来，更充分地发挥物流网络的作用。

(四)在物流规划中应注重物流人才培养体系的完善

物流系统中，人才因素是系统整合的关键要素。物流技术的创新和物流系统的运作需要具有综合素质的物流专业人才。由于我国长期以来对物流发展重视不够，物流方面的人才缺乏，物流教育水平比较低，学科体系不健全，物流从业人员的素质有待提高。政府应该在物流规划中重视物流人才的培养，为我国的物流发展增加人才储备，以适应我国物流快速发展的需要。

第四节 物流系统的网络布点——选址

一、设施选址在供应链中的作用

设施选址在整个物流网络规划中是十分重要的决策问题之一，它决定了整个物流系统的模式、结构和形状，将直接影响物流运行成本。设施选址决策在物流系统规划中处于战略规划的重要地位。设施选址的主要作用有如下几个方面：

(一)设施选址决策对供应链的运营有着长远影响

2013 年 3 月，根据第十二届全国人民代表大会第一次会议审议的《国务院关于提请审议国务院机构改革和职能转变方案》的议案，铁道部实行铁路政企分开，将铁道部拟定铁路发展规划和政策的行政职责划入交通运输部；组建国家铁路局，由交通运输部管理，承担铁道部的其他行政职责；组建中国铁路总公司，承担铁道部的企业职责，不再保留铁道部。

物流设施的建设需要较大的固定投入。如果某设施因区位不佳导致经营成本太高或缺乏竞争优势而要废弃或迁移设施，代价是十分高的。合适的地理位置能使企业以较低的成本维持供应链的运营，而选址决策的失误将给供应链的运营带来很大的困难。例如，著名的亚马逊公司最初在美国只设有一个中心仓库，很难做到既降低运营成本，又能对全国范围的市场作出灵活反应。后来，该公司改变了布局策略，在全美很多地方都增设了仓库。

(二)设施选址决定了供应链的构架

设施的地理位置会影响设施的供应源和市场配置，对供应链中原料获取或产品分销的运输方式选择、合作企业选择、库存策略等均有重要影响，进而影响供应链的构架。从供应链系统来讲，核心企业的设施选址还会影响供应商物流系统的选址决策。例如，摩托罗拉的气体供应一直是由北方气体公司提供，当摩托罗拉在中国天津建立生产基地后，北方气体公司就相应地建立了自己的工厂和销售机构。

二、选址的一般阶段

选址在整个物流系统中占有非常重要的地位，属于物流管理战略层研究的问题。选址决策就是确定所要分配的设施的数量、位置、规模以及分配方案。这些设施主要指物流系统中的节点，如仓库、配送中心、零售商网点和服务中心等。设施选址一般分为四个阶段：即准备阶段、地区选择阶段、地点选择阶段和编制报告阶段。

(一)准备阶段

准备阶段的主要工作是针对选址目标提出要求，并确定选址所需要的技术经济指标。这些要求主要包括产品、生产规模、运输条件、需要的物料和人力资源等；相应的各类技术经济指标主要包括每年需要的供电量、运输量、用水量等。此外，还需掌握城市发展规划中各地域的土地性质。

(二)地区选择阶段

主要内容包括调查研究收集资料，如走访主管部门和地区规划部门以征询选址意见，在可供选择的地区内调查社会、经济、资源、气象、运输、环境等条件；对候选地区作出分析比较，提出对地区选择的初步意见。

(三)地点选择阶段

要对地区内若干候选地址进行深入调查和勘测，查阅当地有关气象、地质、地震、水文等部门调查和研究的历史统计资料，收集供电、通信、给排水、交通运输等资料，研究运输线路以及公用管线的连接问题，收集当地有关建筑施工费用、地方税制、运输费用等各种经济资料，经研究和比较后提出数个候选地址。

(四)编制报告阶段

编制报告阶段的主要工作内容包括以下几点。

首先，对调查研究和收集的资料进行整理。

其次，根据技术经济比较和分析统计的结果编制出综合材料，绘制出所选地点的设施位置图和初步总平面布置图。

最后，编写设施选址报告，对所选厂址进行评价，供决策部门审批。

三、物流设施选址的影响因素

就选址决策的影响因素而言，可以分为外部因素和内部因素两大类。外部因素包括诸如宏观政治及经济因素、基础设施及环境、竞争对手等；内部因素包括企业的发展战略、产品、技术或服务的特征等。

(一)影响选址决策的外部因素

1. 宏观政治、经济因素

宏观政治因素主要是指一个国家的政局是否稳定、法制是否健全、是否存在贸易禁运政策等。宏观政治因素是无法量化的指标，主要依靠企业的主观评价。

宏观经济因素包括税收政策、关税、汇率等，这一点与企业的选址决策直接相关，因为企业总是会寻求最宽松的经济环境。以戴尔为例，1984 年，迈克尔·戴尔在得克萨斯州的奥斯汀成立了戴尔公司。1994 年，相邻城市 Round Rock 提供给戴尔一揽子的优惠税收政策，如将戴尔所交的 2%的销售税的 31%返还 60 年，免除戴尔前 5 年的 100%的财产税，再免除其余 50 年的 50%的财产税等。于是，戴尔就将总部迁到了 Round Rock。同样，戴尔在田纳西州建立工厂以及将亚洲的第一个工厂建在马来西亚也是出于同样的原因。

关税政策引起的市场壁垒也是企业选址的一个重要因素。如果一个国家的关税较高，要么，企业放弃这个市场，要么，企业会选择在这里建厂以规避高额关税。例如，戴尔通过在我国的厦门建立工厂来扩大中国国内市场，尤其是政府及国有企业的销售份额。戴尔在爱尔兰建立欧洲市场的第一个工厂，一方面是由于当地低成本、高质量的劳动力以及爱尔兰较低的企业税；另一方面则是由于爱尔兰是欧盟成员国，在爱尔兰制造的计算机产品可以直接发往欧洲市场而无须缴纳增值税；再者，由于爱尔兰属于欧元区，可以通过欧元的稳定性降低汇率风险。

2. 城市建设规划

因为城市发展是由城市规划所决定的，所以物流节点的选址必须符合城市发展规划的要求。一是要考虑现有城市布局和规模对物流节点的要求，否则可能面临物流节点迁移问题；二是要考虑城市发展对物流节点的需求和影响，如果不注意这一现象，就可能存在物流节点二次迁移问题。

3. 基础设施

基础设施包括交通设施、通信设施等，是构成物流网络的基础体系，直接影响到物流节点的建设、运营成本和绩效。现代企业中拥有一个良好的基础设施对于降低物流成本是十分关键的。如戴尔在田纳西州的工厂位置靠近主要高速公路，同时靠近联邦快递的一个配送中心。同样，信息流的畅通快捷对于降低库存成本有着重要影响，对于选址决策而言也是一个重要因素。所以，周边基础设施、通信设施的运行质量和成本对物流节点选址有重要的影响。

4. 周边环境

物流节点的周边环境包括自然环境及社会环境，其中劳动力成本与质量也是选址决策的一个关键因素．越来越多的国际企业选择在亚洲建立自己的制造工厂，就是由于当地低廉的劳动力成本。除去劳动力成本，劳动力的素质同样重要。戴尔在爱尔兰的工厂建在Limerick，最初是看中当地较低廉的劳动力资源，随着戴尔工厂的进入以及相关供应商的进入，劳动力成本越来越高，但是，戴尔对于当地的劳动力资源比较满意，因为当地的劳动力素质比较高，在戴尔的 Limerick 工厂中，50％的员工都具有学士学位。

5. 竞争对手

所谓“知己知彼，百战不殆”，在企业选址决策中必须考虑到竞争对手的布局情况，根据企业产品或服务的特征，来决定是靠近竞争对手还是远离竞争对手。

(二)影响选址决策的内部因素

企业的内部因素往往是选址最主要的依据，内部因素包括战略因素、产品技术因素两个方面。

1. 战略因素

企业的竞争战略对物流网络设计有重要影响。以生产成本为导向的企业倾向于在成本最低的区位布局生产设施。例如，一些发达国家的企业为了降低成本，将生产基地迁到劳动力更低廉的国家或地区。强调市场反应能力的企业，倾向于在靠近目标市场的区域布局生产设施，以便企业能对市场变化迅速做出反应。便利连锁店的竞争战略是靠近消费者。因此．连锁网点会分散在区域范围的多个角落。而对于实施低价商品战略的折扣店来说，其会员店往往数量少，但每个店的规模较大。

对于全球化的物流网络的设计，首先需要明确每一个设施的使命及其战略作用。例如，对于生产支撑型物流设施，其主要使命是为生产活动提供物流支持，应该建立在设有海外生产基地的国家和地区；对于市场导向型设施，其使命是为当地市场提供独具特色的物流服务，因此，应该选择在具有较大市场规模或特定需求的地区；对于战略投资型物流设施，其重要使命是建立公司的长期竞争优势，便于与竞争对手进行战略竞争。因此，应该在具有全球战略意义的国家或地区进行设施布局。另外，还有一种政策引致的布局策略，主要是为了享受优惠政策或规避政策限制，选在有优惠政策或没有行业限制的国家和地区进行设施布局。

2. 产品技术因素

与产品相关的技术因素包括产品生产工艺、设施和设备、原材料获取代价等。

如果产品生产工艺复杂、生产设施和设备投资高，适合采取数量少而规模大的集中布局策略，通过充分发挥规模经济效应，降低生产成本。例如，电子计算机芯片的生产就适合采取这种布局策略。反之，则适合采用分散的网络布局策略，使生产基地接近市场，降低产品运输成本。

另外，当获取原材料的运输代价较大、产成品运输代价相对较低时，设施点应向原料产地靠近，以降低原料运输成本；当获取原材料的运输代价较低而产成品运输代价相对较高时．为降低产品的运输费用，设施点应该向市场移动。

本章小结

物流系统是指在一定的空间和时间里，物流活动所需的机械、设备、工具、节点、线路等物质资料要素相互联系、相互制约的有机整体。它是由物流各要素组成的，要素之间存在着有机联系并具有使物流总体合理化功能的综合体。物流系统是社会经济大系统的一个子系统或组成部分。

物流系统具有一般系统所共有的特点——整体性、相关性、目的性、环境适应性，并具有规模庞大、结构复杂、目标众多等大系统所具有的特征。

物流要素就是指人、财、物、设备、任务和信息这 6 个内部要素，以及制度、法律、行政命令和标准化系统等外部支撑要素。

物流系统有五个流动要素：流体、载体、流向、流量、流程。物流系统都要具备这五个要素，缺一不可，只是具体内容不尽相同。

物流过程实际上是由许多停顿过程和运动过程组成的，与这种运动形式相对应，物流网络结构由物流节点和运输线路两种基本元素组成，即点和线。点就是节点，一般是指仓库、车站、码头、货场、物流中心、配送中心、零售店等。

物流系统规划是根据现有的条件和未来发展的需要，从社会或企业整体利益出发，综合考虑社会经济、物流环境等各个方面的影响因素，合理利用资源，对区域或企业的物流发展的产业政策、物流活动模式、物流供应(如承载物流配送、仓储、信息等活动的园区、运输、网络等)进行合理规划，以最小的社会消耗、最佳的效益、最高的效率实现发展目标。

设施选址在整个物流网络规划中是十分重要的决策问题之一，它决定了整个物流系统的模式、结构和形状，将直接影响物流运行成本。设施选址决策在物流系统规划中处于战略规划的重要地位。

就选址决策的影响因素而言，可以分为外部因素和内部因素两大类。外部因素包括诸如宏观政治及经济因素、基础设施及环境、竞争对手等；内部因素包括企业的发展战略、产品、技术或服务的特征等。

复习思考题

1. 简述物流系统的概念及特点。
2. 简述物流系统的基本结构。
3. 简述物流系统规划的内容。

案例分析

美国家助公司是一个大型家庭装潢零售商，家助公司在美国18个州经营了200多家仓储式店铺。平均每个店铺面积10万平方英尺并提供2.5万种不同的产品。其销售明细为：墙纸和装饰布料50%，装饰辅助品25%，灯光和电子装置20%，家具5%。

家助公司是该行业的领袖企业，在800亿美元的家庭装潢零售市场中占有10%的份额。

家助公司的主要消费者构成是：专业装修公司40%，自主装修个体60%。家助与专业装修公司的联系密切。但是，目前专业装修公司仅购买家助公司10%的家具用品，主要原因是：

(1)家助公司的递送服务外包给当地的运输公司，运输公司每递送一件家具通常要在家助公司的要价上增加10～30美元，虽然价格不高，但对于装修公司的顾客来说，免费递送家具更容易在心理上得到认可，因此，装修公司的顾客便到别处购买家具。

(2)家助公司的每一个店铺的存货受到限制，无法展示各种产品。所有订货中，通常只有7%能够从存货储备中得到满足。如果一个店铺没有存货，订单将被转移到家助公司的地区仓库，从地区仓库存货中提取家具，第二天起运家具至店铺。顾客最早得到家具的时间是在原始订货后的3～7天。若地区仓库也无存货，则顾客得到家具的时间更长，因为家助公司要向制造厂订购。由于递送时间的延长和不确定，装修公司主要向独立的配送商购买，以满足家具递送时间和安装时间的衔接，保证装修公司按计划装修。

威特摩尔公司是一家家具制造公司，其主要顾客是零售层次的经销商。目前有2个制造工厂和6个地区配送中心。6个配送中心遍布整个美国，40%的顾客利用电子手段进行订购。

威特摩尔公司的制造厂通过销售预测来制订生产计划。预测在装配前6个星期锁定。3个配送中心承担全部的产品库存并维持最低的库存水平。当库存下降到预定的最低限度时，进货订单就送往相应制造工厂。其余的3个配送中心储备的只是一些周转快的产品。当接受顾客订单时，订单将被分配到离顾客最近的配送中心，如果该中心缺货，缺货产品就会从离该中心最近的配送中心调拨或向制造工厂订购。如果预定的产品是多品种，一直要到所有产品备齐后再装运，以保证一次递送，顾客可以得到所需全部产品。

所有订单都经过配送中心处理，配送中心每晚检查并汇总订单，设法进行整合装运，并选择合适的递送路线。当最初被指定的配送中心的存货可得时，通常订货周期为 3～6 天。内部配送中心之间的存货调拨通常需要 2～3 天。当一种产品向制造工厂直接订货时，在订货周期上需再加 8～12 天。

威特摩尔公司的原主要伙伴是幸福家具公司，其销售额曾达到威特摩尔公司的 25%，但是，由于幸福家具公司出现了财务危机，其飘忽不定的订购正造成威特摩尔公司开工不足。

目前，威特摩尔公司急需寻求新的合作伙伴。

思考

1. 你觉得威特摩尔与家助公司有合作的可能性吗？说出理由。
2. 如果合作，威特摩尔公司现有的物流系统哪些方面需要改进？
3. 家助公司与威特摩尔公司合作后如何提高对专业装修公司的物流服务水平？

第三章
采购管理

学习要点及目标

采购是现代物流链中的一个基础环节，它的管理状况关系着整个物流链的进程。因此搞好公司的采购管理工作，对整个公司的经营活动的进行至关重要。采购管理是指对采购业务过程进行组织、实施与控制的管理过程。通过本章的学习，学生能够做到以下几点。

(1)了解采购的类型和职能。

(2)理解采购的一般流程。

(3)掌握准时化采购实施的程序和保障。

引导案例

海尔的采购策略

与大型国有企业相比，一些已经克服了体制问题，全面融入国际市场竞争的企业，较容易接受全新的采购理念，这类型的企业中，海尔走在最前沿。

海尔采取的采购策略是利用全球化网络，集中购买。以规模优势降低采购成本，同时精简供应商队伍。据统计，海尔的全球供应商数量由原先的2336家降至840家，其中国际化供应商的比例达到了71%，目前世界前500强中有44家是海尔的供应商。

在供应商关系的管理方面，海尔采用的是SBD模式：共同发展供应业务。海尔有很多产品的设计方案直接交给厂商来做，很多零部件是由供应商提供今后两个月市场的产品预测并将待开发的产品形成图纸，这样一来，供应商就真正成为海尔的设计部和工厂，加快了开发速度。许多供应商的厂房和海尔的仓库之间甚至不需要汽车运输，工厂的叉车直接开到海尔的仓库，大大节约运输成本。海尔本身则侧重于核心的买卖和结算业务。这与传统的企业与供应商关系的不同在于，它从供需双方简单的买卖关系，成功转型为战略合作伙伴关系，是一种共同发展的双赢策略。

与胜利油田相似，由于企业内部尤其是大集团企业内部采购权的集中，海尔在进行采购环节的革新时，也遇到了涉及“人”的观念转变和既得利益调整的问题。然而与胜利油田不同的是，海尔在管理中已经建立起适应现代采购和物流需求的扁平化模式，在市场竞争的自我施压过程中，海尔已经有足够的能力去解决有关人的两个基本问题：一是企业首席执行官对现代采购观念的接受和推行力度，二是示范模式的层层贯彻与执行，彻底清除采购过程中的“暗箱”。

第一节 采购概述

采购是保证企业物资供应的重要环节，直接关系到供应物资的成本与质量，采购过程中所涉及的各种问题要求企业倍加重视。

一、采购的概念

所谓采购是指购买生产和生活所需要各种物资的过程。包括提出采购需求、选定供应商、谈判、确定交货及相关条件、签订合同、收货收款等过程。在采购过程中需要对各种活动过程进行管理，即采购管理。采购管理包括对新供应商的资质认定、各种不同投入物的采购和对供应商表现的监督和评估等等，因此，采购管理是企业的一项重要活动。

企业采购属工业品采购，不同于消费市场采购活动，消费品采购活动往往是个人行为，而工业品采购主体通常是企业、机关等单位或组织。两者的采购目的、动机、功能、决策过程等均有着明显的差别，此外，工业采购与供应商之间的关系紧密，为保证所生产产品具有可靠性，企业需要对供应商进行管理，双方建立一种长期的合作关系。消费品采购与工业品采购的区别如表 3-1 所示。

表 3-1　消费品采购与工业品采购的区别

	消费品采购	工业品采购
采购目的	满足个人需求	保证生产
采购动机	带有个人喜好或冲动	更多理性考虑
采购功能	消费者个人行为	专业职能、企业行为
采购决策	个人决定	多人参与、程序化过程
产品与市场知识	零散、有限	系统、宽广
采购量	小	大

续表

	消费品采购	工业品采购
采购需求	生活所需导向、较稳定	生产及发展驱动、波动性强
采购市场价格	价格弹性较大	价格弹性有限
顾客	数量很多、地域上分散	数量有限、地域性较集中

由表 3-1 可以发现，工业品采购相对于消费品采购要复杂得多，同时受市场需求的影响较大，采购对企业生产的稳定性影响也较多，因此，企业应该对采购进行较多的管理和监督。

二、采购的职能

现代企业置身于竞争激烈的市场环境中，采购对于企业产品获得市场、成本和竞争优势起着越来越重要的作用。因此，采购需要执行以下职能。

(1)保证企业所需产品与服务的正常供应，支持企业生产及其他经营活动的顺利实施。

(2)不断改进采购流程及供应商管理过程，提高所采购物资的质量。

(3)建立和优化物资采购和供应的配套体系。

(4)控制和降低采购本身及相关成本，减少原材料物资的成本压力，包括直接采购成本与间接采购成本。

(5)充分利用供应商的专业优势，促使其积极参与产品或过程开发。

(6)为本企业良好形象的树立和维护提供支持。

(7)管理、控制好与采购相关的文件及信息，特别要注意收集有关物资质量事故的信息，作为评价供应商的重要依据，同时避免出现类似问题。

此外，采购职责还包括制定并实施采购的方针、策略、流程、目标及改进计划，进行采购及供应商绩效衡量，建立供应商审核及认可、考核体系，开展采购流程及系统的自我评估，同其他单位的采购活动进行横向比较，不断提高整体采购的水平，建立稳定并有创造性的专业采购团队的机制，与其他企业共享采购资源，开展联合或协同采购等。

总之，在企业产品生产和经营过程中，采购对生产的稳定性、产品质量的高标准和客户服务的持续性等活动具有重要的作用。因此，采购部门应该严格执行属于本部门的职能与职责，为企业形象和竞争力的提高增加重要的砝码。

三、采购的分类

企业采购物资的种类千差万别，采购时间的跨度也很大，因此，有着各种类型的采购，根据不同的标准可以将采购分类如下。

(一)按采购的对象来分

1. 有形物品采购

有形物品的采购主要指所采购物资是有形的实物，一般包括主要原材料、辅助原材料、机具及设备、办公用品等。有形物品的采购相对简单，企业只要根据一定的检验标准对采购物资进行质量检验，合格即可。

2. 无形物品采购

无形物品主要指技术、服务及工程发包。服务又包括售前服务、售后服务、专业服务和后勤服务等。无形物品的采购相对复杂，一方面无形物品的评价标准难以客观，导致评价相对困难；另一方面，无形物品功能的发挥需要一定的配备条件和后续服务。

(二)按采购的时间来分

1. 长期合同采购

长期合同采购是指采购商和供应商通过合同稳定双方的交易关系，合同期一般一年以上。在合同期内，采购方应向供应方采购其所需产品，供应方应满足采购方在数量、品种、规格、型号等方面的需要。长期合同采购能够降低交易成本，但是容易受市场需求变化的影响。

2. 短期合同采购

短期合同采购是指采购商和供应商通过合同，实现一次交易，以满足生产经营活动的需要。短期合同采购，采购双方关系不稳定，采购产品的数量、品种随时变化。短期合同采购能够及时顺应市场的变化，但由于与供应商关系不稳定，因此，交易成本和供应风险较高。

(三)按采购的主体来分

1. 个人采购

个人采购是指消费者为满足自身需要而发生的购买消费品行为。

2. 组织采购

组织采购是为实现组织目标而发生的采购行为。组织一般可以分为：①家庭组织，②政府、事业单位、军队组织，③企业组织。

(四)按采购技术来分

1. 传统采购

传统采购一般是每月月末，企业各个单位报下个月的采购申请单到采购部门，然后由采购部门把各个单位的采购申请计划汇总，形成一个统一的采购计划；计划报经主管领导审批后，组织具体实施；最后，将所采购物资运回并验收入库，以供应下个月各单位的物资需求。传统采购以各单位的采购申报计划为依据，以填充库存为采购目的，采购的手段相对传统和落后。因此，传统采购对市场响应速度缓慢，会导致库存量大、资金占用多、库存风险大等缺点。

2. 现代采购

现代采购是指运用科学的采购技术和方法，通过计算机网络实现从信息收集、供应商选择、采购、运输、库存、使用全过程的信息化、网络化，最大限度地满足生产需要，降低采购物流成本，实现采购目标。现代采购技术和方法也越来越多，主要有订货点采购、MRP 采购、JIT 采购、供应链采购、电子商务采购等。

(五)按采购集中程度来分

1. 集中采购

集中采购是指企业建立专门的采购机构，统一组织企业所需物料的采购进货业务。集中采购的优势主要表现在：通过采购量的集中提高企业在谈判中的地位，提高议价能力，降低单位采购成本，同时获得存货控制的规模经济。集中采购使企业采购更倾向于专业化、规模化和规范化。

2. 分散采购

分散采购是指由公司下属的核算单位为满足生产经营的需要而实施的采购。分散采购能够赋予下属单位采购自主权，但容易出现采购机构重复设置、腐败现象发生等问题。

此外，可以根据所涉及范围将采购分为国内采购和国外采购，按中间环节的多少分为直接采购与间接采购等。

四、采购的原则

(一)适用原则

采购物品的品质应以适合、可用为原则，以免造成品质过高而引起浪费，也避免品质不良而造成管理费用增加、生产不稳定、降低信用和产品竞争力等不良后果。

(二)适量原则

适量原则要求采购物资的数量要适合需求。一般来说，采购量越大，价格越便宜，但不是采购量越多越好。资金的周转率、仓库储存的成本都直接影响采购成本，应根据资金周转率、储存成本、物品需求计划等综合计算出最经济的采购量。采购量的大小决定生产与销售的顺畅与资金的调度。物品采购量过大造成过高的存货储备成本与资金占用，物品采购量过少则造成采购次数增加、采购成本提高。因此，适当的采购是非常必要的。

(三)适价原则

价格是采购活动中的焦点。过高的采购价格会使采购企业的采购成本增加，使其最终产品丧失市场竞争力；反之，过低的采购价格会影响供应商的积极性，使供应商无利可图，违约风险增加，或者促使供应商通过降低产品质量、以次充好、延退交货时间等方法维持供货关系。

(四)适时原则

在价格稳定的时期内，要按照生产计划进行分期采购，随季节的变化，在价格较低时，不失时机地购进。因此，采购计划的制订要非常准确，该进的物品不及时购进，会引起企业内部混乱，造成停工待料、增加管理费用、影响销售和信誉；过早采购，大量囤积物品，又会造成资金占用、场地浪费、物品变质。所以，依据生产计划确定采购计划，按采购计划适时地进料，既能使生产、销售顺畅，又可以节约成本，提高市场竞争力。

(五)适地原则

即就地就近原则，供应商离自己公司越近，运输费用越低，机动性就越高，协调沟通就越方便，成本也就越低。

总之，企业需要根据价格、时间、地点等因素来进行合适的物资采购，为企业生产采购到合适的物资。

第二节 采购流程与管理

采购是一个复杂的过程，在采购的各个环节需要进行恰当的管理和决策，以保证采购工作的顺利进行。

一、采购业务流程

采购作业过程往往因采购物料的种类、采购方式及采购对象的不同，在某些细节上存在一些差异，但一般包括如下几方面内容，具体采购业务流程图如 3-1 所示。

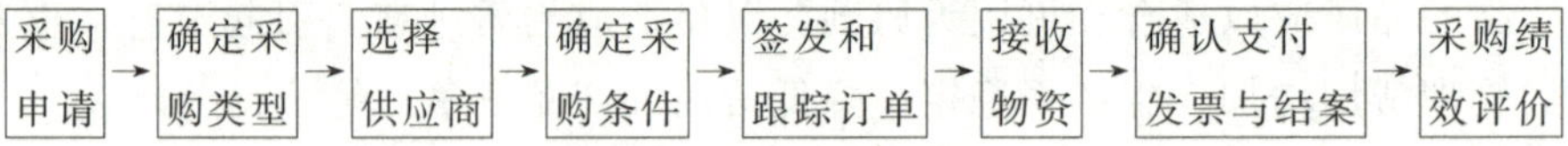

图 3-1　采购业务流程图

(一)采购申请

采购一般是对企业内的个人或部门的需求做出反应，以满足相关用户的需求。采购申请由物料控制部门根据需求部门的物料需求信息计算出物料采购量，填写请购单，依照签核流程送至不同审核主管批准，正式进入采购过程。在填写采购单的同时，必须登记编号，以便未来查询和确证，这样可以有效防止采购物料的随意性和盲目性。

(二)确定采购类型

由于企业生产的连续性，其所要采购的物资具有一定的承接性。如某些物料是以前所采购过的，则采购过程相对简单；某些物资是从没有采购过的，则采购过程相对复杂。因此，根据采购的时间性和复杂程度可以将采购分为三种类型：直接采购、修正采购和全新采购。

直接采购是指直接按过去的惯例所进行的采购，直接采购的物资类型和供应商一般没有变化，采购过程较为简单。修正采购需要对当前的供应商或采购物资作适当的变动，采购过程较直接采购复杂。全新采购是由全新的用户需要所引起的采购，其采购的物资是以前所没有的，供应商也需要重新选择，因此，全新采购的过程最为复杂。

(三)选择供应商

选择供应商的过程因其所处的市场状况不同而存在差异，供应商可以处于一个完全竞争的市场情况下，即有许多供应商；或处于一个寡头市场，市场中存在个别大的供应商；也可能处于垄断市场中，只有一个供应商，企业无法进行选择。因此，了解市场类型有助于采购专业人员决定市场供应商的数量、平衡权力与依赖关系、明确何种采购方式有效等。

一般来说，现代市场中大多数物料的供应存在多个供应商，因此，采购人员需要根据物料品种、价格、功能、要求提供的服务以及供货能力等条件遴选供应商，选择最理想的供应商以降低采购成本，提高采购质量。在采购条件许可范围内，应该列出所有供应商清单，根据采购条件对供应商进行评估和比较，挑选出合适的供应商。

(四)确定采购条件

在采购过程中，需要与供应商进行采购条件的谈判。其中，价格最为敏感和棘手，买卖双方都设法提高或降低价格来维护自身利益。需要注意的是，价格虽然是供需双方矛盾的焦点，但任何一方均不能随意要价，否则会导致商品交易的失败。此外，价格虽然重要，但价格绝不是采购的唯一条件和决定因素。价格与物料质量、数量、品质、交货时间、包装和运输条件等诸多因素相互制约，因此，需要双方综合权衡采购条件进行合理谈判，最终确定采购和供应关系。

(五)签发和跟踪订单

采购订单是买方提出的购买文件，是具有法律效力的合同文书，也包括诸多的双方所达成的交易条件，因此，要求采购方仔细推敲并认真书写各项条款。同时，采购部门需要对供应商进行监督，以确保供应商能够准确地按双方所议定的各项采购指标进行生产和供货，防止违约事件的发生。

(六)接收物资

供应商使用不同运输方式将物料送至采购方指定地点，采购方根据订单条款对收到的货物进行验收，以确保收到货物的质量、数量等与要求相符。如物料存在质量或其他方面的问题时，应及时通知供应商进行协商处理。

(七)确认支付发票与结案

收到供应商的发票时，须将采购订单、货物验收单、发票等凭证进行核对，对于已履行的订单进行结算并划拨款项。至此，采购方与供应商之间的业务事宜结束。

(八)采购绩效评价

采购工作结束后，应对供应商的绩效进行评价，以确定是否真正满足用户需求，如果存在问题需要找出原因并进行适当的纠正，以便寻求到高效率的采购流程模式和合适的供应商。

二、采购管理

(一)采购管理的概念与目标

采购管理是指为了维护企业利益，实现企业目标而对采购过程所进行的计划、组织、协调和控制工作。采购为企业的生产经营活动提供物资支持，其过程复杂，关系重大，因此，需要对采购进行恰当的管理。通过对采购的管理，期望达到如下的目标：

(1)正确计划用料，加强对用料的控制，预防呆滞废料的产生。

(2)适当的存量管理。通过强化重点管理，改善库存结构，降低库存量，减少库存资金占用。

(3)按照适用、适价、适时、适量、适地的采购原则做好采购工作，降低采购成本。

(4)发挥储存运输功能，确保物品品质，规范批发作业，维护仓储安全。

(5)加强供应商关系管理。与供应商建立一种能促使其不断降低成本，提高质量的长期合作关系。

(二)采购管理的内容

采购管理的目的是分解并执行采购政策，具有监督与服务支持的双重角色。对采购业务进行管理的内容主要有业务支持、业务审核、优化调整和批准实施四个方面。具体内容如下。

1. 业务支持

业务支持是通过采购管理使得采购业务能够正常运作，产生一定正确率的业务报告文档。业务支持包括新业务的流程组织和正常业务的维护、支持。主要内容有：根据业务需求建立采购流程，建立采购组织，对采购业务进行配套建设，日常业务过程中的管理支持，对采购业务运转状况进行量化测评等。

2. 业务审核

业务审核是通过对采购相关文档的正确性进行检验和评估，杜绝或减少采购过程中问题的出现。主要内容有：接收业务报告文档，审核报告文档的正确性，审核文档格式，审核通过或形成修改意见。

3. 优化调整

优化调整是对采购文档进行优化和调整，以使采购文档最终被批准和执行。主要内容有：业务人员分析和商讨改进意见，确定优化调整措施，实施措施，形成业务报告新文档。

4. 批准实施

采购文档通过优化调整，重新审核且通过，被批准实施。主要内容有：接收业务报告新文档，第一道批准手续；必要时进行第二道批准手续；进行业务操作，完成采购。

采购管理的四个环节是对采购业务单元进行管理的一个循环操作。在业务简单的情况下，审核人员与批准人员可合而为一，而有些业务的管理可能需要若干个循环，才能被正式实施。

(三)采购策略

采购策略是在采购过程中所采取的相应决策和方法。主要包括供应商选择策略、物料品质策略、采购价格策略、采购时间策略、采购地点策略和采购数量策略。

1. 供应商选择策略

对供应商进行选择除了判断是否拥有足够的生产能力外，还必须对采购企业做好全面优质的供货服务工作，达到采购企业的要求，这样供应商在市场竞争中才能具有较强的竞争力。供应商的选择是一个复杂的过程。

2. 物料品质策略

物料品质是指在一定生产标准范围内，能够满足买方使用需求的一组标准。采购企业在决定对某一物料采购时，必须对物料有全面了解，只有这样才能得到满意的物料。物料品质一般由材料、功能、寿命、稳定性、安全性和流行性等因素构成。采购物料品质决策过程包括设计过程、制作过程和使用过程中的物料品质约定。

3. 采购价格策略

采购价格通常是指在物料的成本和采购过程中所耗用的各种费用总和。采购价格直接影响采购企业的经营利润与资金利润，因此，合理实施采购价格策略对企业采购具有重要的作用。

采购价格由采购成本、采购过程成本、验收成本、运输与搬运成本和物料成本组成。可以用来降低采购价格的途径有：积极寻找物料供应商，合理使用采购方式与方法，对原有物料设计作重新修正或改进，寻找原有物料的替代品，选择合理运输方式，加强采购过程标准化管理，运用现代化计算机网络技术。

4. 采购时间策略

采购时间是指从采购物料至物料检验入库完毕所花费的时间。一般包括：处理订购单时间、供应商生产物料时间或提供物料时间、运输交货时间、检验入库时间等。

5. 采购数量策略

采购数量的多少直接决定生产和销售情况，采购数量过多或过少均会造成不正常的库存成本、资金占用和采购成本，因此，适当的采购数量是非常必要的。

总之，只有对采购进行恰当的管理才能降低采购成本，保证采购物资满足企业生产与经营的需要。

第三节　准时化采购及供应物流

随着企业实践和物流理论的发展，特别是通讯和信息技术的发展，为了满足企业实践的需要，新的采购理论不断出现。其中，准时化采购就是满足企业实现零库存的新型采购方式。

一、准时化采购的概念与内涵

（一）准时化采购的概念

准时化采购又称为JIT(Just In Time)采购，是指只有在需要的时候才订购所需要的物资或产品。这种准时化要求企业采购既不能提前，也不能推后，因此是一种即时采购方式。

JIT来自日本丰田汽车公司的生产方式，其基本思想是根据需要即时生产。在采购中，JIT的主要目的是以需定供，“杜绝浪费”，即在恰当的时间、恰当的地点，以恰当的数量、恰当的质量提供恰当的物品，从而使企业的库存达到最小化的生产系统。

（二）准时化采购的内涵

准时化采购的内涵异常丰富，主要表现在以下几个方面。

(1)品种配置上，保证品种的有效性，拒绝不需要的品种。

(2)数量配置上，保证数量的有效性，拒绝多余的数量。

(3)时间配置上，保证所需时间，拒绝不按时的供应。

(4)质量配置上，保证产品质量，拒绝次品和废品。

准时化采购一经出现即迅速取代传统的采购方式，并产生巨大的经济效益。相对于传统采购来说，准时化采购在企业成本的降低、产品质量的提高以及与供应商的关系等方面产生了积极的作用。

二、准时化采购的特点

准时化采购的实现包括供应商的支持与合作，以及制造过程、货物运输系统等一系列内容。相对于传统采购，准时化采购具有如下一些特点。

（一）较少的供应商，甚至单源供应

传统采购模式一般从多个供应商处采购所需的物资，其主要考虑是在多个供应商之间形成一种竞争关系，从而能够通过竞争来获得最低价格并进而获得采购成本的降低。但在传统采购的多源供应中，供应商管理成本较高，同时会导致供应物资质量的不稳定等多方面问题。准时化采购选择较少的供应商甚至是单源供应。一方面，方便对供应商进行管理并能降低采购成本；另一方面，企业与供应商建立长期稳定的合作关系，有利于物资质量的保证。

在实际采购中，一般企业并不愿采用单源供应，其主要原因有以下几点。

(1)供应商可能因意外情况而停止供货，导致企业生产经营方面的困难。

(2)供应商因为缺乏竞争意识而导致供货质量、供货价格或服务不能满足企业的要求。

(3)供应商也不愿成为用户的一个产品库存点。在实际操作中，一些企业常采用极少

的供应商提供供应，以避免以上的风险。

(二)小批量采购

小批量采购是准时化采购的一个基本特征，由于准时化采购旨在消除原材料等物资的库存，因此，单次采购的批量小。与之相伴而生的是采购频率高和运输成本加大，特别是对于国外采购来说更是如此。因此，准时化采购需要改善物流系统，在运输方面要求采取混合运输、代理运输等方式，在选择供应商方面要求地理位置与用户靠近等。

(三)供应商评价标准更复杂

在传统采购模式中，对供应商的选择是在满足质量的基础上更多地考虑价格因素。企业与供应商的关系是短暂的，如发现供应商不能满足需要时，可以通过市场竞标等多种方式选择其他供应商，这种短期合作对于企业与供应商来说，转换成本很高且不利于企业生产经营的稳定。

在准时化采购模式中，企业与供应商之间保持长期合作关系，甚至是长期的战略合作关系，供应商的合作能力将影响企业的长期经济利益，因此，对供应商的要求高。这样，在选择供应商时，不仅要考虑供应物资的质量和价格，更需要对供应商的多方面因素进行评估，包括供货质量、供货价格、交货期、技术能力、应变能力、柔性、合作能力等，一经考察成为企业的供应商则将建立长期的合作关系，以实现企业的准时化采购和物资供应。

(四)对交货准时性的要求更高

准时化采购的一个重要特点是交货及时，这也是即时采购和生产的前提条件。交货及时对于供应商来说，要求改善生产与运输条件以及物流综合运作能力。供应商应该从以下三个方面着手。

(1)不断改进生产条件，提高生产的可靠性和稳定性，杜绝或减少延迟交货与误点情况的发生。

(2)采取准时化生产管理模式，强化生产过程的准时性，成为敏捷供应链的重要组成部分。

(3)提高物流运作综合能力，特别是运输能力，使运输过程准确无误。

(五)有效的信息交换

准时化采购的顺利实施需要在供需双方间建立信息共享机制，以保证供需信息交换的准确性和实时性。因此，供需双方要做到以下几点。

(1)企业与供应商建立长期战略合作关系。

(2)加强基础设施建设，包括交通运输、通讯和信息等方面。

(3)企业与供应商之间保证信息共享。

(4)重视教育与培训，使供需双方的全员意识到准时化采购的战略意义，并能积极推行。

(5)加强信息技术的应用，有效推行准时化采购策略。只有信息能进行实时的交换才能保证准时化采购的顺利实施。

总之，准时化采购与传统采购有着本质的区别，总结如表 3-2 所示。

表 3-2 准时化采购与传统采购对照表

比较项目	准时化采购	传统采购
供应商选择	选择较少的供应商，关系稳定、质量稳定	选择较多的供应商，协调难度大，质量不稳定
供应商评价	合同履行能力、生产设计能力、物料配送能力、产品研发能力等	合同履行能力
交货方式	由供应商安排，确保交货准时性	由采购商安排，按合同交货
进货检验	质量得到保证，无进货检验	每次进货检验
信息交流	采购、供应双方高度共享准确实时信息，快速、可靠、易建立信任	信息不对称，容易暗箱操作
采购批量与运输	小批量采购，配送频率高，运输次数相对较多	大批量采购，配送频率低，运输次数相对少

三、准时化供应物流

(一)供应物流的业务环节

供应物流是指为使企业生产顺利进行，对所需一切物资(原料、燃料、备品备件、辅助材料等)的采购、进货运输、仓储、库存管理、用料管理和供应管理等活动过程。

在供应物流活动中，采购是供应物流与社会物流的衔接点，是依据企业的供应和采购计划来进行物资外购的作业层；此外，还负责市场资源、供货厂家、市场变化、物资质量等信息的收集。采购是企业生产的正式开始，是保证企业生产顺利进行的源泉。

物资供应工作是供应物流与生产物流的衔接点，是依据生产—供应计划和物资消耗定额进行生产资料供给的作业层，并负责物资消耗的管理，以减少物资消耗，提高成品率。供应方式一般有两种：一种是用料部门到物资供应部门领取，另一种是物资供应部门按时、按量向用料部门进行物资配送。此外，在供应物流环节中，同样存在进货运输、仓储、库存管理等物流活动，在此不再赘述。

(二)准时化供应物流模式

在市场竞争激烈、物资供过于求的状况中，买方成为供应物流活动的主导者。买方企业可以按照最理想的方式来选择适合自己的供应物流，相应地，卖方企业作为供应物流的承担者应该提供用户能够接受且满意的优质物流服务。准时化供应物流是按照用户的要求，在计划时间内或者用户随时提出的时间内，实现用户所要求的物资供应。准时化供应物流模式大多是供需双方事先约定供应时间、供应数量、供应地点等准确的供应计划，因此，有利于双方做出供应物流和接货的组织准备工作。

准时化供应物流的实现可以通过多种方式，如以下几种方式。

(1)供应商代理模式，即供应商或者社会销售企业送货上门，这样生产企业可以免除物流活动，专注于生产，而供应商能够通过其物流增值服务获得采购方的信赖。

(2)第三方物流企业代理模式，即生产企业完成采购程序后，委托专业的第三方物流企业进行送货或提货的物流活动。第三方物流企业代理能够使买卖双方摆脱烦琐的物流运作，专注于自身的核心业务。专业化的第三方物流企业能够通过专业化物流运作，提高物流质量，降低物流成本。

(3)自供与外协模式，自供是生产企业上一生产环节的产品作为下一生产环节的原材料来供应。外协一般是生产企业向外协厂提供所需产品的技术图纸以及品种要求，由外协厂组织生产、供应，以满足企业生产的需要。

(4)供应链物流供应模式，即以信息、通信和网络为依托的供应链体系将供应商、生产商、储运商、分销商、消费者组成供需物流网络链，在信息共享、相互信赖、长期合作的原则下，上游供应商对下游用户进行准时化物资供应。

四、准时化采购的实施

(一)准时化采购实施的程序

准时化采购需要企业与供应商协调，同时在企业内部编制准确的采购计划，共同为准时化采购而努力。企业应该做到以下几点：

1. 创建准时化采购团队

专业化、高素质的采购团队对准时化采购的实施至关重要，他们肩负着寻找货源、商定价格与采购条件、发展与供应商的关系等使命，对企业的物资供应和生产是一种重要的保障。因此，首先要成立两个团队，一个是专门处理供应商事务的团队，另一个是专门负责消除采购中浪费的团队。处理供应商事务的团队职责是认定和评估供应商的信誉、能力或与供应商谈判签订准时化订购合同，向供应商发放免检签证等，同时要负责供应商的培训与教育。准时化采购团队要能认识到准时化采购的重要意义和价值，并能积极施行，否则将难以与供应商合作。

2. 制订准时化采购计划

准时化采购策略的顺利实施需要有详尽计划来保障，因此，要制定准时化采购计划。包括制定采购策略、改进当前的采购方式、选择合适的供应商数量、正确评价供应商、向供应商发放签证等程序和标准。

3. 确定供应商并设定共同目标

供应商综合能力的强弱对准时化采购的影响巨大，因此，选择和确定供应商时应该从多方面对其进行评价。评价指标体系应该从产品质量、供货情况、应变能力、地理位置、企业规模、财务状况、技术能力、供应价格、合作意愿和可替代性等多方面考虑。供应商一旦确定，应该针对其目前的供应状态，提出改进目标，包括供货周期、供货频次、库存状况等，改进过程应该有时间限制。必要的时候需要对供应商进行培训，通过培训，供需双方取得目标的一致，能够很好地协调，有利于做好准时化采购。

4. 向供应商发放产品免检合格证书

准时化采购的实施需要通过与供应商建立长期的战略合作关系予以维持，因此，采购企业通过评估并遴选出合格供应商后，将不再对所采购产品重复进行检验。当然，要求供应商所供应物资应该百分之百地符合采购要求。供应商达到此要求后，采购企业即可以给合格供应商发放免检产品合格证书。

5. 准时化采购行动实施

在所有准时化采购的条件得以满足后，即可以配合企业的即时生产来进行准时化采购，要能够实现从传统的预测交货方式向准时化适时交货方式转变。准时化采购的顺利实施，需要采购、计划、仓储、运输、收验货、供应商等相互密切配合。

6. 绩效衡量与改进

准时化采购也是一个不断完善和改进的过程，需要在实施过程中不断总结经验教训，从降低运输成本、提高交货的准确性和及时性、保证供货产品质量、降低库存等多方面来进行定期检查，特别要以合适的绩效指标来控制实施过程。准时化采购团队需要在绩效评价的基础上，对准时化采购流程进行优化和调整，以不断提高准时化采购的运作效果。

(二)准时化采购实施的保障

准时化采购的实施还需要有一定的保障措施，具体有如下几个方面的要求。

1. 供应商与企业之间的距离越近越好

准时化采购采用小批量、多频次的方式，因此，要求供应商与企业之间的距离尽可能靠近，只有这样才能降低运输、采购及其他成本，否则，将发挥不了准时化采购的优越性，难以实现零库存。

2. 采购企业与供应商之间建立长期互利的战略合作关系

准时化采购的真正实现需要采购企业与供应商之间能够建立一种长期互利的战略合作关系，相互信任，相互支持，共同计划和协作，并在此基础上共同获益。

3. 加强基础设施建设

良好的交通运输和通信条件以及企业间通用标准等基础设施是准时化采购实施的重要保证。因此，不仅采购企业和供应商要加强基础设施建设，同时也需要政府对整个社会的相关基础设施进行投入，以最大限度地发挥公共基础设施的作用。

4. 强调供应商的积极参与

准时化采购的顺利实施需要供应商积极参与。供应商参与不仅体现在准时、按质按量供应采购方所需要的原材料和外购件上，而且体现在积极参与采购方的产品开发设计过程中。与此同时，采购方也有义务帮助供应商改善产品质量，提高劳动生产率，降低供货成本。

5. 建立准时化采购组织

企业领导要能够充分重视准时化采购的重要价值，建立准时化采购组织，包括采购部门、产品设计部门、生产部门、质量部门、财务部门等，同时能够建立使各部门相互配合与协调的制度，提高准时化采购实施的效率。同时，综合、稳定的生产计划和作业数据可以使供应商做好准备，安排生产，确保按质按量按时交货，因此，采购企业的相关部门需要向供应商提供其所需要的作业数据。

6. 加强信息技术的应用

准时化采购是建立在充分有效的信息共享基础上的，信息技术的应用能够避免信息传递过程中的失真，保证供需双方信息实时有效地交换，从而保证准时化采购的实施效果。因此，采购方与供应商都必须加强对信息技术，特别是电子数据交换技术的应用投资，以便更加有效地推行准时化采购策略。

7. 注重教育与培训

准时化采购不仅是一种新的方式和采购技术，更是一种观念的革命，要求采购方和供应方均能充分认识到它的战略意义。在准时化采购实施过程中需要相关部门与人员掌握相应的技术和标准，因此，通过教育与培训能够使相关人员充分认识到准时化采购的价值所在，并能掌握所需要的技术、标准和规范，以便对准时化采购进行不断地改进。

本章小结

采购是指购买生产和生活所需要的各种物资的过程。包括提出采购需求、选定供应商、谈判、确定交货及相关条件、签订合同、收货收款等过程。在采购过程中需要对各种活动过程进行管理，即采购管理。采购管理包括对新供应商的资质认定、各种不同投入物的采购和对供应商表现的监督和评估，等等。

采购管理是指为了维护企业利益、实现企业目标而对采购过程所进行的计划、组织、协调和控制工作。采购为企业的生产经营活动提供物资支持，其过程复杂，关系重大，因此，需要对采购进行恰当的管理。

采购管理的目的是分解并执行采购政策，具有监督与服务支持的双重角色。对采购业务进行管理的内容主要有业务支持、业务审核、优化调整和批准实施四个方面。

采购策略是在采购过程中所采取的相应决策和方法。主要包括供应商选择策略、物料品质策略、采购价格策略、采购时间策略、采购地点策略和采购数量策略。

准时化采购又称为JIT采购，是指只有在需要的时候才订购所需要的物资或产品。这种准时化要求企业采购既不能提前，也不能推后，因此是一种即时采购方式。

复习思考题

1. 简述采购的类型和职能。

2. 简述采购的一般流程。

3. 简述准时化采购实施的程序和保障。

案例分析

美好生活俱乐部(集中采购与分散采购)

萨莉·牛顿是美好生活俱乐部唯一的采购人员。这家俱乐部是一家健身俱乐部，在得克萨斯有19家分部。2月份，她刚刚推行了一项一个月之前设计的集中化采购计划。现在，她正在考虑如何处理来自一些经理(特别是达拉斯的三家健身中心联盟的经理)的阻力。

美好生活俱乐部十年前由吉姆斯·图尔特创办并所有。吉姆是来自奥斯汀的一名商学院的毕业生。25岁时他在奥斯汀开了第一家健身中心。经过十年的苦心经营，中心逐渐发展壮大，目前在得克萨斯一共有19家连锁健身中心。目前总部还是设在奥斯汀。

萨莉·牛顿24岁。结束了在奥斯汀一所大学心理学课程之后，她就加入了美好生活俱乐部，成为一名采购人员。她的工作包括对采购的管理和对库存的控制。在上大学之前，她曾经有过几年的工作经历。尽管她做过多种不同的工作，但是没有一种与采购或库存控制有直接联系。正如她所说的："这是我在这一领域从事的第一份工作。"

对萨莉·牛顿来之前美好生活俱乐部的采购体系，一名职员是这样评价的："如果说在萨莉·牛顿来之前美好生活俱乐部真有什么采购体系的话，我只能说它是非常松散的。"

为了维持各健身中心的运作，美好生活俱乐部需要很多不同的东西。包括机器和设备的部件，如自行车配件和磨砂灯泡以及办公用品和卫生用品。萨莉进入美好生活俱乐部之前，每一家健身中心负责自己的采购事项。绝大多数的中心不保持库存而是随需随买。在总部，曾经有一个兼职人员来负责采购和库存控制。不过她只负责总部的工作，不负责其他18家健身中心的物品采购，仅仅做出记录。

到美好生活俱乐部的第一个星期，萨莉查了她所接替那名兼职工作人员留下的两本记录。她对于俱乐部所使用的健身中心为主的随需随买的采购体系感到诧异，认为这种情况下使用集中化采购会更有效。她向老板谈了想法，老板鼓励她深入地调查研究。

于是，她就着手对这一问题进行了一些调查研究工作，结果发现，集中化采购系统确实可以为俱乐部节省一大笔开支。例如，她找到了一家供应商。如果俱乐部向其批量购买卫生用品的话，这家供应商可以把价格降低一半左右。于是，在寻找更多的提供不同物品的供应商的同时，萨莉开始制订集中化采购体系的细节。

萨莉设计的集中化采购体系基本上将所有的采购集中到了总部。健身中心的经理们不能再像原来那样购买各自中心所需的物品。如果有需求他们要填一份请购单然后传真到总部。这一工作的最后期限是每星期一的下午5点钟。在下个星期一，各中心所请购的物品将被送达。萨莉发现各中心所请购的物品不合适时，有权对之加以否定或是少采购。不过，每一个中心有100美元的现金用于应付可能发生的紧急需求。

1月底，萨莉完成了计划，这一计划立即得到了老板的同意。接着，她以备忘录的形式向所有的19个中心解释了新采购体系的实施原因和具体细节。

在新计划实施一个月之后，萨莉受到了挫折，因为有几个健身中心的经理对这一计划加以抵制。最棘手的是达拉斯的三家健身中心经理“联合”起来拒绝接受新的采购体系。

萨莉认为，在她1月份发出备忘录之后这三家达拉斯健身中心的经理就会过面并决定在达拉斯联合起来采购其所需的物品，而不采用萨莉的集中采购体系。她的这一猜测没有证据证明，但她确实也没有从达拉斯的任何一家健身中心接到过采购申请。

至于其他的健身中心，萨莉不知道是否其所需的所有物品都是由她来采购。她从每一家健身中心都收到过请购单，而且也尽力满足这些采购申请。可是，她为所有的采购申请所设的一个星期的周转期在实际当中也不是都能达到。为了满足所收到的各种不同的采购申请，她常常忙得焦头烂额，因此也就没时间去静下心来评判一下集中化采购体系的运作效果。

思考

1. 三家健身中心经理“联合”起来拒绝接受新的采购体系，原因是什么？
2. 如果你是萨莉，如何设计及实施方案？萨莉现在应如何做？
3. 关于本案例你有什么体会？

第四章

仓储与库存管理

学习要点及目标

仓储与库存管理是物流与供应链管理的重要内容。仓储管理指的是对仓储货物的收发、结存等活动的有效控制。库存管理是指在物流过程中商品数量的管理。通过本章的学习，学生能够做到以下几点。

(1)了解仓储的概念及其功能。

(2)了解库存的概念。

(3)了解库存管理的定义。

(4)理解周转库存特别需要库存管理的原因。

(5)掌握库存品种数量管理的方法。

(6)掌握构成库存成本的费用的种类。

引导案例

海尔零库存战略

海尔作为我国制造业的领军企业，一直是先进科技的执行者，其零库存战略的成功也得到了各行业的认可。为了探寻零库存在中国地区的发展前景，我们将在本案例中讨论其零库存的实现方式。

企业之间的竞争已经从过去直接的市场竞争转向客户竞争。为了响应市场，实现端对端的零距离销售，获取客户订单，满足用户需求，海尔前台的 CRM 网站作为与客户快速沟通的桥梁，将客户的需求信息快速收集、反馈，实现与客户的零距离；后台的 ERP 系统可以将客户需求快速发到供应链系统、物流配送系统、财务结算系统、客户服务系统等流程系统，实现对客户需求的协同服务，大大缩短了对客户需求的响应时间。

传统管理下企业根据生产计划进行采购。为了使企业的生产不受影响，一般有许多仓库，海尔实施信息化管理，逐渐降低库存占用资金、产成品积压、受原材料波动影响等问题。

海尔执行零库存的具体过程和工作描述如下。

一、以市场链为纽带构建业务流程

商流本部、海外推进本部从全球营销网络获得的订单形成订单信息流，传递到产品本部、事业部和物流本部，物流本部按照订单安排采购配送，产品事业部组织安排生产，生产的产品通过物流的配送系统送到用户手中，而用户的货款也通过资金流依次传递到商流本部、产品本部、物流和供方手中。这样形成横向网络化的同步的业务流程。

二、通过 JIT 实现“过站式物流”

1. JIT 采购系统

经销商下完订货单后，海尔的工作人员就将信息从商流工贸公司的信息系统终端上同时响应，并在推进本部的电子计算机终端上立即转为生产订单。海尔物流立体仓库的中央控制中心随即将产品分解成配件需求，自动统计并排查配件库存，将海尔国际物流中心配件立体仓库已有和待采购的配件分类进行操作。对库存紧缺的配件，系统自动生成采购订单并显示在采购 JIT 工作人员的电子计算机终端上，根据采购订单实施网上 JIT 采购。

2. JIT 原材料配送系统

采购订单同时被传送到原材料分供方的电子计算机终端上，分供方依托海尔的 BBP 系统(原材料网上采购系统)确认供货需求信息，并按要求配送到海尔物流立体仓库。通过 JIT 原材料配送操作，分别将配件送到预定的生产线工位上，柔性化的生产线在运转中根据系统指令实现生产自动切换，即可生产出满足客户订单需求的产品。

3. JIT 成品分拨系统

产成品一下生产线，随即进入海尔国际物流中心成品立体仓库，全国主干线 JIT 成品分拨配送系统在平均两天时间内将产品发运到 42 个遍布全国的海尔物流配送中心，各地配送中心再将经销商需求的产品送达客户指定地点。

海尔的零库存战略让企业具备如减少库存占有资金、加快资金的周转速度、回避产品积压的风险、降低库存管理成本、提高生产管理效率等优势。

第一节 仓储概述

一、仓储的概念

“仓”也称为仓库，为存放物品的建筑物和场地，可以是房屋建筑、大型容器、洞穴或特定的场地等，具有存放和保护物品的功能。“储”表示收存以备使用，具有收存、保管、交付使用的意思。“仓储”则为利用仓库存放、储存未即时使用的物品的行为。简而言之，仓储就是在特定的场所储存物品的行为。

仓储经历了以下发展阶段。

(一)人工和机械化的仓储阶段

该阶段物资的输送、仓储、管理、控制主要依靠人工及辅助机械实现。可以使用各种各样的传送带、工业输送车、机械手、吊车、堆垛机和升降机来移动和搬运物料，用货架托盘和可移动货架存储物料，可通过人工操作机械存取设备，用限位开关、螺旋机械制动和机械监视器等控制设备运行。机械化满足了人们对速度、精度、高度、重量、重复存取和搬运等方面的要求，实时性和直观性的优点较明显。

(二)自动化仓储阶段

自动化技术对仓储技术的发展起了重要的促进作用。

20 世纪 50 年代末开始，人们相继研制和采用了自动导引小车、自动货架、自动存取机器人、自动识别和自动分拣等系统。

到 20 世纪 70 年代，旋转体式货架、移动式货架、巷道式堆垛机和其他搬运设备都加入了自动控制行列，但只限于各个设备的局部自动化并各自独立应用，被称为“自动化孤岛”。

随着计算机技术的发展，工作重点转向物资的控制和管理，要求实时、协调和一体化。计算机之间、数据采集点之间、机械设备的控制器之间及它们与主计算机之间的通信可以及时地汇总信息，仓库计算机可以及时地记录订货和到货时间，显示库存量，计划人员可以方便地做出供货决策，管理人员可以随时掌握货源及需求。

信息技术的应用已成为仓储技术的重要支柱。到 20 世纪 70 年代末，自动化技术被越来越多地应用到生产和分配领域。“自动化孤岛”需要集成化，于是便形成了“集成系统”的概念。在集成化系统中，整个系统的有机协作使总体效益大大超过各部分独立效益的总和，生产的应变能力也大大提高。集成化仓库技术作为计算机集成制造系统中物资存储的中心受到人们的重视。

(三)智能化仓储阶段

在自动化仓储的基础上继续研究，仓储实现与其他信息决策系统的集成，朝着智能和模糊控制的方向发展，人工智能推动了仓储技术的发展，即智能化仓储。现在智能化仓储技术还处于初级发展阶段，21 世纪仓储技术的智能化将具有广阔的应用前景。

据不完全统计，目前我国已建成的立体仓库有三百座左右，其中全自动的立体仓库有五十多座，高度在 12 m 以上的大型立体仓库有 8 座，这些自动化的仓库主要集中在烟草、医药保健品、食品、通信、家具制造业、机械制造业等传统优势行业。在此基础上，我国对仓库的研究也向着智能化的方向发展，但是目前来说还处于自动化仓储的推广和应用阶段。

二、仓储的功能

(一)仓储的基本经济功能

仓储的基本经济功能可概括如下。

1. 整合

装运整合是仓储的一个经济利益点，通过这种安排，整合仓库接收来自多个制造工厂指定的材料，然后把它们整合成单一的一票装运，好处是有可能实现最低的运输费率，并减少在顾客的收货站台处的拥塞。该仓库可以把从制造商到仓库的内向转移和从仓库到顾客的外向转移都整合成更大的装运。

为了提供有效的整合装运，每一个制造工厂必须把该仓库作为停货运储备地点或用于产品分类和组装设施。因为，整合装运的主要作用是，把货票小批量装运的物流流程结合起来联系到一个特定的市场地区。整合仓库可以由单独一家厂商使用，也可以是由几家厂商联合起来共同使用。通过整合装运，每一个单独的制造商或托运人都能够享受到物流总成本低于各自分别直接装运的成本。

2. 分类和交叉站台

除了不对产品进行储存外，分类和交叉站台的仓库作业与整合仓库作业相类似。分类作业接收来自制造商的顾客组合订货，并把它们装运到个别的顾客处。分类仓库或分类站台把组合订货分类或分割成个别的订货，并安排当地的运输部门负责递送。因为长距离运输转移的是大批量货物，所以运输成本相对比较低，进行跟踪也不太困难。除涉及多个制造商外，交叉站台设施具有类似的功能。

3. 加工/延期

仓库还可以通过承担加工或参与少量的制造活动，延期或延迟生产。具有包装能力或加标签能力的仓库可以把产品的最后一道生产一直推迟到需要该产品的时候为止。例如，蔬菜就可以在制造商处加工，制成罐头。上光是指还没有贴上标签的罐头产品，但可以贴上私人标签。因此，上光意味着该产品还没被指定用于具体的顾客或包装配置还在制造商的工厂里。一旦接到具体的顾客订单，仓库就能够给产品加上标签，完成最后一道加工，并最后确定包装。

加工/延期提供了两个基本经济利益：第一，风险最小化，因为最后的包装要等到确定具体的订购标签和收到包装材料时才完成；第二，通过对基本产品(如上光罐头)使用各种标签和包装配置，可以降低存货水平。于是，降低风险与降低存货水平相结合，往往能够降低物流系统的总成本，即使仓库包装成本要比在制造商的工厂处包装成本更高。

4. 堆存

这种仓储服务的直接经济利益从属于这样一个事实，即对于所选择的业务来说，储存是至关重要的。例如，草坪家具和玩具是全年生产的，但主要是在非常短的一段市场营销期内销售的；与此相反，农产品是在特定的时间内收获的，但底层的消费则是在全年进行的。这两种情况都需要仓库的堆存来支持市场营销活动。堆存提供了存货缓冲，使生产活动在受到材料来源和顾客需求的限制条件下提高效率。

(二)仓储在物流中的作用

仓储在物流中占有核心的地位，起到重要的作用。

1. 仓储是现代物流的不可缺少的重要环节

关于仓储对于物流的重要意义，还可以从供应链的角度来进一步认识。从供应链的角度，物流过程可以看作由一系列的“供给”和“需求”组成的，当供给和需求节奏不一致，也就是两个过程不能够很好地衔接，生产的产品不能即时消费或存在需求却没有产品满足，在这个时候，就需要建立产品的储备，将不能即时消费的产品储存起来以满足后来的需求。供给和需求之间既存在实物的“流动”，同时也存在实物的“静止”。静止状态是将实物进行储存，实物处于静止是为了更好地衔接供给和需求这两个动态的过程。

2. 仓储能对货物在进入下一个环节前的质量起保证作用

在货物仓储环节对产品质量进行检验，能够有效地防止伪劣产品流入市场，保护消费者权益，也在一定程度上保护了生产厂家的信誉。仓储主要通过两个环节保证产品质量：一是在货物入库时进行质量检验看货物是否符合仓储要求，严禁不合格产品混入库场；二是在货物的储存期间，要尽量使产品不发生物理及化学变化，尽量减少库存货物的损失。

3. 仓储是保证社会再生产顺利进行的必要条件

货物的仓储过程不仅是商品流通的必要保证，也是社会再生产过程得以进行的必要条件。例如，商品的生产过程需要原材料、零件、配件的准备和供给，商品生产的链条中缺少了仓储则无法正常运转。

4. 仓储是加快商品流通、节约流通费用的重要手段

虽然货物储存在仓库中时处于静止的状态，会带来时间成本和财务成本的增加，但从整体上而言，它能够帮助加快流通，并且节约运营成本。

5. 仓储能够为货物进入市场做好准备

仓储阶段能够在货物进入市场前完成整理、包装、质检、分拣等程序，这样就可以缩短后续环节的工作时间，加快货物的流通速度。

三、仓储管理概述

(一)仓储管理的概念及其在我国的发展历程

仓储管理就是对仓库及仓库内的物资所进行的管理，是仓储机构为了充分利用所具有的仓储资源、提供高效的仓储服务所进行的计划、组织、控制和协调活动。

仓储管理是一门经济管理科学，同时也涉及应用技术科学。仓储管理的内涵随着其在社会经济领域中的作用不断扩大而变化。

我国的仓储管理经历了简单仓储管理、复杂仓储管理和现代化仓储管理三个阶段。

在仓库出现初期，由于生产力水平低下，库存物资的品种和数量都非常少，仓库结构简单、设备简陋，仓库管理人员的工作也相对比较简单，主要负责物资入库的计量，看管好库存物资使之不受损失。这种情况下的仓储管理称为简单仓储管理。随着生产水平的不断提高，尤其是机器生产代替手工生产之后，社会存储产品数量、品种、规格都逐渐增多，对存储条件提出了更高的要求；同时，由于社会分工越来越细，仓储的职能发生了一定的转变，仓库不再只是单纯的存储和保管物资的场所，还增添了产品分类、挑选、整理、加工、包装等活动。由于存储商品的复杂化和仓储职能的多样化，仓储建筑结构的变化及技术设备的变化就成为可能。机械进入仓库，并逐步代替手工作业，仓储活动向复杂化方向发展。这种情况下的仓储活动称为复杂仓储管理。信息技术的高速发展和网络的广泛普及，给仓储业带来了一系列重大变化。例如：在整个仓储活动中，可以使用电子计算机进行控制，增设光电感应系统，利用自动分拣系统进行商品分类整理，让机器人进入仓库等。现代化仓库的出现，要求仓储工作人员更加专业化。

(二)仓储管理的内容

目前，许多先进的国际仓储中心已经不是原来意义上的仓储中心，而变成了一个经济范围巨大的商品配送服务中心，并发展成为现代化水平的仓储管理中心。仓储管理的主要内容，就批发商仓储管理来说，应包括以下四个方面。

1. 仓库的选址与建筑问题

仓库的选址与建筑问题是批发商首先需要考虑的问题。例如，仓库选址的原则、仓库建筑面积的确定、库内运输道路与作业的布置等。

2. 仓库机械作业的选择与配置

仓库机械作业的选择与配置对整个仓库的运行效率有着直接的影响。例如，如何根据仓库作业特点和所储存物资的种类及其理化特性，选择机械装备及应配备的数量，如何对这些机械进行管理等。

3. 仓库的库存管理问题

库存管理是仓库管理的重中之重。批发商应根据企业需求状况，存储合理数量的货物，既要保证不能因储存过少而造成销售中断，又要保证不能因存储过多而占用大量的流动资金。

库存管理的首要目标是保证企业获得稳定的商品供应，但这不是库存管理的唯一目标。众所周知，如果库存商品过多，不仅会造成商品积压，还会大大增加保管费用，更糟糕的是还会占用大量的流动资金。资金是一种稀缺资源，它既可以投资于其他方面产生利润，也可以存入银行产生利息。但是当流动资金以库存的形式存在时，它既不产生利润，也不产生利息。从这个角度来说，积压商品，实际上是积压资金。所以，一般认为，企业库存资金占资金总额比重的大小，固然与企业性质或行业特点有关，但很大程度上也取决于企业的仓库管理水平。

4. 仓库的业务管理问题

仓库的业务管理问题主要包括如何组织货物入库前的验收，如何存放入库物资，如何对在库物资进行保管、保养、发放出库等。

（三）仓储管理的作用

良好的仓储管理不仅能保证企业获得及时、准确、质量完好的货物供应，而且有利于企业通过占用较少的流动资金降低产品成本，从而提高企业的综合竞争实力。

第二节　库存与库存管理概述

一、库存与库存管理的定义

库存管理问题是企业运作中的重要问题，越来越受到企业经营者特别是物流经营管理者的关注。它既涉及满足用户存取商品的各种需要，又与增加企业收入、扩大市场等问题密切相关。但因为库存商品会占用大量的人、财、物等资源，因此，减少库存量、降低库存成本，是库存管理追求的目标。

（一）库存的概念

库存是指用于满足未来的外部需求而目前处于闲置的一切有经济价值的资源。它包括两层含义。

其一，库存的是资源，并且是有价值的资源。库存资源既可以是人、财、物等有形实物，也可以是无形物质。库存必须是有价值的资源，一些能够满足未来需求的资源不一定具有经济价值，如阳光、空气等，因为在获取这些资源时，不需要支付相应的成本。

其二，资源的闲置就是库存，与这种资源是否存放在仓库中没有关系，与资源是否处于运动状态也没有关系。比如存储在仓库中的物质资源无论存储时间长短，都是库存，而在超市货架上未销售完的少量存货也可称为库存。

一般来说，只要有物质生产活动，库存就会存在。在古代，人们在春夏进行粮食的播种、耕种工作，秋季进行收获，然后将收获的粮食存储起来用以维持人们的基本生存需要，直至第二年的收获季节，这个过程就是一个典型的生产与库存的过程。由于生产技术的不断发展，现代社会的物质生产方式比古代更为复杂，体现出高度的专业化和信息化特征。库存涉及的方面也越来越广泛，无论在生产领域还是在流通领域，乃至关系国民经济发展的各个领域，库存都普遍存在。

(二)库存管理的概念

库存管理是指对库存资源进行管理。它主要是指在保障供应的前提下，通过预测和计划，选择并采用合适的库存管理模式和方法，确定合理的库存量标准并掌握库存的变化动态，适时对库存进行调整，以期达到库存量最优化、库存成本最小化的目标。

传统观念认为，企业库存的商品越多，表明企业的实力越雄厚，证明企业有强大的人、财、物等资源作为保障，足以支付庞大的库存量所带来的支出；现在人们则普遍认为能够实现零库存是最好的库存管理。

库存管理的宗旨或目标主要是保障供应、降低成本、满足企业快捷性需求。

保障供应就是要做到不缺货，使市场上的产品满足需求者的需求，这是仓储的根本任务。无论是生产、流通还是消费，都离不开库存物资。若要顺利地进行生产工作，就要确保有足够材料的供应；当企业在销售机会较多的时期，有足够的产品存货进行供应，就能增加销售的数量，从而降低因缺货带来的不必要的损失。

若单纯为了保证供给而大量库存，必然会占用很多库存资金，并且需要对所在仓库进行维护和管理，对库存物资进行保管，增加企业的运营成本，反而会使得企业的利润空间下降。因此，库存管理就是针对这一现象进行科学的统筹，将库存成本控制到最低限度，只有降低成本，增加盈利空间，才能增加企业在行业中的竞争力。

在当前社会竞争日益激烈的情况下，企业需要以尽可能快的速度满足市场需求，因此，库存管理不能仅根据经济或技术指标进行，还要考虑企业所处的外部竞争环境。换句话说，库存管理要满足企业快捷性的要求。

二、库存的分类

从不同角度出发，可以将库存分为几种不同的类型。

(一)按库存物资在生产加工过程中所处的状态分类

按库存物资在生产加工过程中所处的状态，库存可分为以下四类。

1. 原材料库存

原材料库存是指未经加工过的、直接用于企业生产产品的材料的库存，如木材、布料等。

2. 零部件库存

零部件库存是指已经过一定的加工、被用于企业生产产品的材料的库存，如 CPU、发动机、压缩机等。

3. 在制品库存

在制品库存是指在完成最终加工成为成品前的物品的库存。

4. 产成品库存

产成品库存是指已完成最终加工的物品的库存。

(二)按库存所处状态分类

按库存所处状态，库存可分为以下两类。

1. 静态库存

静态库存也称在库库存，是指存储在固定仓库中的库存，是人们传统认识意义上的库存。存储在仓库中的库存，既可以是长期存储，也可以是短期存储，它是存货的一种主要形式。

2. 动态库存

动态库存也称在途或途中库存。动态库存是指库存的物资处于正在运输的状态，或者在中途的临时存储库、中转站处于待运状态。随着企业现代物流管理水平的不断提高，越来越多的企业通过利用动态库存的方法减少或替代部分在库库存。

(三)按库存目的分类

按库存目的，库存可分为以下四类。

1. 储备库存

储备库存也称备用库存。储备库存主要是基于未雨绸缪的思想，为防备意外情况的发生而储存相应的物资以作备用。平时组织运营所涉及的物流不动用这部分库存，只有在出现意外事故时才动用。对于储备库存中的物资要长期确保其数量和质量。因此，这种库存不存在控制库存量，对储备库存的管理可看作一种仓储管理问题。

2. 周转库存

企业在生产和产品流通过程中往往存在很多环节，在产品的不断生产和销售过程中，需要不断地补充相应的物资，产品生产和流通过程可以说是一个物资不断周转流动的过程。周转库存是为了保证生产和流通顺利进行的重要库存，它必须是适量的、适时的。如果周转库存出现时间或数量上的偏差就会占用相应的流动资金，增加库存成本和相应的库存风险及损耗，因此对这种库存特别要进行合理的控制管理。

3. 安全库存

安全库存也称缓冲库存。安全库存是指由于生产需求存在着不确定性(如大量突发性订货、供应商延期交货等情况)，企业需要持有周期库存以外的安全库存或缓冲库存。持有这个观点的人普遍认为企业的平均库存水平应等于订货批量的一半加上安全库存。

4. 投资库存

投资库存不是为了满足目前的需求，它是考虑其他原因，如价格上涨、物料短缺或是预防罢工等而囤积的库存。

(四)按用户对库存的需求特性分类

按用户对库存的需求特性，库存可分为独立需求库存和相关需求库存。

1. 独立需求库存

独立需求是指需求变化不受人们的主观控制能力的约束，它与市场状况有关。用户对某种库存物品的需求与其他种类的库存无关，表现出对这种库存需求的独立性。独立需求库存具有不确定性，是随机的，企业自身无法控制，因此需要对它进行预测。

2. 相关需求库存

相关需求是指企业对某项物品的需求与对深层物品的需求有一定的内在相互关联的关系。相关需求的需求数量和需求时间与其他变量存在一定的关系，可以通过一定的数学关系推算得出。如自行车厂生产的车轮和轮胎的需求就是相关需求，轮胎的需求量由自行车的需求量决定。自行车的需求则是独立需求。为满足相关需求而建立的库存，即为相关需求库存。

(五)按对物品需求的重复程度分类

根据对物品需求的重复次数，可将物品需求分为单周期需求与多周期需求。相应的库存分别为单周期需求库存和多周期需求库存。

1. 单周期需求库存

单周期需求库存，也称一次性订货。所谓单周期需求，是指仅仅发生在比较短的一段时间内或库存时间不可能太长的需求。单周期需求出现在下面两种情况中：偶尔发生的某种物品的需求，经常发生的某种生命周期短的物品的不定量的需求。对单周期需求物品的库存控制问题称为单周期需求库存问题。

2. 多周期需求库存

多周期需求库存，也称重复性订货。多周期需求是指足够长的时间内对某种物品的重复的、连续的需求，其库存需要不断地补充。与单周期需求相比，多周期需求问题普遍得多。对多周期需求物品的库存控制问题称为多周期需求库存问题。

除上述库存外，还有积压库存、季节性库存等。

三、不良库存产生的原因及其影响

(一)不良库存产生的原因

1. 计划不周

计划不周或制订计划的方法不当，就会出现计划与实际的偏差，使计划大于实际，从而导致剩余库存。

2. 生产计划变更

企业生产计划的变更会带来一定数量的原材料或产成品的过剩，如果不及时进行调整，就会转变为不良库存。

3. 销售预测失误

销售部门对客户可能发生的订单数量估计错误，也将使采购、生产等部门的采购计划和生产计划与实际需求产生偏差，进而出现库存剩余的情况。

(二)不良库存的影响

1. 使企业资本固化

剩余库存致使资金被大量占用，资源得不到有效利用。当库存停滞不动时，现有的资金停滞于库存状态，无法投入新的生产销售活动中，周转的资金越来越短缺，会使企业的效益下降。

2. 加剧库存的损耗

过多的库存必然导致库存的储存期增长，使库存发生损失和损耗的可能性变大。在库存的管理中，一方面，库存的货物很可能因自身特点而对保存时间有一定的限制，不良库存过多，则会使得库存产生损耗；另一方面，管理时存在一些不确定的外在因素，一旦发生意外，则不良库存必然会带来损失。

3. 增加管理费用，增加企业生产销售成本

企业在维持高库存、防止库存损耗、处理不良库存等方面的费用将大幅度增加。企业为了使库存减少损失和损耗，需要加强管理，因此带来企业的仓库管理费及库存存储的相关费用，增加了企业在管理上的成本。

四、库存的重要性

现代经济社会中任何商品的生产和销售都越来越离不开库存，其重要性主要体现在以下几个方面。

(一)有助于企业获得规模经济效益

如果一个企业想实现生产、采购、运输等物流过程各方面的规模经济，建立并拥有一个合适的库存是必要的基础。大批量的订货能够使企业在一些方面获得竞争优势，比如：能够降低原材料的采购价格和总的运输费用；由于原材料单价降低而减少单位产品的制造成本；减少因缺货而可能产生的订单损失、客户流失和信誉下降等问题。

(二)保持生产经营活动的连续性和稳定性

一切商品从生产到消费的活动中一般要经历这样几个环节：制订生产计划，列出产品生产所需要的物料申请单，由供应商发送货物，物料运输、接收检验、进行生产，把物资运输到销售商或消费者处等。每个环节及环节之间都需要一定的时间。为了使这些环节之间不产生脱节的情况，就需要建立合理的库存。如果备有存货，就能满足在购买期间的物料供应，减少时间约束给予生产环节的压力。此外，某些产品的生产和需求具有很强的季节性，使得物资的供应和需求不同步，如果没有一定的库存保障，企业就无法保证生产经营活动的连续进行。例如，对于消费者来说，电热毯的购买时间主要集中在秋、冬两季，但是它的生产却分散在一年中；水稻、小麦的收获期一般集中在一年的某个时期，但对于粮食的消费却贯穿于整年之中。企业拥有了库存，就可以降低时滞给生产经营活动带来的波动性，保证生产经营活动的连续性和稳定性。

（三）帮助企业减缓可能出现的具有不确定性的、随机的需求变动以及意外事件造成的消极影响

由于市场需求情况变化很快，需要企业能及时把握市场变化以建立竞争优势。另外，订货周期也存在变动因素，具有一定的不确定性。这些变化和不确定性可能会使企业原材料或产品供应不足，从而导致缺货损失，这就需要库存发挥重要作用。存储生产过程所需要的原材料不仅能够保持正常生产的连续性和稳定性，而且可能在未来原材料价格的上涨或原材料短缺情况出现时通过价格“投机”，赚取差价获得利润。此外，出现自然灾害等突发事件时，库存也能帮助企业降低生产、销售受到的冲击。

（四）降低生产成本，提高作业效率

通过在生产作业各环节之间建立起相应的在制品库存，原本顺序固定、相互关联的工序相对独立，可以达到提高生产效率的目的。此外，通过设置产成品库存，企业可以按大于当时的市场需求的经济批量进行生产和配送，不同时间生产出的产品可以按一个类别进行出售。这样建立和利用相应库存带来的是制造成本的降低和作业效率的提高。

（五）帮助企业实现分区域、低成本、专业化生产

由于产品生产需要涉及方方面面的资源，如原材料、能源、劳动力资源、水资源等，企业往往为了节约生产成本而选择在产品生产所需资源的价格相对较低的区域进行生产。然后利用库存存储分散在不同地区生产好的零部件，利用企业内部的存货转移进行最终的整合组装。

库存通过这些方面的重要作用，帮助企业节约成本，降低生产中的不确定性，最终提高企业的经济效益，提高企业的竞争能力。

五、库存决策的内容

（一）库存控制的基本决策

库存管理的核心是库存控制。根据库存管理的宗旨，库存决策的目标主要包括以下几个方面。

1. 库存成本最小化

库存成本主要包括订货成本、进货成本、保管成本和缺货成本等。从经济角度来看，企业需要降低库存成本，以降低生产总成本，创造增加利润的空间，增强企业的竞争力。

2. 库存保证程度最高

当企业有很多销售机会需要一定量的存货为之提供供应保证时，往往需要强调库存对生产和销售活动的保证程度，而不强调库存本身的成本因素。

3. 改善或杜绝缺货现象的发生

当生产技术、工艺流程或合同等不允许企业停产时，企业必须以不缺货为首要库存控制条件，以保证生产正常进行，保证或提高企业信誉度。

4. 充分考虑时效性问题

有时候，库存控制不能只根据经济或库存数量指标来衡量，还应该考虑企业所处的激烈的外部竞争环境。在外部环境变化快速的背景之下，企业往往希望能以最快的速度实现进出货的目标来管理库存，以应对快速多变的市场环境，为企业在竞争中占据有利位置提供帮助。

(二)影响库存控制决策的因素

影响库存控制决策的因素主要有以下几个方面。

1. 客户需求

在许多因素影响下，客户需求可能体现出季节性、周期性或不确定性，比如突然发生的流行造成的产品需求猛增等情况，会使库存的控制受到一定影响。因此，接近客户需求的库存控制可以使企业的产品或服务保持一定的供应率，加快反应速度，缩短反应时间，从而提高客户的满意度。

2. 订货周期

由于通信、差旅或其他自然因素，订货周期往往具有较强的不确定性，这样会制约库存控制的效率和有效性。比如产品从订货到交货的时间长短将直接影响产品的库存量大小。

3. 运输过程的不确定性

在实际的物资采购过程中，无论何时购买都可以买到的情况是不多见甚至是极少发生的。运输过程受诸多因素影响，这些因素都可能造成运输的不稳定性和不确定性。而运输的不确定性会直接影响物资从采购到进入企业仓库的时间，从而对库存控制产生影响。

4. 资金制约

企业整个库存过程都不可避免地需要资金的支出。而资金的暂缺、周转时间过长、运转不畅等情况往往会使计划好的控制方法失效。

5. 管理水平

企业的任何活动都离不开相应的管理人员，而管理人员的管理水平影响着企业活动的成效。因此，库存管理人员管理水平的高低直接关系到控制目标能否实现、实现效果如何。

6. 产品价格和库存成本

产品价格和库存成本因素直接影响库存控制的经济效果。例如，建立并拥有库存可使企业生产批量更大、批次减少、运营成本降低；拥有库存可加大采购量，作为购买方可向供应方争取更大的折扣。另外，拥有库存可以规避价格波动及其他突发事件或不确定因素对企业生产销售可能造成的负面影响。

六、企业库存管理的发展趋势

库存管理对于企业而言，其重要性和积极作用很显著，但同时目前的库存管理中仍然存在一定的缺陷和问题。库存管理应与现代企业的管理模式和管理方的变化相互结合、相互适应。随着计算机技术和网络通信技术的发展、全球经济一体化的推进，库存管理呈现出向信息化、整合化和零库存发展的趋势。

(一)信息化管理

随着信息技术的不断发展、应用，企业信息化已经成为不可逆转的潮流。库存管理是为了支持企业的运营发展的。因此，基于企业信息化的趋势，库存管理也逐步推广应用计算机技术和网络通信技术。通过利用日益成熟的计算机技术，库存管理不仅能简化复杂的数据处理工作，提高数据处理效率，而且能使库存管理系统化。由于计算机具有大容量的数据存储记忆和高效的数据处理功能，因而能把库存管理工作从初级的基本数据处理推向更高级的阶段。另外，计算机还能帮助及时解决库存管理的临时变动、临时需要解决的问题。

随着网络的覆盖范围不断扩展，网络技术迅速发展，库存管理信息化的又一重要体现——网络化正成为一种新的趋势。充分利用网络通信技术，可以大量节省通信和管理费用，可以方便、快捷地及时查询公司分布在各地的库存信息。基于全局思想，可以建立覆盖整个供应链的库存管理系统，充分发挥网络化的优势。网络化的库存管理还可以做到库存管理的联机实时处理。

(二)整合化管理

库存费用是企业物流管理的主要费用。库存管理的主要目标就是要在保证供应的前提下确定合理的库存量，有效减少库存成本。因此，库存管理必须实行整合化，即把供应链上相关的供应商、零售商、批发商、客户等的库存管理设施整合起来，实现企业库存管理的优化，提高供应链的整体效益。

(三)零库存管理

库存管理的终极目标是实现零库存，当然这种零库存不是整个供应链上的零库存，而只是某个单位的零库存。该单位实现零库存，就是将自己的库存转移给其上游的供应商或下游的零售商，从而实现自己的零库存。如丰田公司的准时制生产方式(JIT)就是一种“零库存”。对于零库存的理解，应当包含两层意义：一是库存物资的数量趋于零或等于零，即近乎零库存物资；二是库存物资所需要的设施、设备的数量及相关的库存劳动耗费同时趋于零或等于零，即不存在库存活动。而后一种意义上的零库存，实际上是社会库存结构的合理调整和库存集中化的表现，就其经济意义而言，它并不是通常意义上的仓库物资数量的合理减少。

通过以下途径可以实现零库存的库存管理。

1. 委托存储和保管货物

委托保管是指委托方把所有权属于委托者的货物存放在专业化的仓库中，由后者代理用户存储和保管货物，委托方则按一定的标准向受托方支付相应的服务费用。这种方式在一定范围内可以实现零库存和进行无库存式生产。

采用委托保管方式来实现零库存，对于委托双方都有利。对于受托方而言，有利于受托方充分利用其专业化水平高的优势，开展一定规模的集成库存经营活动，从而实现以较低费用提供较高水平的库存管理。同时，也有利于委托方，可以减少大量的库存管理工作和人员，减少相应的支出，从而集中精力从事生产经营活动。以该方式实现的零库存，实质上是库存位置的移动变化，但它并没有减少总库存和库存物资总量。

2. 推行协作分包

协作分包主要是制造业企业实现零库存的方式，包括生产协作和分包销售两方面。

在协作、配套的生产方式下，供应链上的企业与企业之间的经济关系更加密切，从而在供应链的上、下游企业之间能够自然地建立起稳定、及时的供销货渠道，可以促使生产企业减少物资库存总量，甚至取消供应量库存，实现零库存。

在分包销售体制下，由于实行“统一组织产品销售，集中设库储存产品”的制度，并且是通过配额供货的形式将产品分包给经销商的，所以各个分包点即销售点上是没有库存的。也就是说，在分包销售制度下，分包者的“销售品库存”等于零。

3. 实行准时制方式

准时制供货方式是一种典型的零库存管理。它于1973年由日本丰田汽车公司最早采用，又称为看板供货。这种供货制度就是在企业内部各工序之间或者在建立供求关系的企业之间，采用固定格式的卡片或标签，由下一个环节根据自己的生产情况按工序的逆方向向上一个环节提出供货要求，上一个环节则根据卡片或标签上指定的供应数量、品种、交货时间等及时组织送货。很明显，实行这样的供货办法(或供货制度)，可以做到准时、同步向需求者供应货物。在这种方式下，后者自然不会另设库存。因此，它的库存等于零。

实施企业零库存管理应注意以下主要问题。

第一，企业必须转变观念。现代市场的主流趋势强调“共赢”，因此要注意与供应链中各方建立相互信任、相互合作、相互协调的战略伙伴关系。既要在市场中积极寻找和发展战略合作伙伴，又要注意与现存合作伙伴之间建立分工协作、相互信任的关系。合作的目标定位于削减库存，同时避免缺货现象的发生，做到能适时、适量、适质、适地、适价地提供所需物品。

第二，加快企业信息系统建设，最大限度地将销售信息、库存信息、生产信息、客户信息、成本信息等与合作伙伴交流分享，做到信息共享，增大信息透明度。同时，在此基础上，要求各方在一起发现问题、分析问题、解决问题。

第三，采用先进的供应链库存管理技术与方法，努力提高管理水平，包括：采用供应商管理用户库存(Vendor Management Inventory，简称VMI)管理系统，联合库存管理、多级库存优化及按订单采购、制造、配送等，同时原材料采购管理、生产管理、销售管理、信息管理、人力资源管理等都必须有供应链管理全局的思想。

第四，充分利用第三方物流资源。坚决走专门化、集约化的道路，集中人力、财力、物力努力发展本企业具有核心竞争力的产品，把非核心竞争力的物流交由第三方物流企业代理、配送，只保留少量的安全库存，增强企业的市场竞争力。

第五，加快企业内部物流设施设备的更新，推广高新技术在物流设备中的应用。要想实现零库存，只有很好的“软件”是不行的，还必须有与之配套的“硬件”才行。目前国内大部分企业的物流设施设备现状已经阻碍了零库存的实现，提高物流设备的技术含量，加快物流设施设备的更新已是刻不容缓。

第六，加速企业电子商务的发展，尤其注意电子商务与物流领域的结合。虽然我国电子商务在实施过程中，条件还不配套、不成熟，但是随着电子计算机技术的发展，实施电子商务是必然趋势。

第三节 库存业务管理

库存业务是指针对库存物资的进、出、存所开展的业务活动。库存业务是企业经营业务的重要组成部分，是企业保持正常经营的重要基础。对库存业务进行管理，首要的是理清库存物资的品种数量，这是最基本的库存管理工作。如果对自己库存物资的品种、类别、规格、性能、数量都弄不清楚，就不知道库存管理的对象是什么，也就更无法得知怎样进行管理。鉴于库存品种数量管理的重要基础作用，本节首先介绍物资编码、ABC 分类法及 CVA 分析法三种库存品种数量管理方法。

一、库存品种数量管理方法

(一)物资编码

物资编码是物流信息化的基础，是库存业务能够顺利进行的重要依据。所谓物资编码，就是在对库存物资的品种、类别、规格、性能等基本情况进行实际调查，经过统计整理后，形成物资类别品种体系，并采用系统化的统一编码标志其基本属性和特殊属性的工作。物资编码具有唯一性和统一性。每一件库存物资应有且只有一个与之对应的物资编码。对于整个库存管理工作来说，物资编码的标准应统一设立。

最基本的物资编码是组合序列码，用 0，1，2，…，9 共 10 个数字，有必要的话，还可加上 A，B，C，…，Z 等 26 个英文字母来表示。利用这些数字和字母首先表示库存物资的大类、小类、品种、规格等层次结构，然后每一层次按照顺序序列依次对该层次内的每件物资进行编号，这样形成最终的物资编码。这种编码方法的优点是简单方便，具有可扩充性，比较适合一般的计算机管理信息系统进行查询和统计。其缺点是编码并不具有特定的含义，因此不方便记忆，只能通过计算机存储记忆，最终形成完整的库存物资品种类别体系。管理人员可使用计算机查询、显示出相应的库存物资属性。

(二)ABC 分类法

ABC 分类法是由意大利经济学家维尔弗雷多·帕累托首创的。1879 年，帕累托在研究个人收入的分布状态时，发现少数人的收入占全部人收入的大部分，而多数人的收入却只占一小部分，他将这一关系用图表示出来，就是著名的帕累托图。该分析方法的核心思想是，在决定一个事物的众多因素中分清主次，识别出少数的但对事物起决定作用的关键因素和多数的但对事物影响较小的次要因素。后来，帕累托法被不断应用于管理的各个方面。1951 年，管理学家戴克将其应用于库存管理，命名为 ABC 分类法。

在企业的生产过程中，库存资源的种类繁多，且数量庞大，但是其价值和重要性不完全相等。如果对所有物资进行同等程度的管理，则需要企业支出大量的人力、物力和财力。因此，应当对物资品种进行不同程度的区分管理。ABC 分类法将库存物资按照其价值大小进行区分，分为 A、B、C 三大类，然后按其重要程度分别对待。

一般来说，A 类物资占物资总类的 10%左右，销售金额占总金额的 70%～75%；B 类物资占物资总类的 15%～25%，销售金额占总金额的 20%～25%；C 类物资占物资总类的 65%～75%，销售金额占总金额的 5%～10%。值得注意的是，ABC 分类的标准是基于统计数字的，所谓 20%或 70%等并不是一个绝对值。企业在实施 ABC 分析法时，如何确定这个划分界线，就需要结合自身的情况，依据适当原则选择自己的标准。

ABC 分类法的具体步骤描述如下。

(1)确定统计期。对库存情况的统计调查，应该有一个时间区间，叫统计期。该期间应该能反映当前和今后一段时间的供应、销售和储存形势，对于生产、经营情况较稳定的企业，可采用稍长的统计期，如一个季度、一年；对于变动幅度较大、频率较高的企业，尤其是零售业，可采用较短的统计期，如十天、一个月，并可针对部分销售情况较稳定的商品来进行统计分析。

(2)统计出该期中每种存货的供应、销售、库存数量，单价和金额，出入库频度和平均库存时间等。在条件允许的情况下，可以结合原来的库存卡片，为每一种存货制作一张 ABC 分析卡。

(三)CVA 分析法

ABC 分类法固然有其科学合理之处，也为许多企业所应用，但是它也有缺陷。有些公司发现，ABC 分类法中的 C 类物资往往得不到应有的重视。例如，从事服装生产的企业会把纽扣、拉链等列入 C 类物资，但是如果纽扣或拉链短缺将会影响到服装的生产。因此，有些企业采用关键因素分析法(简称 CVA 分析法)以弥补 ABC 分类法的不足。

CVA 分析法最早应用于军事后勤管理中。该方法的基本思想是把库存物资按照其关键性分为最高优先级、较高优先级、中等优先级和较低优先级等四个级别，按照不同的级别分别制订不同的库存管理策略。

处于最高优先级的库存物资是企业经营的关键性物资，不允许缺货情况发生，否则将导致企业经营停顿或中止。

处于较高优先级的库存物资是指生产经营活动中的基础物资，该等级物资允许偶尔缺货。

处于中等优先级的库存物资多属于生产经营中比较重要的物资，允许其在合理范围内缺货。

处于较低优先级的库存物资是指经营中需要用到但可替代性高的物资，这部分物资允许缺货。

由此可见，CVA 分析法比 ABC 分类法有更强的目的性。

二、库存经营管理

(一)库存经营过程

一个完整的物资库存经营过程包括以下四个过程。

1. 订货过程

订货过程是指企业根据生产计划，制订物料需求计划及订货单，发送订货单给供应商完成订货交易的过程。它实际上是一个根据计划与供货商达成订货意向，签订相关合同，支付货款获取所需物资的所有权和使用权的一个商务流过程。经过订货过程后，在理论上企业的库存量应增加。

2. 进货过程

进货过程是指订货和供货交易双方在达成订货意向、签订订货合同后，供方将物资从己方运送到需方指定地点，由订货方验收入库的过程。它是一个物流过程。通过进货过程，订货企业的实际库存量会实实在在地增加。

3. 保管过程

保管过程是指经过订货企业的验收将物资入库后，到该物资出库应用于生产或销售的时间段中的存储保管过程。它也是一个物流过程。如果不考虑折旧率、自然损耗等库存损失，保管过程一般不会使企业实际库存量发生变化。

4. 出库过程

出库过程是指由于企业生产或销售的需要，库存物资经专门人员清点后出库发运的过程。它既是一个商务流过程，也是一个物流过程。通过出库过程，物资库存量无论在理论上还是在实际上都会减少。

总体来说，以上四个过程构成了物资的进、出、存过程。订货、进货过程使库存量增加，出库过程使库存量减少，保管过程保持库存量不变。所以要对库存量进行控制，既可以对出库过程进行控制，也可以对订货、进货过程实施控制。一般来说，企业会选择根据需求控制订货、进货过程，来达到对库存量实行控制的目的。

(二)库存经营方式

根据库存控制理论，可以将经营者的经营方式分为以下三种类型。

1. 不允许缺货型

企业所有的物资需求都应该能够被现有库存所满足，不能发生缺货的现象，即企业的库存量不能等于或小于零，现有库存能满足供应。生产企业一般属于这种情况，缺货会造成企业停产，无法保证企业生产的连续性和稳定性。

2. 可以缺货型

允许库存不满足对需求者的现货供应。需方所需物资，库存有货就供应，没有货就不供应，不进行补货供应。可以缺货，意味着库存量可以等于零。

3. 可以缺货但要进行补货型

如果当需求者要购买货物时，企业库存没有现货可供应，但可通过需求者预订、企业补充库存的方式进行销售。这种情况意味着企业库存量可以等于或小于零，无论库存有无现货都保证供应的一种经营方式。一些企业往往乐于采用这种灵活的经营方式。

(三)库存进货方式

面对这三种经营方式，企业可以采取以下两种进货方式。

1. 即时到货方式

采用即时到货方式时，将一次所订货物一次性全部到货来补充库存，其进货过程不需要花费时间或所花费时间较少可以忽略，也就是即订即到，且是一次性到货。这里的“不需要花费时间”不是真正意义上的不花费时间，而是指不会花一个单位以上的时间，只要是在一个单位时间内到货，都称作即时到货。这里所谓的“单位时间”是相对的概念，是指在整个问题计划中需求量所采用的时间单位。如果问题是以日需求量进行考虑的话，则时间单位就是天；如果需求量是以月为单位考虑的话，则时间单位就是月。

2. 持时到货方式

持时到货是指将一次所订货物按一定的进货速率逐渐进货，整个订货进货过程需要持续一段时间，最起码要花费一个单位以上时间。一般路途比较远的进货需要一个单位以上的时间，则都可算是持时到货。

虽然经营方式可以有所不同，但是库存的经营过程基本上都是相同的，一般都具有订货、进货、保管和出库四个过程。由于企业可以选择不同的经营方式，在具体处理这四个库存过程上所采取的策略有所不同，具体的库存控制管理操作也不同。

第四节 库存成本管理

库存管理的宗旨是以尽可能低的费用在适当的时间、地点获取合适数量的物资。可以说，库存成本是整个物流成本一个非常重要的组成部分。因此，库存成本管理是进行合理的库存管理的重要基础，在成本分析管理的基础上，企业可以进一步选择、采取有效的库存管理方法。

一、库存成本的构成

企业在进行库存经营管理活动时，往往会产生各种各样的费用支出，这些费用就构成了库存成本。它主要由以下几个部分构成。

(一)订货费

订货费是指企业与外部供货商在订货过程中发生的与订货有关的全部费用，包括邮资、差旅费、通信费、订货手续费等支出。在一次订货中，订货费用与订货量的多少无关；而若干次订货的总订货费用与订货次数有关，订货次数与总订货费用成正比。

(二)保管费

保管费是指企业在保管过程中为保管库存物资所支出的全部费用，基本上由两大部分组成：资金占用成本和其他成本。其中，资金占用成本是指在企业的订货到验收入库后就要支付相应货款，但是订购的这些货物一般不可能立即为企业带来经济效益。任何企业都有其一定的资金投资回报率，即库存占用的资金如果不用于库存而去经营其他投资所能获得的平均收益，这一比例因行业的不同和企业的不同而有所不同，一般为10%～16%。其他成本则包括出入库的装卸、包装、搬运、堆码和检验费用，保管用具、用料费用，场地租用、水、电费等，保管人员的有关费用，保管过程中的货物损失(如变质、过期、贬值、失窃等)，相关保险等。保管费用与被保管物资数量和保管时间的长短有关，所保管的物资数量越多，保管时间越长，所耗费的保管费用越高。

(三)缺货费

所谓缺货，就是当客户来买货时，现有库存中因为没有现货供应而丧失了这次销售机会。缺货会造成损失，也就是缺货费，也称缺货惩罚成本。在这种情况下，库存有货就销售，没有货物就不销售，库存量可以等于零。缺货费主要由两部分组成：一是现在的损失，二是对未来造成的潜在的负面影响。现在的损失是指由于缺货失去此次销售机会造成的损失，这部分损失费用比较容易计算。比如某商场每卖1台冰箱可赚500元，当顾客购买时却发生缺货，顾客转到其他商店购买，使得该商场每失去一次销售冰箱的机会就会造成500元的损失。而对未来造成的潜在的负面影响所带来的损失要进行精确计算是很困难的。如果缺货现象频繁发生的话，大量客户可能会流失，企业的信誉度降低，失去市场。缺货费受多种因素影响，可能存在三种情况：与缺货量有关，与缺货次数有关，与缺货持续时间有关。

(四)补货费

补货是当用户购买货物时，库存没有现货能满足供应，但是销售机会仍然存在，用户仍然可以在这里订货，进行欠账供应，进货后立刻补货给用户。这样在补货情况下，库存量可以等于或小于零；进货后库存上升到正值。在用户不急需货物时可能实现这种供货方式。

补货费是在进行货物补充过程中所要支出的费用，例如为了吸引顾客，需要支出招待费，或者是优惠服务和优惠价格等所花费的费用。补货费可能与补货量、补货次数和补货时间有关。

(五)进货费与购买费

进货费就是进货所花费的全部费用，包括运输费、包装费、装卸费、租赁费、延时费和货损货差等。购买费为购买物资的原价。它们的特点是当订货数量和地点确定以后，总购买费和进货费确定不变，不会随着进货批量变化而变化。也就是说，进货费与购买费都与订货批量无关，批量大小不会影响其总的进货费和总的购买费。把这种与订货批量无关的费用称为固定费用，而把那些与订货批量有关的费用称为可变费用。因此，进货费与购买费是固定费用，而订货费、保管费、缺货费、补货费是可变费用。

以上这六项费用构成了库存管理总成本，它们并非总是同时存在。在不同的实际经营需求下，可以归纳为四种情况。

(1)在不允许缺货情况下，可能发生订货费、保管费、进货费和购买费，但不会发生缺货费和补货费。

(2)在缺货情况下，可能发生订货费、进货费和购买费。在不缺货期间发生保管费；在缺货期间发生缺货费，但不会发生补货费。

(3)在补货情况下，可能发生订货费、进货费和购买费。在不补货期间发生保管费；在补货期间发生补货费，但不会发生缺货费。

(4)在一个较长过程中，有时实行缺货，有时实行补货。这次实行缺货，下次实行补货，这时以上六种费用才可能都发生。

二、库存成本管理的思路

(一)建立规范、权威的物流成本管理会计制度

任何管理活动都需要建立与之相对应的管理制度作为规范，库存成本管理也不例外。由于库存成本是物流成本重要的组成部分，因此要想做好库存成本管理，首先就要建立物流管理会计制度，进行物流成本核算工作。具体来说，就是要分别对库存成本构成的六项费用，即订货费、保管费、缺货费、补货费、购买费和进货费进行定义、记录和核算。这是一项有重要意义的基础工作。只有通过对记录的数据进行处理，才能够计算出大小，才能将记录和计算结果进行比较，实现科学管理。只有把物流管理会计制度规范地建立起来，才能搞好物流管理和库存管理工作。

我国长期沿用传统的会计制度，而物流概念的接受相较于其他国家还比较晚，因此现在还没有建立起专门的物流管理会计制度。这个工作需要经过一定时间的实践、讨论、总结，得到全国性的统一规范，但是就目前来说，各个企业可根据自身实际自行实践，逐步探索，为制度的合理制定积累经验。

(二)将库存总费用最省作为库存成本管理的指导思想

库存管理涉及订货、进库、保管、出库四个环节，每个环节涉及不同的费用，这些费用还涉及企业中不同的部门。因此，库存成本管理是一个系统工程，各种费用的大小与总费用之间应有一定的科学比例，只有这样才能实现总费用最省的目标。例如，订货费与保管费之间就需要协调，这就取决于订货批量与订货批次之间的关系。订货批次多了，订货费用会升高；订货批量大了，保管费用就会随之升高。只有制订适当的订货策略，取一个

适当的比例，才会使订货费用与保管费用均衡，进而使总费用达到最低。库存总费用最小化的目标需要由每个构成库存总费用的单项费用根据具体情况而具体制订来实现。

(三)建立库存成本定期统计分析制度

在物流管理会计制度建立的基础上，应当划分合理的时间段，定期对库存成本进行统计分析。定期分析，一般一个月一次，月末把本月发生的各单项成本统计出来，并且求出总成本。然后进行分析，分析方法与一般财务分析一样，主要包括：成本时间比较分析法，如本月与上月比较、今年与去年同期比较，从变化趋势分析原因；成本结构比较分析，比较各部门、各班组和各项目发生的费用，考察各单位的管理措施和管理水平。经过比较分析，总结经验和教训，以便于确定今后的改进方向和制订今后的工作计划。

(四)明确库存管理的宗旨，树立零库存指导思想

生产制造业企业要最大限度地降低库存成本，必须树立零库存思想。实施零库存的根本途径就是实施准时化作业，例如准时化采购、准时化生产、准时化配送、准时化销售等。准时化的思想就是只在需要的时候把需要的品种和数量送到需要的地方，时间、地点、数量都不能出现偏差。

实现企业的“零库存”是降低成本的核心因素，也是现代物流管理的努力方向。企业“零库存”能使企业的实际库存量降低。企业库存的降低，一方面，直接表现为仓储费用降低以及相关保管、管理维护费用的降低；另一方面，库存的降低又能为企业带来其他一系列潜在成本的降低。首先是资金成本的降低。由于企业库存的长期存在，大量资金被占用。从金融角度看，这本身就是一笔相当可观的费用，因为资金本身是具有时间价值和机会成本的。当大量的资金处于被库存所占用的状态时，既不能升值也不能转移，处于停滞与无效状态，无形中会产生较高的利息损失或将这部分库存占用资金投资于其他领域而获得收益的机会成本损失。其次是风险成本的降低。大量库存的存在，不仅提高了企业的各项成本，而且还增加了企业的经营风险。特别是在市场竞争日趋激烈的今天，市场的需求变化快，企业产品生产技术和工艺流程发展速度也在不断加快，由此造成了商品价格与需求量的时效性不断增强。库存量越大的商品面临贬值、淘汰的危险就越大。许多厂家都倾向于采取小批量、多批次的生产方式以适应快速多变的市场竞争，所以对零库存的需求也更加迫切。同时，风险成本的另一种表现形式是商品折旧的存在，大幅度地降低库存可以将企业的相关折旧损失有效地转移出去，这也是一条降低企业成本的有效途径。

零库存管理其实也就是库存控制的延续和升华。企业想要做到、做好零库存战略，首先就要明确库存管理要实现的重要目标，做好最基本的库存控制，深入了解库存管理的重要意义，并做出适宜的库存战略管理计划，这样才能为将来的零库存战略积累丰富的经验，打下坚实的基础。

本章小结

仓储管理就是对仓库及仓库内的物资所进行的管理，是仓储机构为了充分利用所具有的仓储资源、提供高效的仓储服务所进行的计划、组织、控制和协调活动。

我国的仓储管理经历了简单仓储管理、复杂仓储管理和现代化仓储管理三个阶段。

仓储管理的内容包括仓库的选址与建筑问题、仓库机械作业的选择与配置、仓库的库存管理问题、仓库的业务管理问题。良好的仓储管理不仅能保证企业获得及时、准确、质量完好的货物供应，而且有利于企业通过占用较少的流动资金，降低产品成本，提高企业的综合竞争实力。

库存管理是指对库存资源进行管理。它主要是指在保障供应的前提下，通过预测和计划，选择并采用合适的库存管理模式和方法，确定合理的库存量标准并掌握库存的变化动态，适时对库存进行调整，以期达到库存量最优化、库存成本最小化的目标。

库存的重要性体现在：有助于企业获得规模经济效益；保持生产经营活动的连续性和稳定性；帮助企业减缓可能出现的具有不确定性的、随机的需求变动以及意外事件造成的消极影响；降低生产成本，提高作业效率；帮助企业实现分区域、低成本、专业化生产。

库存业务是指针对库存物资的进、出、存所开展的业务活动。库存业务是企业经营业务的重要组成部分，是企业保持正常经营的重要基础。对库存业务进行管理，首要的是理清库存物资的品种数量，这是最基本的库存管理工作。

库存管理的宗旨是以尽可能低的费用在适当的时间、地点获取合适数量的物资。可以说，库存成本是整个物流成本的非常重要的组成部分。

复习思考题

1. 简述仓储的概念及其功能。
2. 简述库存的概念。
3. 简述库存管理的定义。
4. 为什么周转库存特别需要库存管理？
5. 库存品种数量管理的方法有哪些？
6. 构成库存成本的费用有哪几种？每种费用都包括什么内容？

案例分析

实现"零库存"是东南(福建)汽车工业有限公司在信息化管理、追求企业发展的一项重要目标之一。东南汽车公司是由福建省汽车工业集团公司控股的一家合资汽车公司。它的诞生，同时带动和吸引了30多家汽车配套零部件生产企业来到东南汽车周边安家落户，为此形成了以东南汽车为核心、几十家汽车零部件生产厂相伴的东南汽车城。东南汽车城的形成以及合理的布局，为东南汽车实现零库存奠定了一定的基础。

在汽车城内，东南汽车的零部件供应，基本上都是以轻工业区为主，除了发动机，百分之七八十的零部件都是在这里完成配套。配套半径小，为降低库存提供了便利。然而，配套半径小，并不意味着就能够实现零库存，还需要管理规范、企业间信息畅通。由于东南汽车属于混线生产，对于配套厂交货的及时性、准确性要求极为严格，它需要整个供应链的高效率，对中心厂与配套厂的管理提出了更高的要求。这样，利用信息化手段来提升中心厂和配套厂的管理水平，不愧为一种明智的选择。

思考

1. 东南汽车公司实现"零库存"的基础是什么?
2. 东南汽车公司实现"零库存"给我们什么启示?

第五章
装卸搬运管理

学习要点及目标

装卸搬运是物流系统的一个重要构成要素，分布在物流活动的各个环节、各个方面。装卸搬运管理是物流与供应链管理中不可或缺的一部分。通过本章的学习，学生能够做到以下几点。

(1)了解装卸搬运的概念、特点及其在现代物流中的地位。

(2)熟悉装卸搬运的几种方式，认识一些常见的装卸搬运机械。

(3)理解并掌握装卸搬运合理化的措施。

引导案例

云南省烟草烟叶公司对装卸搬运管理的优化

云南省烟草烟叶公司作为云南烟草行业的重点、骨干企业，是云南省最大的云烟原料加工基地，是集收购、加工、储存、销售为一体的国有中型企业，公司总的仓储、复烤能力达到了150万担，担负着省内烟厂以及全国100多家烟厂的烟叶调拨任务。根据精细化管理的要求，为进一步加强各部门之间的沟通与协调，公司制定了《云南省烟草烟叶公司生产业务管理规定》，拟订了公司生产流程图，对原有的装卸搬运系统进行改进，采取了以下措施。

第一，取消、合并装卸搬运环节和次数。装卸搬运不仅不增加烟叶的价值和使用价值，相反，随着流通环节的增加和流程的繁杂，烟叶的“综合碎耗”和生产成本随之增加。因此，公司在生产物流系统设计中研究了各项装卸搬运作业的必要性，千方百计地取消合并装卸搬运环节和次数。

第二，进行托架单元化组合，充分利用机械进行物流作业。公司在实施物流系统作业过程中充分利用和发挥机械作业，如叉车、平板货车等，增大操作单位，提高作业效率和生产物流“活性”，实现装卸搬运作业标准化。改进了烟叶的传统堆码方法，改变了过去初烟解包码板后再进行挑选，容易形成二次三次造碎的方法，采用整包保湿，在挑选工序完成烟叶解包的方式，有效地减少了解包挑选工序的烟叶损耗。

第三，合理分解装卸搬运程序，改进装卸搬运各项作业，提高装卸搬运效率，力争在最短时间内完成烟叶加工的所有工艺流程。通过对装卸搬运体系的完善，公司逐渐加强了现场管理。减少、简化生产工艺流程，从而达到降低综合损耗的目的。

第四，对挑选生产的主要物流载体如烟笼、托盘等进行技术改造。公司在烟笼原结构基础上加装“斜三角支撑”，堆码高度由原来的三层增加到四层，实现了挑选生产系统和存储保管系统烟叶物流的“托架一体化运输”，既提高了成品库房容积率(使成品仓库库容增加近1/3)和叉车的有效作业率，降低了烟叶综合碎耗，节约了人工、辅料及库房的投资，又提高了烟叶堆码的稳定性和安全性，杜绝了歪斜倒塌现象，促进了生产现场管理水平的提高，有效地降低烟叶生产的“综合碎耗”和生产成本投入。

第五，完成了挑选设备的各项技改及技术创新项目，不但增加了输送皮带的表面湿润度和车间内的环境湿度，降低了室内空气中的扬尘，使烟叶在解包挑选分级过程中的水分保持在16%～18%之间，不易破碎，缓解了打叶车间“回潮”工序的压力，大大降低了烟叶的综合损耗，而且极大地改善了职工的工作环境，促进了现场管理水平的提高。

云南省烟草烟叶公司通过实施物流装卸搬运系统的改造，整合了公司的现场管理能力，降低了烟叶的综合损耗，为降低企业的生产成本奠定了坚实的基础。

第一节 装卸搬运的基础知识

一、装卸搬运的概念

装卸(Loading and Unloading)是指物品在指定地点以人力或机械装入运输设备或卸下。它一般是以改变货物与地面之间的垂直距离，即改变货物一定的存放、支撑状态为目的的实物运动形式。搬运是指在同一场所内，对物品进行水平移动为主的物流作业。它一般是在小范围内(通常是指在某一物流节点，如仓库、车站或码头等)发生短距离的水平位移。搬运的“运”与运输的“运”，区别之处在于，搬运是在同一地域小范围内发生，而运输则是在较大范围内发生，两者是量变到质变的关系，中间并无一个绝对的界限。

严格地说，装卸和搬运是两个不同的概念，两者既有区别又有联系。因为货物在空间上发生绝对的、完全的垂直位移和水平位移的情况是少有的，多种情况下两者是伴随在一起发生的。有时以垂直位移为主(即装卸)，有时以水平位移为主(即搬运)；有时两者同时进行或交替进行，这些则统称为装卸搬运。在物流科学中并不过分强调两者的差别，而是作为一种活动来对待。因此，装卸搬运就是指在某一物流节点范围内进行的，以改变物料的存放状态和空间位置为主要内容和目的的活动。

装卸搬运是物流系统的一个重要构成要素，分布在物流活动的各个环节、各个方面。在生产企业物流中具体包括对物品进行装卸货、搬运移送、堆垛拆垛、放置取出、分拣配货等作业。从宏观物流考察，物资离开生产企业到进入再生产消费和生活消费，装卸搬运伴随物流活动的始终。前面已谈到，运输能产生空间上的效用，保管能产生时间上的效用，而装卸搬运本身不能创造出新的效用，但是在调节企业间物流、企业内物流、销售物流等整个供应链物流过程中，装卸搬运所占的比重比较大。装卸搬运作业质量的好坏和效率的高低不仅影响物流成本，还与物品在装卸搬运过程中的损坏、污染等造成的损失成本及保护物品的包装成本相关，并与是否能及时满足顾客的服务要求相关联。由此可见，装卸搬运是物流活动得以进行的必要条件，在全部物流活动中占有重要地位，发挥着重要作用，改善装卸搬运作业能显著提高物流活动的经济效益和社会效益。这个社会效益，还包括在获得装卸搬运系统本身效益的同时，为整个生产系统获得更大经济效益。

二、装卸搬运的特点

与生产领域和流通领域的其他环节相比，装卸搬运具有如下特点。

(一)装卸搬运是作业量大、对象复杂的活动

传统的装卸搬运主要依赖人的体力劳动来完成，是一种劳动密集型的作业活动，而且在许多情况下，装卸搬运往往是一种重体力劳动。物流发展到今天，完全的人工装卸搬运几乎不复存在，现代装卸搬运表现为人与机械、货物、其他劳动工具相结合，以减轻劳动强度，提高装卸作业效率。但是随着消费者需求的个性化和多样化的发展，多品种、小批量、多批次、小数量的物流方式使得装卸搬运作业量大幅度提高。此外，运输方式的变更、仓库的中转、货物的集中或分散、物流的调整等都会使装卸搬运作业变得十分频繁。

通常认为货物装卸搬运改变物料存放状态和几何位置者居多，作业比较单纯，但由于它经常和运输、存储紧密衔接，除装卸搬运外，还要同时进行堆码、装载、加固、计量、取样、检验、分拣等作业，以保证充分利用载运工具、仓库的载重能力与容量，所以作业是比较复杂的。这些作业也可看成是装卸搬运作业的分支或附属作业，它丰富了“改变货物存放状态和位置”这一基本概念的内涵，装卸搬运系统对这些分支作业应有较强的适应能力。

(二)装卸搬运是附属性和伴生性的活动

装卸搬运是伴随生产与流通的其他环节发生的，介于物流各环节(如运输、储存等)之间，起衔接作用的活动。它把物资运动的各个阶段连接成为连续的“流”，使物流的概念名副其实。无论是生产领域的原材料输送、加工、组装、检测，还是流通领域的包装、运

输、储存，一般都以装卸搬运为起始和终结。装卸搬运在物流活动中起到了承上启下的联结作用，所以说，无论在生产领域还是流通领域，装卸搬运环节既是不可缺少的，又与其他环节密不可分。

(三)装卸搬运是支持性和保障性的活动

装卸搬运会影响其他物流活动的质量和速度，若这个环节处理不好，则会造成整个物流系统的瘫痪。在货物运输过程中，完成一次运输循环所需时间，其中在发运地的装车时间和在目的地的卸车时间占有不小的比重。特别是在短途运输中，装卸车时间所占比重更大，有时甚至超过运输工具运行时间。因此，缩短装卸搬运时间，不但对加速车船和货物周转具有重要作用，而且有利于疏站疏港。在仓储活动中，装卸搬运效率对货物的收发速度和货物周转速度产生直接影响。同时，装卸搬运的组织与技术对仓库利用率和劳动生产率也有一定影响。

(四)装卸搬运是服务性的活动

装卸搬运不产生有形的产品，没有提高作业对象的价值和使用价值的功能，而是提供劳动服务。因为它既不改变作业对象的物理、化学、几何、生物等方面的性质，也不改变作业对象的相互关系(指零件组装成部件或机器、机械设备拆解为零部件等)，装卸搬运过程也不消耗作业对象，不排放废弃物，不占用大量流动资金，因此具有提供劳务的性质。

(五)装卸搬运作业是波动性较大的活动

装卸搬运大都是多环节、多机械联合作业，要保持作业的连续性和均衡性，各环节的机械设备数量要按照各个环节的作业内容和特点，做到基本均衡。如生产领域的装卸搬运必须与生产活动的节拍一致，表现为与生产过程均衡性、连续性的一致性。然而，流通领域的装卸搬运，虽力求均衡作业，但随着车船的到发和货物出、入库的不均衡，作业是突击的、波动的、间歇的，因此，流通领域的装卸搬运作业应具有适应波动性的能力。

(六)装卸搬运是安全性的活动

因为装卸搬运是使货物产生垂直和水平方向的位移，货物在移动过程中会受到各种外力的作用，如振动、撞击、挤压等，容易使货物包装和货物本身受损。如损坏、变形、破碎、散失、流溢等。装卸搬运特别是装卸作业，货物要发生垂直位移，不安全因素比较多。实践表明，物流活动中发生的各种货物破失事故、设备损坏事故、人身伤亡事故等，相当一部分是在装卸过程中发生的。特别是一些危险品，在装卸过程中如违反操作规程进行野蛮装卸，很容易造成燃烧、爆炸等重大事故。

三、装卸搬运的方式

装卸搬运作业是一个完整的系统，它由劳动力(装卸搬运人员)、装卸搬运设施和设备、货物、车船库等硬件系统和工艺(作业方法及流程)、信息、管理等软件系统组成，同时还需要保障系统。因此，通常可根据作业场所、作业对象和作业特点对其进行分类。

(一)按作业场所分类

1. 仓库装卸搬运

仓库装卸搬运指在厂矿或储运业的仓库、堆场、集散点等处，为配合出库、入库、维护保养等活动进行的以堆垛、上架、分拣、取货等操作为主的装卸搬运作业。

2. 铁路(站台)装卸搬运

铁路(站台)装卸搬运包括汽车在铁路货物和站台旁的装卸作业；铁路仓库和堆场的堆码、拆取、分拣、配货、中转作业；铁路车辆在货场及站台的装卸作业；服务于装卸搬运的辅助作业，如加固、清扫、揭盖篷布、移动车辆、计量等作业。

3. 港口装卸搬运

港口装卸搬运指在港口进行的各种装卸作业，主要是码头、船舶的装卸搬运作业。

4. 车间装卸搬运

车间装卸搬运指在车间内部工序间进行的装卸搬运活动。以原材料、半成品、产成品等的取放、分拣、包装、堆码、输送为主。

(二)按作业对象分类

1. 单件作业方式

单件作业方式指的是非集装按件计的货物逐个进行装卸操作的作业方法。单件作业对机械、装备、装卸条件要求不高，因而机动性较强，不受固定设施、设备的地域局限。但是单件作业由于逐件处理，装卸速度慢，容易出现货损及货差。

2. 集装作业方式

集装作业法是用集装化工具将小件或散装物品集成一定质量或体积的组合件，以便利用机械进行作业的装卸方式，包括以下几种。

(1)托盘作业法。托盘作业法是用托盘系列集装工具将货物形成成组货物单元，以便于采用叉车等设备实现装卸作业机械化的装卸作业方法。

(2)集装箱作业法。集装箱的装卸搬运作业通常采用垂直装卸法和水平装卸法进行。有的集装箱在货物堆场也可采用能力很大的集装箱叉车装卸。

(3)其他集装作业法。①货捆装卸。主要采用起重机进行装卸，货捆装卸适于长尺寸货物、块条状货物、强度较高无需保护的货物，如木材、建材、金属等。②集装网、集装袋装卸。主要采用吊车进行“吊上吊下”作业，也可与各种搬运车配合进行吊车所不能及的搬运。适宜于粉粒状货物、各种袋装货物、块状货物、粗杂物品的装卸作业。③挂车装卸。利用挂车的可行走机构，连同货载一起拖运到火车车皮上或船上的装卸方式。

3. 散装作业方式

散装作业方式指对大批量粉状、粒状货物进行无包装散装、散卸的装卸方法。

在以上几种装卸作业法中，集装作业法和散装作业法都是随物流量增大而发展起来的，并与现代运输组织方式(如集装箱运输)、储存方式(如高层货架仓库)等相互联系，互为条件、互相促进、相互配合，加速了物流现代化进程。

（三）按作业特点分类

1. 连续作业法

连续作业法主要是指同种大批量散装或小件杂货通过连续输送机械，连续不断地进行作业，中间无停顿，货间无间隔。

2. 间歇作业法

间歇作业法指在装卸搬运过程中有重程和空程两个阶段，即在两次作业中存在一个空程准备过程的作业方法。这种作业法有较强的机动性，装卸地点可在较大范围内变动，主要适用于货流不固定的各种货物，尤其适合于包装货物、大件货物，散粒货物也可采取此种方式。

四、装卸搬运机械的分类

为便于管理，通常按照装卸搬运机械的用途和结构进行分类，可将装卸搬运机械分为起重机械、连续输送机械、装卸搬运车辆和散装装卸机械四大类。

（一）起重机械

起重机械是用来垂直升降货物或兼作货物的水平移动，以满足货物的装卸、转载等作业要求。多数起重机械在吊具取料之后即开始垂直或垂直兼有水平的工作行程，到达目的地后卸载，再空行程到取料地点，完成一个工作循环，然后再进行第二次吊运。起重机械按其功能和结构特点，大致可以分为下列 4 大类。

1. 轻小型起重机

轻小型起重机一般只作升降运动或一个直线方向移动，只需要具备一个运动机构，如起重滑车、吊具、千斤顶、手动葫芦、电动葫芦和普通绞车。它们大多体积小、重量轻、使用方便。除电动葫芦和绞车外，绝大多数用人力驱动，适用于工作不繁重的场合。

2. 桥式类起重机

桥式类起重机的特点是可以使挂在吊钩或其他取物装置上的重物在空间实现垂直升降或水平运移。桥式类起重机一般都具有三个结构：即起升机构、小车运行机构和大车运行机构。依靠这些机构的配合动作，可使重物在一定的立方形空间内起升和搬运。桥式起重机、梁式起重机、龙门起重机、装卸桥式起重机、冶金桥式起重机、缆索起重机等都属此类。

3. 臂架式起重机

臂架式起重机的特点与桥式起重机基本相同。臂架式起重机多装设在车辆上或其他形式的运输(移动)工具上，这样就构成了运行臂架式旋转起重机。如汽车式起重机、轮胎式起重机、塔式起重机、门座式起重机、浮式起重机、铁路起重机等。

（二）连续输送机械

连续输送机械是一种可以将物资在一定的输送线路上，从装载起点到卸载终点以恒定的或变化的速度进行输送，形成连续或脉动物流的机械。由于连续输送机具有在一个区间内能连续搬运大量货物、搬运成本非常低廉、搬运时间比较准确、货流稳定的特点，因此，被广泛用于现代物流系统中。连续输送机械是生产加工过程中机械化、连续化、自动化的流水作业运输线中不可缺少的组成部分，是自动化仓库、配送中心、大型货场的生命线。

1. 带式输送机

带式输送机是一种摩擦驱动以连续方式运输物料的机械。应用它，可以将物料在一定的输送线上，在最初的供料点到最终的卸料点间形成一种物料的输送流程。它既可以进行碎散物料的输送，也可以进行成件物品的输送。所以，在矿山的井下巷道、矿井地面运输系统、露天采矿场及选矿厂中，广泛应用带式输送机。

2. 斗式输送机

输送散装货(如煤等)货斗的传送带，传送带连续不断地将货斗送到敞开的舱口上面某一点后，再将货斗向货舱中倒空。斗式输送机，适用于冶金、矿山、建筑、化工、食品、粮食等行业对于粒度、块度的物料和粉料的输送。

3. 悬挂输送机

它是一种常用的连续输送设备，广泛应用于连续地在厂内输送各种成件物品和装在容器或包装内的散装物料，也可用来在各个工业部门的流水线各工序间输送工件，完成各种工艺过程，实现输送和工艺作业的综合机械化。

4. 辐子输送机

辐子输送机是一系列以一定间距排列的辐子组成，可以沿水平或较小的倾斜角输送具有平直底部的成件物品，如板、棒、管、型材、托盘、箱类容器以及各种工件的输送设备。对于非平底物品及柔性物品可借助托盘实现输送。具有结构简单、运行可靠、维护方便、可输送高温物品、节能等特点，适合于运送成件物品。

5. 螺旋输送机

螺旋输送机由驱动装置、封闭槽箱和螺旋组成，借螺旋转动将槽箱内的物料推移输出。适用于水平或倾斜输送粉状、粒状和小块状物料，如煤矿、灰、渣、水泥、粮食等，物料温度小于200℃。螺旋机不适于输送易变质的、黏性大的、易结块的物料。在混凝土搅拌站中，螺旋输送机的作用得到了最大的体现。

6. 气力输送装置

该装置是利用空气压缩动力，将固态颗粒物通过密封管道进行干法输送的全套系统设备。

尽管连续输送机械具有诸多优点，但是由于连续输送机械只能按照一定的路线输送，每种机型只能用于一定类型的货物，一般不适于运输重量很大的单件物品，通用性差；此外，大多数连续输送机不能自行取货，因而需要一定的供料设备。

(三)装卸搬运车辆

装卸搬运车辆是依靠机械本身的运行和装卸机构的功能，实现物资的水平搬运和装卸、码垛(小部分车辆无装卸功能)的车辆。装卸搬运车辆机动性好，实用性强，广泛地用于仓库、港口、车站、货场、车间、船舱、车厢内和集装箱内作业。

1. 叉车

叉车具有一副水平伸出的叉臂，叉臂可作上下移动，因此叉车具有装载货物的功能，并能携带货物作水平和垂直方向的移动。由于叉车在堆码、卸货作业和搬运、移动作业两方面都十分灵活便利，这就使叉车成为目前使用最广泛的装卸机械。

2. 搬运车

搬运车是一种主要用于短距离搬运货物的简单机械，因为其载货平台很低，且起升高度有限或根本没有起升能力，所以一般不具备装卸功能。

3. 牵引车和挂车

牵引车这种设备只有动力，没有装载能力。主要用于拖带货车或挂车，可作较长距离的运输，一台牵引车可拖很长一列挂车。挂车自身没有动力，只有一个载物平台，仅用于装载货物，挂车必须和牵引车配套使用。

(四)散装装卸机械

这是一种具有装卸和运输两种功能的组合机械，主要以装卸散装物资为主。

1. 装载机、卸载机

装载机是以装卸土壤、砂石、煤炭等综合性物料为主的一种大、中、小型多用途的高效率工程机械，适用于矿场、港口、基建、道路修建等作业，广泛应用于工厂、车站、码头、货场、仓库等场所。卸载机是以卸载、运输为主，将货物从车中或船中取出，运往货场或仓库的机器。

2. 翻车机

它是使货物倾倒，将物资卸入地下运输系统的一种大型机械，一般需要设置重车推入和空车牵出等辅助机械配合使用。翻车机具有卸车效率高、生产能力大、机械化程度高等特点，适用于大型专业化散货码头或货场。

3. 堆取料机

这是既能从货场上挖取散装物资送到指定地点，又能将散料物资通过运输系统送入货场堆放的大型机械，按其功能可分为取料机、堆料机和堆取料机三种。

第二节 装卸搬运合理化

一、装卸搬运合理化的含义

装卸搬运合理化是指以尽可能少的人力和物力消耗，高质量、高效率地完成仓库内物资的装卸搬运，保证供应任务的完成。装卸搬运合理化是针对装卸不合理而言的，合理与不合理是相对的，由于各方面客观条件的限制，不可能达到绝对合理。

物流中装卸搬运合理化主要是对装卸搬运方式、装卸搬运机械设备的选择和合理配置与使用以及装卸搬运作业本身的合理化，尽可能减少装卸搬运次数，以节约物流费用，获得较好的经济效益。

二、装卸搬运合理化措施

(一)防止和消除无效作业

所谓无效作业，是指在装卸作业活动中超出必要的装卸、搬运量的作业(即消耗与有用货物的必要装卸劳动之外的多余装卸搬运活动)。显然，防止和消除无效作业对装卸作业的经济效益有重要作用。为了有效地防止和消除无效作业，可从以下几个方面入手。

1. 尽量减少装卸搬运次数

物流过程中，货损发生的主要环节是装卸环节。因为货物装卸搬运不产生价值，作业的次数越多，货物破损和发生事故的频率越大，费用越高，因此，首先要考虑尽量不装卸搬运或尽量减少装卸搬运次数。此外，装卸又会大大减缓整个物流速度，是降低物流速度的重要因素。影响装卸搬运次数的因素主要有以下几个。

(1)物流设施和设备。厂房、库房等建筑物的结构类型、结构特点及建筑参数，对装卸次数有直接影响。使各种尺寸与装卸机械相适应，装卸运输设备自由进出，直接在车间或库房内进行装卸，以减少二次搬运。物流设备的类型与配套，对装卸次数也会产生影响。如叉车配以托盘进行出入车间和出入库的作业，可减少装卸次数。又如将电子秤安装在起重机上，在装卸作业的同时，就完成了称量作业，省去了单独的称量作业环节，从而减少了装卸次数。

(2)装卸作业组织调度工作。在物流设施、设备一定的情况下，装卸作业组织调度水平是影响装卸次数的主要因素。如联运过程中，组织货物不落地完成运输方式和运输工具的转换。对物流据点而言，主要组织一次性作业，货物不落地无间歇流动。

2. 提高被装卸物的纯度

物料的纯度，指物料中含有水分、杂质等与物料本身使用无关的物质的多少。物料的纯度越高则装卸作业的有效程度越高；反之，则无效作业就会增多。如煤炭中的矸石、矿石中的表面水分、石灰中的未烧熟石灰及过烧石灰等，在反复装卸时，实际对这些无效物质反复消耗劳动，因而形成无效装卸。

3. 包装要适宜

包装是物流中不可缺少的辅助作业手段。包装的轻型化、简单化、实用化会不同程度地减少作用于包装上的无效劳动。

(二)省力化

所谓省力，就是节省动力和人力。第一，在装卸时考虑重力因素，可以利用货物本身的重量和落差原理，进行有一定落差的装卸，以减少或根本不消耗装卸的动力，这是合理化装卸的重要方式。如滑槽、滑板等工具的利用，从高处自动滑到低处，这就不需消耗动力；多采用斜坡式，减少从下往上的搬运，以减轻负重；卡车后面带尾板升降机，仓库作业台设装卸货升降装置等。第二，在装卸时尽量消除或削弱重力的影响，也会取得减轻体力劳动及其他劳动消耗的合理性。如进行水平装卸搬运，让仓库的作业台与卡车车厢处于同一高度，从而使货物平移，或手推车直接进出，这就能有效消除重力影响，实现合理化；第三，人力装卸时如果能配合简单机具，做到“持物不步行”，则可以大大减轻劳动量，做到合理化；第四，充分利用专业装卸搬运设备，实现规模装卸，达到充分发挥机械最优效率的水准，从而使单位装卸成本降低；第五，装卸搬运作业方式现代化，如集装化装卸、多式联运、集装箱化运输、托盘一贯制物流等。

总之，省力化装卸搬运原则是：能往下则不往上、能直行则不拐弯、能用机械则不用人力、能水平则不要上斜、能滑动则不摩擦、能连续则不间断、能集装则不分散。

(三)提高装卸搬运活性

这里所说的活性，是指“从物的静止状态转变为装卸运输状态的难易程度”。如果容易或适于下一步装卸搬运作业，则活性化高，如果难于转变为下一步的装卸搬运，则活性化低。如仓库中的货物乱七八糟，与整齐堆码的差别；散乱状态与放在托盘上的差别等。此外，在装卸机械灵活化方面的例子有：叉车、铲车、带轨道的吊车、能转动 360 度的吊车和带轮子履带的吊车，等等。

根据物料所处的状态，即物料装卸、搬运的难易程度，装卸、搬运的灵活性可分为不同的级别，这就是“活性指数”。活性指数分为共 5 个等级。

0 级——物料杂乱地堆在地面上的状态。进行下一步装卸必须要进行包装或打捆，或者只能一件件操作处置，因而不能立即实现装卸或装卸速度很慢。

1 级——物料装箱或经捆扎后的状态。在下一步装卸时可直接对整体货载进行操作，因而活性有所提高，但操作时需支起、穿绳、挂索，或支垫入叉，因而装卸搬运前预操作要占用时间，不能取得很快的装卸搬运速度，活性仍然不高。

2 级——箱子或被捆扎后的物料，下面放有枕木或其他衬垫后，便于叉车或其他机械作业的状态，装卸机具能立刻起吊或入叉，活性有所提高。

3 级——物料放于台车上或用起重机吊钩钩住，能随时将车、货拖走，处于即刻移动的状态，这种活性更高。

4 级——被装卸、搬运的物料，已经处于启动、直接作业的状态，即刻进入运动状态，而不需做任何预先准备，活性最高。

从理论上讲，活性指数越高越好，但也必须考虑到实施的可能性。例如，物料在储存阶段中，活性指数为 4 的输送带和活性指数为 3 的车辆，在一般的仓库中很少被采用，这是因为大批量的物料不可能存放在输送带和车辆上。

为了说明和分析物料搬运的灵活程度，通常采用平均活性指数的方法。所谓平均活性指数就是一个装卸搬运系列中各阶段停滞部分(即活性指数 0～3)的指数平均值。根据这一指数就可对该装卸搬运系列的改善步骤作一个基本估计。这个方法是对某一物流过程物料所具备的活性情况，累加后计算其平均值，用 a 表示。a 值的大小是确定改变搬运方式的信号。如：

当 $a \leqslant 0.5$ 时，指所分析的搬运系统半数以上处于活性指数为 0 的状态，即大部分处于散装情况，其改进方式可采用料箱、推车等存放物料。

当 $0.5 < a \leqslant 1.3$ 时，则是大部分物料处于集装状态，其改进方式可采用叉车和动力搬动车。

当 $1.3 < a \leqslant 2.3$ 时，装卸、搬运系统大多处于活性指数 2，可采用单元化物料的连续装卸和运输。

当 $a > 2.3$ 时，则说明大部分物料处于活性指数为 3 的状态，其改进方法可选用拖车、机车车头拖挂的装卸搬运方式。

(四)装卸搬运顺畅化

货物装卸搬运的顺畅化是保证作业安全、提高作业效率的重要方面。所谓顺畅化，就是作业场所无障碍，作业不间断，作业通道畅通。如叉车在仓库中作业，应留有安全作业空间，转弯、后退等动作不应受面积和空间限制；人工进行货物搬运，要有合理的通道，脚下不能有障碍物，头顶留有空间，不能人撞人、人挤人；用手推车搬运货物，地面不能坑坑洼洼，不应有电线、工具等杂物影响小车行走；人工操作电葫芦吊车，地面防滑、行走通道两侧的障碍等问题均同作业顺畅与否相关。机械化、自动化作业途中防止停电、线路故障、作业事故都是确保装卸搬运作业顺畅和安全的因素。

提高装卸搬运作业的顺畅化应做到：作业现场装卸搬运机械合理衔接；不同的装卸搬运作业在相互联结使用时，力求使它们的装卸搬运速率相等或接近；充分发挥装卸搬运调度人员的作用，一旦发生装卸搬运作业障碍或停滞状态，立即采取有力的补救措施。

(五)实现装卸搬运的短距化

物料在装卸搬运当中，要实现水平和垂直两个方向的位移，选择最短的路线完成这一活动，就可避免超越这一最短路线以上的无效劳动。短距化，即以最短的距离完成装卸搬运作业，最明显的例子是生产流水线作业。它把各道工序连接在输送带上，通过输送带的自动运行，各道工序的作业人员以最短的动作距离实现作业，大大节约了时间，减少了人的体力消耗，大幅度提高了作业效率；转动式吊车、挖掘机也是短距化装卸搬运机械。短距化在人们生活中也能找出实例，如转盘式餐桌，各种美味佳肴放在转盘上，人不必站起来就能夹到菜。缩短装卸搬运距离，不仅省力、省能，又能使作业快速、高效。

(六)推广组合化装卸搬运

组合化装卸搬运又叫单元化或成组化装卸搬运，是提高装卸搬运效率的有效方法，如集装箱、托盘等单元化设备的利用等都是单元化的例证。组合化装卸具有很多优点：装卸单位大、作业效率高，可大量节约装卸作业时间；能提高物料装卸搬运的灵活性；操作单元大小一致，易于实现标准化；用手去触及各种物料，可达到保护物料的效果。

(七)提高装卸搬运作业的机械化水平

一般来说，装卸搬运是重体力劳动，很容易超过人的承受限度。如果不考虑人的因素，容易发生野蛮装卸、乱扔乱摔现象。搬运的物品在包装和捆包时应考虑人的正常能力和抓拿的方便性，也要注重安全性和防污染性等。随着生产力的发展，装卸搬运的机械化程度将不断提高。此外，装卸搬运的机械化能把工人从繁重的体力劳动中解放出来。尤其对于危险品的装卸作业，机械化能保证人和货物的安全，也是装卸搬运机械化程度不断提高的动力。

(八)合理地规划装卸搬运作业过程

装卸搬运作业过程是指对整个装卸作业的连续性进行合理的安排，以减少运距和装卸次数。装卸搬运作业现场的平面布置是直接关系到装卸、搬运距离的关键因素，装卸搬运机械要与货场长度、货位面积等互相协调。要有足够的场地集结货场，并满足装卸搬运机械工作面的要求，场内的道路布置要为装卸搬运创造良好的条件，有利于加速货位的周转。使装卸搬运距离达到最小平面布置是减少装卸搬运距离的最理想方法。

本章小结

装卸是指物品在指定地点以人力或机械装入运输设备或卸下。它一般是以改变货物与地面之间的垂直距离，即改变货物一定的存放、支撑状态为目的的实物运动形式。搬运是指在同一场所内，对物品进行水平移动为主的物流作业。

装卸搬运是物流系统的一个重要构成要素，分布在物流活动的各个环节、各个方面。在生产企业物流中具体包括对物品进行装卸货、搬运移送、堆垛拆垛、放置取出、分拣配货等作业。

装卸搬运作业是一个完整的系统，它由劳动力(装卸搬运人员)、装卸搬运设施和设备、货物、车船库等硬件系统和工艺(作业方法及流程)、信息、管理等软件系统组成，同时还需要保障系统。因此，通常可根据作业场所、作业对象和作业特点对其进行分类。

为便于管理，通常按照装卸搬运机械的用途和结构进行分类，可将装卸搬运机械分为起重机械、连续输送机械、装卸搬运车辆和散装装卸机械四大类。

装卸搬运合理化是指以尽可能少的人力和物力消耗，高质量、高效率地完成仓库内物资的装卸搬运，保证供应任务的完成。装卸搬运合理化是针对装卸不合理而言的，合理与不合理是相对的，由于各方面客观条件的限制，不可能达到绝对合理。

复习思考题

1. 简述装卸搬运的概念、特点及其在现代物流中的地位。
2. 简述装卸搬运的几种方式。

3. 简述装卸搬运合理化的措施。

案例分析

东方药业物流问题案例分析

(一)企业背景介绍

东方药业有限公司(以下简称“东方药业”)是西南地区的一家医药专业公司。公司成立以来,效益一直稳居云南同行业前列,属下有一个制药厂,9个医药经营分公司,30个医药零售连锁药店。它的销售网络以昆明为中心,辐射整个云南省乃至全国,包括医疗单位网络、商业调拨网络和零售连锁网络。

(二)东方药业企业物流管理中面临的主要问题

目前,东方药业虽已形成规模化的产品生产和网络化的市场销售,但其流通过程中物流管理严重滞后,造成物流成本居高不下,不能形成价格优势。这严重阻碍了物流服务的开拓与发展,成为公司业务发展的“瓶颈”,主要表现在以下几个方面。

1. 装卸搬运费用过高

装卸搬运活动是衔接物流各环节活动正常进行的关键,它渗透到物流各个领域,控制点在于管理好储存物品、减少装卸搬运过程中商品的损耗率、装卸时间等。而东方药业恰好忽视了这一点,由于搬运设备的现代化程度较低,只有几个小型货架和手推车,大多数作业仍处于人工作业为主的原始状态,工作效率低,且易损坏物品。另外仓库设计不合理,造成长距离的搬运。并且库内作业流程混乱,形成大量重复搬运,大约有70%的无效搬运,这种过多的搬运次数,损坏了商品,也浪费了时间。

2. 储存费用过高

目前,东方药业的仓库平面布置区域安排不合理,其只强调充分利用空间,没有考虑前后工序的衔接和商品内的存放,混合堆码的现象严重,从而造成搬运装卸、产品出入库工作的难度增加、时间增长,甚至发生产品过期、失效的现象,这不但占据了库存空间,还增加了库存成本。

3. 物流管理系统不完备

在企业物流信息的传递中,东方药业依然采用“批条式”或“跑腿式”方式进行,电子计算机等先进设备与软件基本上处于初级应用或根本不用,从而使得各环节严重脱离甚至停滞,形成不必要的损失。

(三)企业改进的方法

1. 重视对原有仓库的技术改进,加快实现仓储的现代化

学习西安杨森、中美史克等先进企业的仓储管理方法,采用高位货架结合、窄通道高位驾驶、三向堆垛叉车的立体仓库模式,并配备标准化的配送中心,从而有效地提高仓库的储存、配送效率和服务质量。

2. 减少装卸搬运环节

改善装卸作业，既要设法提高装卸作业的机械化程度，还必须尽可能地实现作业的连续化，从而提高装卸效率，缩短装卸时间，降低物流成本。其合理化措施有以下几个。

(1)防止和消除无效作业。尽量减少装卸次数，努力提高被装卸物品的纯度，选择最短的作业路线，都可以防止和消除无效作业。

(2)提高物品的装卸搬运活性指数。企业在堆码物品时事先应考虑装卸搬运作业的方便性，把分类好的物品集中放在托盘上，以托盘为单元进行存放，既方便装却搬运，又能妥善保管物品。

(3)积极而慎重地利用重力原则，实现装卸作业的省力化。装卸搬运使物品发生垂直和水平位移，必须通过做功才能完成。由于我国目前装卸机械化水平还不高，许多尚需人工作业，劳动强度大，因此必须在有条件的情况下利用重力进行装卸，将设有动力的小型运输带(板)斜放在货车、卡车上进行装卸，使物品在倾斜的输送带(板)上移动，这样就能减小劳动强度和能量的消耗。

(4)进行正确的设施布置。采用型和“U”型布局，以保证物品单一的流向，这既避免了物品的迂回和倒流，又减少了搬运环节。

思考

1. 该公司是如何改进装卸搬运环节的?

2. 装卸搬运合理化的意义是什么?

第六章

包装与流通加工管理

学习要点及目标

包装在整个物流活动中具有特殊的地位，包装的材料、形式、方法及外形设计都会对物流的其他环节产生重要影响，同时也制约着物流活动的开展。通过本章的学习，学生能够做到以下几点。

(1)了解包装的概念、功能及其在现代物流中的地位。

(2)熟悉现代包装分类的几种方式。

(3)熟悉一些常见的现代包装技术。

(4)认识基本的包装标准及标志。

(5)理解并掌握包装合理化的措施。

(6)熟悉各种产品的流通加工形式。

(7)掌握流通加工合理化应考虑的因素。

引导案例

包装不当付出昂贵学费

2004 年绩溪县人民医院利用德国政府贷款项目购买了一套进口医疗设备，包括 CT 机、500mAX 光机、C 形臂 X 光机，均为德国某公司生产。

2005 年 7 月 11 日，这批货物由中外运安徽分公司的两辆厢式货车从上海运出，车厢外用雨布防潮。途中突遇暴雨。到达目的地时，德国公司、运输公司、医院三方同时在场监视卸货。当场发现一辆货车的货物外包装被雨水淋湿。当日，检验检疫人员赶到现场，勘查后发现，这辆车厢装有四只包装箱：两只木箱、两只纸箱。两只纸箱被雨水淋湿变形，内部设备可以窥见。其中一只纸箱内无任何防潮保护设施，另一只只有塑料膜保护。

随后安徽省检验检疫局的有关人员对这批货物开箱检验，确认木箱包装中的500mAX光机、C形臂X光机外包装虽然受潮，但内部有塑料真空包装并添加防潮剂，真空包装内还有两层密封包装，设备保护完好，可以进入安装检验程序。而纸箱内均为CT机的核心部件，价值占整套设备的三分之一。恰恰是最重要的部分，由于严重受潮，已经无法安装。

这是一起因包装使用不当导致货物受损的事故。外方违反了双方签订的合同中关于包装“能适应气候变化、防潮、抗震及防粗鲁搬运”的规定。

鉴于利用德国政府贷款项目购买德国医疗设备的做法在全国尚有多家采用，为帮助德国公司改进包装，防止此类事件再次发生，安徽省检验检疫局立即将此事向国家质检总局报告，建议对德国该公司的Emotion型CT机的包装进行风险预警通告。同时，依法出具对外索赔证书，支持进口单位对外索赔。

谈判并不轻松。德国公司坚持认为导致货物残损的原因是天灾，而不是人祸，损失应当由保险公司赔偿。为此，检验检疫人员从维护贸易各方合法权益的立场出发，多次与德国公司相关人员沟通，宣传我国的法律和相关惯例，说明检验检疫部门出具证书的依据，坚持应由德国公司承担全部责任。最后，德国公司终于认赔。2005年10月2日，更换后的全新的CT机全部到货，价值290万元人民币。经检验发现，此次货物的外包装全部更换为木质包装，内包装也增加了防潮防湿保护。

第一节　包装概述

一、包装的概念

(一)包装的定义

国家标准GB/T 4122.1—2008《包装术语　第1部分：基础》中对包装的定义为：为在流通过程中保护产品、方便储运、促进销售，按一定技术方法而采用的容器、材料及辅助物等的总体名称。也指为了达到上述目的而采用容器、材料和辅助物的过程中施加一定方法的操作活动。

(二)包装与物流系统所有构成因素的关系

包装在整个物流活动中具有特殊的地位，包装的材料、形式、方法及外形设计都会对物流的其他环节产生重要影响，同时也制约着物流活动的开展，因此要根据流通情况来考虑包装。包装与物流系统要素的关系如表6-1所示。

表 6-1　包装与物流系统要素的关系

物流系统要素	包装与物流系统要素的关系
运输	包装应尽量地满足物品运输、装卸的要求，选用合适的包装容器
装卸搬运	包装应尽可能满足搬运作业的具体要求，以方便搬运工具对包装的操作为标准
储存保管	包装应符合物品入库保管存放的要求，选用的包装应以方便入库的堆垛和取用为标准
配送	包装应尽可能地满足配送中心的各项作业环节的要求，合理选择包装技术和方法，提高包装效率

1. 包装与运输的关系

运输是物流的主要功能之一，它是以改变物的空间状态为目的的活动。包装直接影响着运输过程中的物品安全、装卸便利和车船容积的充分利用。因此，不同的运输方式对包装有不同的要求。包装的设计必须和运输方式、运输工具、运输距离等相适应才能避免损失。载货载运时，如果货船混载，必须严格使用木箱包装；如果改用集装箱，只需采用纸箱包装就可以了。

2. 包装与装卸搬运的关系

装卸搬运在物流活动中所占的比重较大，而且频繁发生，如果包装材料选用不当或设计不合理，就会造成包装损坏，严重时甚至会影响所包装物品，增加物流成本，造成重大经济损失。因此，要选择最恰当的装卸搬运方式，力求减少装卸次数，合理配置装卸机械，做到节能、省力、加快速度和减少损失。同时，对于需要使用手工搬运的，还应按人工可胜任的重量单位进行包装。如果运输过程中全部使用叉车，就无需包装成小单位，只要交易上允许，应尽可能包装成大的单位。

3. 包装与储存保管的关系

储存保管离不开包装对物品的保护，包装要适应储存的需要。即一方面要考虑物品储存保管的环境，如潮湿环境下需对物品进行防潮、防湿包装，户外堆放需采用“茧式封存包装”；另一方面还必须考虑物品堆码负荷，如果货物在仓库保管中需要码高，则下面货物的包装应能承受压在上面的货物总重量。

4. 包装与配送的关系

在物流网络线路中的重要结点——配送中心的各项作业中，包装是其中重要的一项。配送中心将集货中心、分货中心、加工中心的诸功能集于一身。在集货时，配送中心要对已破损的包装进行修补或更换，要进行适当的集装以便于储存；在分货后，配送中心要按用户要求形成新的组合或新的装运形态；配送中心还要对加工后的货物进行包装，以便于储运和用户销售。在配送中心，既存在单件包装和内包装，又存在外包装和集合包装；既有销售包装，又有物流包装。因此，包装作业是物流配送中心的重要作业活动，配送中心应合理选择包装技法，提高包装效率。

二、包装的作用

在现代物流观念形成以前，包装被天经地义地看作生产的终点，因而一直被归为生产领域的活动。包装设计往往主要从生产终结的要求出发，所以常常不能满足流通的要求。现代物流的观点认为，包装与物流的关系比包装与生产的关系密切得多，包装作为物流起点的意义比它作为生产终点的意义要大。因此，包装应进入物流系统中，这是现代物流的一个新观念。随着物流的进一步发展，包装的作业量也在迅速增长。研究包装不是将包装孤立起来进行研究，也不是将物流和包装捆绑起来进行讨论，而是把物流包装看作现代物流领域的一个必不可少的环节，它的地位和运输、仓储、配送是一样的。物流包装是流通的起点，它的现代化、合理化直接影响流通领域的现代化和合理化。

(一)保护作用

即保护商品在复杂的运输、装卸、仓储条件下的安全、质量、数量不受到损失。其具体体现在以下几个方面。

(1)防止商品破损变形。商品在物流过程中要承受各种冲击、振动、颠簸、压缩、摩擦等外力作用，所以包装必须具有一定的强度以对商品起到保护作用。

(2)防止商品发生化学变化。通过包装阻隔水分、霉菌、溶液、潮气、光线及空气中的有害气体等，达到防霉、防腐、防变质、防生锈、防老化等化学变化的目的。

(3)防止有害生物对物品的影响。包装具有阻隔鼠、虫、细菌、白蚁等有害生物对物品破坏及侵蚀的作用。

(4)防止异物混入而使商品受到污染，发生失散。

(二)方便性作用

1. 方便储存

包装的规格、质量、形态上适合仓储作业，包装物上的标志、条形码便于识别、存取、盘点、验收及分类等作业。

2. 方便装卸搬运

适宜的包装便于装卸搬运，便于使用装卸搬运机械提高效率；标准的包装为集合包装提供了条件，并且能够极大提高装载能力。

3. 方便运输

包装的形状、规格、质量与物品的运输关系密切。包装的尺寸与运输车辆、船、飞机等运输工具的容器相吻合，从而提高装载能力及运输效率。

4. 便于商业交易

包装规格适宜，方便批量交易，方便零售中的一次性购买。

(三)促销性作用

在商品贸易过程中，包装的形状与构造具有吸引顾客的魅力，包装的文字、图案可以刺激顾客的购买欲，包装的外形起到宣传、介绍、推销商品的作用。

(四)单元化作用

包装有将商品以某种单位集中的功能，这种功能叫商品包装的单元化。包装成多大的单位为好，不能一概而论，要视商品生产的情况、消费的情况，商品种类、特征及物流方式、条件而定。一般来讲，包装的单元化主要应达到两个目的：方便物流和方便商业交易。

从物流方面来考虑，包装单位的大小要与装卸、保管、运输条件的能力相适应。在此基础上应当尽量做到便于集中运输，以获得最佳的经济效益；同时又要求能分割及重新组合，以适应多种装运条件及分货要求。从商业交易方面来考虑，包装单位的大小应与进行交易的批量匹配，在零售商品方面，应与消费者的一次购买量匹配。

三、包装的分类

(一)按包装在流通领域中的作用分类

按照包装在流通领域中的作用可分为运输包装和销售包装。

1. 运输包装

运输包装是以强化输送、保护产品为主要目的的包装。运输包装的重要原则是在满足物流要求的基础上使包装费用越低越好。为此，必须在包装费用和流通损失两者之间寻找最佳的平衡点。在降低包装费的同时，包装的防护性也往往随之降低，商品的流通损失就必然增加，这样就会降低经济效益。相反，如果加强包装，商品的流通损失就会降低，但这样一来，包装费用就必然增加。如果完全不允许存在流通损失，就必然存在所谓的“过度包装”“过剩包装”，物流及包装费用必然会大大增加，由此带来的支出增加会大于不存在过剩包装时必然的损失，同样会降低经济效益。因此，对于普通商品，包装程度应当适中才会有最佳的经济效益。

2. 销售包装

销售包装又称商业包装，它是以促进销售为主要目的的包装，这种包装的主要特点是外形美观，有必要的装潢，包装单位适于顾客的购买量和商店陈设的要求。在流动过程中，商品越接近顾客，就越要求包装有促进销售的效果。

(二)按包装的层次分类

根据包装的层次可以划分为个包装、内包装、外包装。

1. 个包装

个包装是对商品的个体进行包装。它是直接盛装和保护商品最基本的包装形式。个包装的标识、图案、文字起到指导消费、便于流通的作用。

2. 内包装

内包装是个包装的组合形式，在流通过程中起到保护商品、简化计量和方便销售的作用。内包装可以是单个包装，也可以是若干个商品的集合内装。

3. 外包装

它是商品的外层包装，主要起到保护商品、简化物流环节的作用。外包装往往是集合的大包装。

(三)包装的使用范围分类

按照包装的使用范围可分为专业包装和通用包装。

1. 专业包装

它是针对被包装物品的特点而专门设计、专门制造，只适用于某一专门物品的包装。例如，手机包装、电子计算机包装等。

2. 通用包装

它是根据标准系列尺寸而制造的包装容器，用于无特殊要求或符合标准尺寸的物品。例如，集装箱、托盘等。

(四)容器分类

1. 按包装容器的抗变形能力分类

按包装容器的抗变形能力可分为硬包装和软包装两类。硬包装又称刚性包装，包装体有固定形状和一定强度；软包装又称柔性包装，其包装体可有一定程度的变形，且有弹性，可以对外力起到缓冲作用，从而使被包装物得到保护。

2. 按包装容器形状分类

按包装容器形状可分为包装袋、包装箱、包装盒、包装瓶、包装罐等。

3. 按包装容器结构形式分类

按包装容器结构形式可分为固定式包装和可拆卸折叠式包装两类。固定式包装尺寸、外形固定不变，这类包装的最大问题是空包装回收返运时，空箱占很大的体积，会严重降低运输效率；可拆卸折叠式包装可通过折叠拆卸，在不需包装时缩减体积以利于管理及返运。

4. 按包装容器使用次数分类

按包装容器使用次数可分为一次性包装和多次周转包装两类。一次性包装在拆装后，包装容器受到破坏不能再次使用，只能回收处理或另作他用；多次周转包装可反复使用，此类包装在建立一定逆向物流的回送渠道后，就可周转使用。

5. 按包装技术分类

按包装的技术可分为防潮包装、防锈包装、防虫包装、防腐包装、防震包装和危险品包装等。

(五)包装设计

包装设计是根据货物的品质特性、性能特点，针对货物流通的需要，对货物包装的外形结构、材料选择、生产工艺方案进行设计的过程。合理的包装设计是包装功能在流通各个环节得到充分发挥的前提。

包装设计必须根据包装对象的具体内容进行考虑，尽可能满足物流作业各环节对它的要求，同时也要符合物流系统的需求。例如，要根据物品的属性选择不同的包装材料和包装技术，以便在设计时满足技术要求。在设计包装容器的形状和尺寸时，要考虑物品的重量和最大容积，对于不规则外形的货物，一般要做成适应装箱的要求。此外，在进行造型设计时，要合理利用资源并节约包装材料，实现货物包装的合理化。

1. 运输环节对包装的要求

包装尺寸设计应与运输工具相适应，同时也要考虑到运输包装件的安全性。

(1)物品的包装材料、规格、方法。在用卡车、火车、集装箱等运载时，包装货物的尺寸在装运时应当没有空间上的浪费；利用托盘装卸时，货物在托盘上应当有较好的堆码效率。

(2)包装尺寸应与运输工具相适应。车辆的容积要充分利用，要按国家规定的载货空间和运输包装件最大外廓尺寸的有关标准执行。

(3)包装强度设计。在进行包装设计时，要考虑各种运输环境，选择特性符合要求的包装结构和缓冲材料，使包装件能够适应运输过程中的各种操作而不损坏。

(4)运输包装表面要求。在包装表面应印刷必要的标志，以方便理货、识别和引起应有的注意。当由于某种原因发生货、单分离时，就可根据包装标记来加以辨认；对某些有防护要求“防潮、易碎、易燃”的包装件，则可根据相应的标志对其进行合理的操作。运输包装标志必须符合国家的各项规定。

(5)其他要求。包装在保护物品自身的同时，也应保护运输工具或同一运输工具上的其他物品及自然环境。

2. 仓储环节对包装的要求

(1)对环境的适应性。被包装的货物在流通过程中受到的环境影响因素有物理环境、气象环境和生态环境。在仓储过程中，包装保护功能的发挥在很大程度上受仓储环境的影响。

(2)对仓储设备及仓储管理的适应。为适应现代物流仓储中各种机械化搬运工具和储存设施，包装件的外形尺寸应与其配套。因此，在仓储环节，尤其应考虑到包装件尺寸与仓库、托盘等尺寸的配套，使它们成为一个组合装置系统，以便最高效率地使用各种仓储设施。同时，货物包装要适应自动化仓储管理的要求，严格遵守货物条码使用标准，并在进行包装设计时，合理设计条码的位置，使之在进出库、销售等流通环节方便读码。

(3)堆码强度的要求。从提高仓库面积利用率的角度出发，货物包装设计应尽量提高包装件的抗压强度，并尽量减少包装材料用量，减少包装件体积。从提高包装容器的堆码强度角度考虑，在进行纸箱类包装设计时，要充分考虑到各种仓储、运输、制造、设计因素等造成的纸箱强度下降，合理确定并计算堆码安全系数以及包装仓储堆码安全性。

3. 装卸搬运环节对包装的要求

在装卸搬运过程中，调整好包装与装卸搬运之间的关系，可以降低成本，节省费用，提高装卸搬运效率。

(1)包装的结构形式及尺寸规格。不同的装卸方式决定了具体的包装方法。包装件表面应该有醒目的搬运标志，合理的手孔，必要的捆扎带，符合人体因素的包装重量与外部尺寸。这些措施可有效地减少野蛮装卸的发生。大型容器易于机械装卸，但也要规定其重量和体积。设计时的解决方法是将包装件规格标准化。

(2)对包装强度的设计要求。在物流的各个环节中，装卸搬运是物品损坏率最高的环节。因此，要根据物品的贵重程度、强度、重量、装卸时可能的跌落高度进行包装的结构设计和缓冲材料的选择，使其既满足包装强度要求，又尽可能降低整体成本。

由此可见，只有通过对实际物流流通环境的具体分析，才能实现包装的合理化要求，进而既保护了货物，又控制了成本，同时还能实现具有明显优势的现代物流。

(六)包装标识

包装标识是进行物品包装时，在外部印刷、粘贴或书写的标识。其内容包括：物品的名称、牌号、规格、等级、计量单位、数量、重量、体积等，收货单位、发货单位，指示装卸、搬运、存放的注意事项、图案和特定的代号等。

包装标识是判断物品特征、组织物品流转和维护物品质量的依据，它对保障物品储运安全、加速流转、防止差错有重要作用。包装的标识通常分为两种：一种是包装的标记，另一种是包装的标志。

1. 包装标记

包装标记是根据物品本身的特征用文字或阿拉伯数字等在包装上标明规定的记号。包装标记主要包括：(1)一般包装标记，也称为包装的基本标记；(2)标识收发货地点和单位的标记，这是注明货物起运、到达地点和收、发货单位的文字记号，反映的内容是收、发货的具体地点(收货人地点，发货人地点，收货到站、到港，发货站，发货港等)，收、发货单位的全称；(3)标牌标记，即在货物包装上钉的说明货物性质特征、规格、质量、货物批号、货物厂家等内容的标识牌。

2. 包装标志

包装标志是用来指明被包装物品的性质和物流活动安全、理货及分运的需要而进行的文字和图案的说明。其主要是为了便于货物交接，防止错发错运，便于识别，便于运输、仓储和海关等有关部门进行查验，也便于收货人提取货物。

(1)运输标志。运输标志即唛头，这是贸易合同、发货单据中有关标志事项的基本部分。它一般由一个简单的几何图形以及字母、数字等组成。唛头的内容包括：目的地名称或代号，收货人或发货人的代用简字或代号、件号(即每件标明该批货物的总件数)、体积(长×宽×高)、重量(毛重、净重、皮重)以及生产国家或地区等。有的还包括原产地、合同号、许可证、体积、重量等内容。运输标志的内容繁简不一，主要由买卖双方根据物品的特点和具体要求商订。

(2)指示标志。指示标志也称注意标志，它用来指示运输、装卸、保管人员在作业时需注意的事项，以保证物品的安全。如“小心轻放”“请勿倒置”“怕湿”“禁止翻滚”“堆码极限”等。

(3)危险标志。危险标志又称警告性标志，它是用来标识危险品的物理、化学性质以及危险程度的标志。常用特殊的色彩、图形和文字以提醒人们在运输、储存、保管、搬运等活动中应引起注意，如“易燃气体”“自燃物”“遇湿危险”“腐蚀性物品”“放射性物品”等。

3. 包装标记和包装标志的要求

(1)必须按照国家有关部门的规定办理，包装的两端都应该印刷包装标志。包装标志的书写必须字体端正、字迹清楚、书写正确，字体尺寸不得小于20×20(毫米)。此外，重复使用的包装不允许残留造成运输差别的旧标志。

(2)必须简明清晰、易于辨认。包装标志所列的内容必须项目齐全，文字清晰，易于辨认，标志的内容应与内装物相符。

(3)涂刷、拴挂、粘贴标记和标志的部位要适当。使用粘贴式包装标志，必须做到粘贴完整、牢固、不脱落；使用拴挂式标志必须做到拴挂牢固、不脱落。

(4)要选用明显的颜色做标记，且必须按国家规定的相关标准执行。

第二节　材料与包装技术

一、包装材料

包装材料与包装功能存在不可分割的联系，为了保证和实现物品包装的保护性、便利性等功能，常用的包装材料有以下几种。

(一)纸质包装材料

在包装材料中，纸的应用最为广泛，它的品种最多，耗量也最大，由于纸具有价格低、质地细腻均匀、耐摩擦、耐冲击、容易黏合、不受温度影响、无毒、无味、质轻、易加工、废弃物易回收、适于包装生产的机械化等特性，所以纸质包装在现代包装中占有重要的地位。纸质包装材料有纸袋、瓦楞纸箱和纸箱，其中瓦楞纸箱颇受欢迎。用瓦楞纸做的纸箱具有一定的刚性，因此有较强的抗压、耐冲击能力。但是，纸的防潮、防湿性较差，这是纸质包装材料的最大弱点。纸质包装材料的类型如表6-2所示。

表6-2　纸质包装材料的类型

纸	普通包装纸	如牛皮纸、包裹纸、纸袋纸等
	特殊包装纸	如鸡皮纸、羊皮纸、上蜡纸、透明纸、沥青纸、油纸、耐碱纸、防锈纸等
	包装装潢纸	如胶版纸、涂布美术印刷纸、压花纸、肋纹纸等
纸板	普通纸板纸	如箱板纸、黄板纸、白板纸、卡片纸等
	瓦楞纸	瓦楞原纸、瓦楞纸板

(二)塑料包装材料

塑料作为包装材料近期被广泛地使用，它与纸、木材、金属等包装材料相比，具有以下优点：①透明度好，内装物可以；②具有一定的物理强度；③防潮、防水性能好；④耐药品、耐油脂性能好；⑤耐热、耐寒性能良好；⑥耐污染，包装物卫生；⑦适宜于各种气候。

但是，塑料包装材料的强度不如钢铁，耐热性也不如玻璃，且在外界因素的长期作用下容易老化；有的塑料有异味，废弃物难以处理，易产生环境污染。这些不足在一定程度上限制了塑料包装材料的应用。塑料包装材料的类型如表 6-3 所示。

表 6-3　塑料包装材料的类型

热塑型塑料	主要有聚乙烯、聚氯乙烯、聚苯乙烯、聚丙烯和各种塑料薄膜等
热固型塑料	主要有酚醛树脂、脉醛树脂等

(三)木材及木制品

木材作为包装材料具有悠久的历史，木质包装材料种类较多，如木箱、夹板箱、高密度夹板箱等。木材作为包装材料主要具有以下优点：①分布广泛，可以就地取材；②材质轻且强度高，具有一定的弹性，能承受一定的冲击和震动；③容易加工，技术要求低；④具有较高的耐久性；⑤价格较低廉。

(四)金属包装材料

尽管金属材料只有 100 多年的应用历史，但是它发展很快，且种类繁多，被广泛地应用于包装中。金属包装材料有以下性能特点：①机械性能优良、强度高，因此可以被制造成薄壁、耐压强度高的包装容器，便于储存、携带、运输；②加工性能优良、加工工艺成熟，能连续化、自动化生产；③具有极优良的综合防护性能；④具有特殊的金属光泽，也易于印刷装饰，使得包装外观华贵富丽，美观适销；⑤资源丰富，能耗和成本也较低。金属包装材料的类型如表 6-4 所示。

表 6-4　金属包装材料的类型

黑色金属	板材	镀锌板、钢板、镀锡钢板等
	带材	打包钢带、铁丝等
有色金属	板材	铝材、合金铝材等
	箔	铝箔、合金铝箔等

(五)玻璃及陶瓷包装材料

玻璃及陶瓷包装材料具有多项优点：①质地较为坚硬，不易变形；②化学稳定性好，耐风化、耐热、耐酸、耐磨、无毒无异味，尤其适用于各种液体物品的包装；③透明性好，易于造型，有利于对货物的美化和宣传；④可回收利用，容易洗刷、消毒、灭菌，能保持良好的清洁状态，且一般不易造成污染。同时，它们有利于降低包装成本。然而，玻璃也有许多缺点，如耗能高、易破碎、自身重量比较高等。玻璃包装材料的类型如表 6-5 所示。

表 6-5　玻璃包装材料的类型

普通瓶罐玻璃	主要是钠、钙硅酸盐玻璃等
特种玻璃	中性玻璃、石英玻璃、着色玻璃、钢化玻璃(玻璃钢)等

(六)复合材料

复合材料是将两种或两种以上的材料通过各种方法复合在一起制成的包装材料。复合材料能避免各种包装材料的缺点，发挥各种包装材料的优点，在包装领域有广泛的应用。现在使用较多的是薄膜复合材料，主要有纸基复合材料、塑料基复合材料、金属基复合材料等。

(七)生物包装材料

随着人们环境保护意识的增强，消费者对产品包装不仅要求其外观新颖美观，还要求包装材料无污染、易回收、易分解。因此，从农业原料或副产品中生产出的生物包装材料具有十分广阔的市场前景。新的生物包装材料已在不少国家和地区出现，例如以棉籽蛋白为原料的包装薄膜，从小麦蛋白中研制成功的包装材料，以膨胀的淀粉为原料生产的包装材料等。而且，这些新型的生物包装材料一经问世，便显示出了强大的生命力。

包装工业发展生物材料有重大意义：一是可以综合利用农林产品和副产品，达到增值的目的，尤其是不少农林资源丰富又需要进口塑料、金属等包装材料的发展中国家和地区，发展生物材料包装工业的收益更大；二是生物包装材料易回收利用，可以加工成牲畜饲料；三是生物材料易发酵和分解，不污染环境，符合环保要求。据此，专家预测，随着经济、科技的发展和工业化程度的提高，世界生物材料包装工业将会有一个良好的发展前景。

(八)包装辅助材料

除了主要的包装材料外，各种辅助材料在包装过程中也发挥着重要作用，常用的包装辅助材料有两种：①黏合剂、黏合带，主要用于包装袋和包装箱的封口，如淀粉、胶、聚氨酯、橡胶带和热敏带等；②捆扎材料，主要用于打捆、压缩、包扎、缠绕、保持形状，如草绳、麻绳、纸绳和塑料绳等。

二、包装容器

包装容器是包装材料和造型结合的产物。现代运输包装容器有包装袋、包装盒、包装箱、包装瓶、包装罐五大类。

(一)包装袋

包装袋按盛装重量分，有以下几种：

(1)集装袋，盛装重量在 1 吨以上，一般用聚酯纤维编织而成，顶部一般装有金属吊架或吊环，便于起重机吊装、搬运，卸货时可打开袋底的卸货孔，即行卸货，非常方便。

(2)一般运输包装袋，盛装重量为 50～100 千克，大部分是由植物纤维或合成树脂纤维编织而成，或者由几层挠性材料构成的多层材料包装袋。

(3)小型包装袋，也称普通包装袋，盛装重量较少，根据需要可用单层材料、多层材料或者多层不同材料复合而成。

(二)包装盒

包装盒是一种刚性或半刚性容器，呈规则几何形状。一般在10升以下，有关闭装置。包装盒通常用纸板、金属、硬质塑料以及复合材料制成。包装盒可以是外形固定的，在使用过程中不能折叠变形；也可以是折叠式的，在未盛装物品时可折叠存放。包装盒整体强度不大，包装量也不大，不适合做运输包装，适合做商业包装、内包装，包装块状及各种异形物品。

(三)包装箱

包装箱是刚性或半刚性容器，一般呈长方体箱型，内部容量通常大于10升，通常用纸板、木材、金属、硬质塑料或复合材料等制成。包装箱整体强度较高，抗变形能力强，包装量也比较大，适合做运输包装、外包装，且它主要用于固体杂货包装。包装箱的种类很多，常用的有如下几种，可根据实际需要加以选用。

1. 瓦楞纸箱

瓦楞纸箱是采用具有空心结构的瓦楞纸板，经成型工序制成的包装容器。按外形结构不同，瓦楞纸箱大体可分为折叠式、固定式和异型类。瓦楞纸箱的应用范围广泛，几乎应用于所有的日用消费品，如水果蔬菜、加工食品、针棉织品、玻璃陶瓷、化妆品、医药药品等各种日常用品以及自行车、家用电器、精美家具等。

2. 木箱

木箱作为传统的运输包装容器，虽在很多情况下已逐渐被瓦楞纸箱所取代，但木箱与瓦楞纸箱相比，仍在某些方面具有优越性和不可取代性。常见的有木板箱、框板箱和框架箱三种。

3. 托盘集合包装

托盘集合包装是为了满足装卸与搬运作业机械化的要求而把若干件货物集中在一起，堆叠在运载托盘上，构成一件大型货物的包装形式。托盘集合包装是在任何时候都可以转入运动的准备状态，使静态的货物转变成动态的货物。托盘集合包装是更高层次的包装容器，又是运输工具。托盘按其结构形式，可分为平板式托盘、箱式托盘、立柱式托盘。

4. 集装箱

集装箱是密封性好的大型铁制包装箱。它载重系列有5吨、10吨、20吨、30吨四种。集装箱属于大型集合包装，既是运输工具，又是包装容器。它更适合于现代化物流。

5. 塑料箱

塑料箱自重轻，耐蚀性好，可装载多种商品和反复使用，适合短途运输。一些与厂销挂钩、快进快出的商品都可采用，因为这时塑料箱的周转较快。例如饮料、肉食、豆制品、牛奶、糕点、禽蛋等食品。

(四)瓶

包装瓶主要包装液体和粉状货物。包装瓶的包装量一般不大，适合美化装潢，主要做商业包装、内包装。包装瓶的材料要有较高的抗变能力，刚性、韧性要求也较高。包装瓶按外形可分为圆瓶、方瓶、高瓶、矮瓶、异形瓶等若干种。瓶口与瓶盖的封盖方式有螺纹式、凸耳式、齿冠式、包封式等。

(五)包装罐(筒)

包装罐是罐身各处横截面形状大致相同，罐颈短，罐颈内径比罐身内颈稍小，或者是无罐颈的一种包装容器。它是刚性包装的一种，通常要求包装材料强度较高，罐体抗变形能力强，且带有可密封的罐盖。包装罐是典型的运输包装，适合包装液体、粉状及颗粒状物品，也可做外包装、商业包装、内包装。包装罐(筒)按容量分有小型包装罐、中型包装罐和集装罐三种，按制造材料分有金属罐和非金属罐两类。

三、包装技术

在日常生活中，商品的质量变化是经常可以看到的，诸如金属器具的锈蚀，食品的酸败、腐烂、霉变，木制家具的腐朽或虫蛀，塑料、纤维、羊毛制品的老化等。这些变化，究其产生的原因，主要是商品自身的运动或生理活动的结果。商品自身运动的快慢或重量活动的旺盛与迟滞又和商品流通环境中条件(如日光、温度、湿度、氧气和其他工业有害气体等)的变化有关。为了减少商品在流通过程中的质量变化，防止商品损耗和损失，就要掌握商品质量变化的现象和规律，研究相应的科学包装技术，保护商品安全流通，使商品按要求进入消费领域。

通常来说，包装技术包括一般包装法和特殊包装法。

(一)一般包装法

1. 对内装物的合理置放、固定和加固

在包装容器中装进形状各异的产品(固体)，必须要合理放置、固定和加固。放置、固定和加固得巧妙，就能缩小体积、节省材料、减少损失。

2. 对松泡产品进行体积压缩

对于松泡产品如羽绒服、枕芯、絮被、毛线等，包装时占用容器的容积太大，会增大运输、储存费用，所以对松泡产品需要压缩体积。其中有效的方法是真空包装，它可大大缩小松泡产品的体积，缩小率可达50%。

3. 合理选择外包装形状尺寸

在外包装形状尺寸的选择中，要避免过高、过扁、过大、过重等，过高会重心不稳，不易堆垛；过扁则造成标志印刷和辨认困难；过大则内装量太多，不易销售，且给流通带来困难；过重则容易使纸箱破损。

4. 合理选择内包装(盒)形状尺寸

内包装(盒)一般属于销售包装。在选择其形状尺寸时，要与外包装(箱)形态尺寸相配

合，内包装(盒)的底面尺寸必须与包装模数协调，而且高度也应与外包装高度相匹配。

5. 包装外的捆扎

包装外的捆扎对运输包装功能的发挥起着重要作用。捆扎的直接目的是将单个物件或数个物件捆紧，以便于运输、储存和装卸。而捆扎的功用远多于此，如能防止失窃、压缩体积、加固容器等。

(二)特殊包装法

1. 防霉防腐包装

防霉包装技术就是指在物品包装时，采用一定的技术措施使其处在能够抑制霉菌微生物滋生的特定条件下，防止内装物霉变，保证货物质量完好，从而延长货物保质期的包装技术。该技术主要适用于水果、食品、粮食等的保鲜。防霉包装技术的运用可根据货物和包装的性能、要求的不同而采用不同的防霉途径和措施，并可以从使用的材料和包装两个方面着手。

(1)防霉包装材料。防霉包装材料的选择要根据国家包装标准对防霉内装物及其包装的质量、材料和环境条件提出的具体要求采用有效措施。在进行防霉包装的过程中，应保护内装物和包装容器的整洁，避免手上汗渍和其他污染物的污染。同时还应当注意，操作防霉包装的环境要保持整洁、干燥、无积水和无有害递质。

(2)防霉包装技术。防霉包装技术主要有以下几种。

第一，化学药剂防霉包装技术。化学药剂防霉包装技术是主要使用防霉防腐化学药剂将待包装物品、包装材料进行适当处理的包装技术。应选择具有高效、低毒、使用简便、价廉、易购等特点的防霉防腐剂，同时还要求该防霉防腐剂不影响物品的性能和质量。

第二，气相防霉包装技术。气相防霉包装技术是使用具有挥发性的防霉防腐剂，利用其挥发产生的气体直接与霉腐微生物接触，并杀死这些微生物或抑制其生长，以达到物品防腐的作用。这种技术要求包装材料和包装容器具有密封性能好的特点。

第三，气调防霉包装技术。气调防霉是生态防霉腐的形式之一。霉腐微生物与生物性货物的呼吸代谢都离不开空气、水分、温度这三个因素，只要有效地控制其中一个因素，就能达到防止货物发生霉腐的目的。气调防霉包装技术的关键是密封和降氧，其中，包装容器的密封是保证气调防霉腐的关键，降氧是气调防霉腐的重要环节。

第四，低温冷藏防霉包装技术。低温冷藏防霉包装技术是控制货物本身的温度，使其低于霉腐微生物生长繁殖的最低界限，控制酶的活性。它一方面抑制了生物性货物的呼吸氧化过程，使其自身的分解受阻；另一方面抑制了霉腐微生物的代谢与生长繁殖，从而达到防霉腐的目的。

第五，干燥防霉包装技术。干燥防霉包装技术是降低密封包装内的水分与物品本身的含水量，使霉腐微生物得不到生长繁殖所需的水分，以此达到防霉的目的。

第六，真空包装技术。真空包装技术也称减压包装技术或排气包装技术。这种包装可阻挡外界的水汽进入包装容器内，也可防止在密封着的防霉包装内部存有潮湿空气，在气温下降时结露。采用真空包装技术要注意避免过高的真空度，以防损伤包装材料。

此外，还有电离辐射防霉包装技术，紫外线、微波、远红外线和高频电场防霉包装措施。

2. 防潮包装技术

防潮包装技术的目的主要有两个：一是阻隔外界水分的侵入，二是减少或避免由于外界温度、湿度的变化而引起包装内部产生的反潮、结露和霉变现象。防潮包装主要根据内装物的性质、储运期限和储运过程的气候环境条件来设计和选用。防潮包装的主要材料是由外壁材料、内衬材料、密封材料与防水涂料构成。

(1)外壁材料。外壁材料必须有一定的机械强度，以保护内装物的质量。外壁材料应既能承受内装物的质量，又能承受搬运、装卸和运输各环节中所遇到的各种机械外力的作用，包括物流系统各种作业中所发生的动应力和堆码中的静应力，特别是在外部浸水受潮的条件下仍能保持其刚性不变。常用的外壁材料主要有木材板、金属板、瓦楞纸板等。

(2)内衬材料。内衬材料必须具有防潮、防水保护性能。常用的内衬材料主要有纸张、薄膜塑料、金属和复合材料等。

(3)密封材料与防水涂料。密封材料与防水涂料主要用于包装箱外的覆盖材料，要求耐水、耐老化、耐高低温、耐日晒，并要求有一定的强度。常用的密封材料有防水胶黏带、防水胶黏剂、密封用橡胶皮。常用的防水涂料是石蜡和沥青。

3. 防虫害包装技术

商品在流通过程中要在仓库中储存，而仓库商品的主要威胁之一是仓库的害虫，因此需要对一些易虫蛀和易被虫咬的商品进行防虫害的包装。防虫害包装技术常用的是驱虫剂，即在包装中放入有一定毒性和臭味的药物，利用药物在包装中挥发的气体来杀灭和驱除各种害虫。常用的驱虫剂有萘、对二氯甲苯、樟脑精等。也可采用真空包装、充气包装、脱氧包装等技术，使害虫无生存环境，从而防虫防害。

4. 防震包装技术

防震包装又称缓冲包装，它在各种包装技术中占有重要地位。所谓防震包装就是指为了缓冲内装物体受到的冲击和振动，保护其免受损坏所采取的一定的防护措施。产品从生产出来到开始使用要经过一系列的保管、堆积、运输和装卸过程，任何环节中都会有外力作用于产品之上，并可能使产品发生机械性的损坏，如堆积过程主要受静压力作用，运输过程主要受震动作用，装卸过程主要受冲击力作用。这些外力可能使包装件产生位移、塑性变形、振动破损等。为了防止产品遭受损坏，就必须进行防震包装，以设法减少外力的影响。

5. 集合包装技术

集合包装是将若干包装件或物品包装在一起，形成一个合适的搬运单元或销售单元，以便于装卸、储存和运输。集合包装的种类很多，大致有集装箱、集装托盘、滑片集装、框架集装、无托盘集装以及集装袋等。集合包装自 20 世纪 50 年代问世以来，经过几十年的发展，其优越性日趋明显，对实现物流现代化起了很大的作用，被公认为是科学的、效果良好的包装和运输方式。

6. 防锈包装技术

防锈包装技术是通过在包装本身或包装容器内加入防锈物质，保护被包装的金属制品不被锈蚀的包装技术。它具有操作简单、起效快、成本低、防锈效果好等特点。具体方法有以下几种：

(1)防锈油防锈包装技术。该技术用防锈油封装金属制品，要求油层有一定厚度，油层的连续性好，涂层完整均匀。不同类型的防锈油要采用不同的方法进行涂覆，具体包装方法如表 6-6 所示。

表 6-6 防锈油防锈包装方法

名称	方法
防锈油脂浸涂法	将货物完全浸渍在防锈油中，涂覆防锈油膜
防锈油脂刷涂法	在货物表面刷涂防锈油脂
防锈油脂充填法	在货物内腔填充防锈油脂，充填时注意使内腔表面全部涂覆，且应留有空隙，并不易泄漏

(2)气相防锈包装技术。该技术是通过抑制大气对金属的锈蚀而起作用的。目前气相防锈已成为防锈包装技术的主流。气相防锈包装方法如表 6-7 所示。

表 6-7 气相防锈包装方法

名称	方法
气相缓蚀剂法	按货物的要求，采用粉剂、片剂或丸剂等气相缓蚀剂，散布或装入干净的布袋或盒内
气相防锈纸法	对形状比较简单而且容易包扎的货物，可用气相防锈纸包封，包封时要求包装接触或接近金属表面
气相防锈塑料薄膜法	货物要求包装外观透明时，采用气相防锈塑料薄膜袋热压焊封

(3)可剥性塑料包装技术。可剥性塑料是以塑料为基体的一种防锈包装材料，其作用是保证货物表面不会产生锈蚀及氧化层。

(4)封套防锈封存包装技术。该技术的作用是避免物品因长期露天储存或物品包装不完善所造成的锈蚀、损坏与零件的不正常损耗。

7. 危险品包装技术

危险品包装就是根据危险品的特点，按照有关法令、标准和规定专门设计的包装。在其包装上，尤其是运输包装上必须标明不同类别和性质的危险货物标志。危险品有上千种，按其危险性质、交通运输及公安消防部门规定可分为十大类，即爆炸性物品、氧化剂、压缩气体和液化气体、自燃物品、遇水燃耗物品、易燃液体、易燃固体、毒害品、腐蚀性物品、放射性物品等。其中，有些物品同时具有两种以上危险性能。

(1)有毒物品的包装技术。对于有毒物品，包装必须明显标明有毒标志。防毒包装的主要措施是包装严密不漏、不透气。

(2)腐蚀性物品的包装技术。对于腐蚀性物品的包装，要注意货物和包装容器的材质是否发生化学变化。金属类的包装容器要在容器内壁涂上防腐涂料，防止腐蚀性物品对容器的腐蚀。对一些易挥发出腐蚀性气体的货物，应装入耐腐蚀性能良好的瓷瓶坛、玻璃瓶或塑料桶中，严密封口，再装入坚固的木箱或金属桶中。

(3)易燃、易爆物品包装技术。对于易燃、易爆货物，例如有强烈氧化性的，遇有微量不纯物或受热即急剧分解引起爆炸的货物，有效的防爆炸包装方法是采用塑料桶包装，然后将塑料桶装入铁桶或木箱中，每件净重不超过 50 千克，并应有自动放气的安全阀，当桶内气体达到一定压力时，能自动放气。

8. 防伪包装技术

目前有许多技术应用于货物的防伪包装，常用的有条码技术、激光光刻技术、激光全息图像技术、油墨技术、破坏性防伪技术等。

(1)条码技术。条码是把通过国际或国家编码中心注册登记编发的原始条码胶片作为印刷在货物包装上的标志，只有通过原始胶片才能复制。对于伪造的条码，尽管外形相似，但经高检激光检测时，计算机会拒绝工作，其失误率为百万分之一到亿万分之一，防伪效果非常好，深受企业和用户的欢迎。

(2)激光光刻技术。激光光刻是将防伪标志利用高能量的激光在被印物表面聚焦而将其烧灼刻印而成，刻印的结果是被刻印的基材表面用激光刻出一个个凹下去的预定字符和图形等。

(3)激光全息图像技术。激光全息图像技术在防伪包装上的应用主要是印刷防伪商标。防伪商标除了具有一般的防伪作用外，另一个突出的优点是装饰效果好，因而很多企业都乐于使用激光全息图像防伪技术。激光全息图像防伪商标有不干胶型、防揭型和烫印型三种。

(4)油墨技术。油墨技术是印刷技术在防伪包装上应用的一个重要方向。它是通过改变油墨的配方，或者在普通的油墨中添加一些特殊的敏感材料，如光敏材料、热敏材料、磁性材料等实现的。用特种油墨印制的商标有一些独特的特点，消费者可以根据不同的特点分辨出货物的真伪，商标本身也不易被仿制，因而有很好的防伪效果。

(5)破坏性防伪技术。破坏性防伪技术即一次性防伪技术，它是靠确保包装物的一次性使用来进行防伪的。包装物在完成一次包装功能后就被损坏，不能重复使用。假冒者要想假冒该货物，就必须购买或生产该种包装，但需要付出较大的代价，所以它可以抑制假冒伪劣货物的生产。

9. 其他包装技术

(1)充气包装。充气包装是采用二氧化碳气体或氮气等不活泼气体置换包装容器中空气的一种包装技术方法，因此也称为气体置换包装。这种包装方法是根据好氧性微生物需氧代谢的特性，在密封的包装容器中改变气体的组成成分，降低氧气的浓度，抑制微生物的生理活动、酶的活性和鲜活货物的呼吸强度，从而达到防霉、防腐和保鲜的目的。

(2)真空包装。真空包装是将物品装入气密性容器后，在容器封口之前抽掉空气，使密封后的容器内基本没有空气的一种包装方法。一般的肉类货物、谷物加工货物以及某些容易氧化变质的货物都可以采用真空包装。真空包装不但可以避免或减少脂肪氧化，而且抑制了某些霉菌和细菌的生长；同时在对其进行加热杀菌时，由于容器内部气体已排除，因此热量传导加速，提高了高温杀菌效率，也避免了加热杀菌时，由于气体的膨胀而导致包装容器破裂。

(3)收缩包装。收缩包装就是用收缩薄膜裹包物品(或内包装件)，然后对薄膜进行适当的加热处理，使薄膜收缩而紧贴于物品(或内包装件)的包装方法。收缩薄膜是一种经过特殊拉伸和冷却处理的聚乙烯薄膜，由于薄膜在定向拉伸时产生残余收缩应力，所以这种应力受到一定热量后便会消除，从而使其横向和纵向均发生急剧收缩，同时使薄膜的厚度增加。薄膜的收缩率通常为 30%～70%，其收缩力在冷却阶段达到最大值，并能长期保持。

(4)拉伸包装。拉伸包装是 20 世纪 70 年代开始采用的一种新包装技术，它是由收缩包装发展而来的，是依靠机械装置在常温下将弹性薄膜围绕被包装件进行拉伸、紧裹，并在其末端进行封合的一种包装方法。拉伸包装可以捆包单件物品，也可用于托盘包装之类的集合包装。

(5)脱氧包装。脱氧包装是继真空包装和充气包装之后出现的一种新型除氧包装方法。脱氧包装是在密封的包装容器中，使用能与氧气起化学作用的脱氧剂，从而除去包装容器中的氧气，以达到保护内装物的目的。脱氧包装方法适用于某些对氧气特别敏感的物品，如那些即使有微量氧气也会促使品质变坏的食品等。

四、物流包装标准化

包装是物流的起点，包装的合理化和现代化是物流的合理化和现代化的组成部分。从现代化的物流观点来看，物流包装的合理化及现代化不是包装本身的事情，而是要在整个物流系统实现合理化及现代化的前提下来实现包装的合理化和现代化。这种合理化和现代化一般是用宏观的物流效益与微观的包装效益的统一来衡量的，当然也包括包装材料、包装技术、标准化方法的合理化应用。

物流包装的标准化是物流管理现代化的重要组成部分，是实现物流管理高效、科学、规范、程序化的重要手段，它保证了整个物流系统的高效统一、协调运作。

(一)包装标准与物流包装标准化

包装标准是对包装标志、包装所用材料规格和质量、包装的技术要求、包装件的检验方法等的技术规定。物流包装标准化是以物流包装为对象，对包装类型、规格、容量、使用材料、包装容器的结构造型、印刷标志、产品的盛放、衬垫、封装方法、名词术语、检验要求等采取统一的政策和技术措施。物流包装标准化的范围是非常广泛的，几乎涉及国民经济的各个部门。

(二)物流包装标准化的重要意义

(1)物流包装标准化是提高物流包装质量的技术保证。任何一个标准和规范都是从实践经验和科学研究中总结和制定出来的，都代表着当前比较先进的水平。同样，物流包装质量的高低与标准化的实施有着密切的关系。

(2)物流包装标准化是供应链中核心企业与节点企业以及节点企业之间无缝连接的基础。

供应链管理是从供应商到顾客的整个供应链无缝连接，以便快速反应，适时、适当、适地地准时供应。物流包装标准化是其基础，否则整个供应链管理难以实现。

(3)物流包装标准化是企业之间横向联系的纽带。随着科学技术的发展，生产社会化的程度越来越高，生产协作越来越广泛。物流包装从设计到储存、运输、装卸搬运、配送等物流环节，都要求通过标准化将生产部门及生产环节联系起来，以保证物流过程的高效运行。

(4)物流包装标准化是合理利用资源和原料的有效手段。标准化的主要手段是重复性，标准化的重要功能就是对重复发生的事物尽量减少或消除不必要的劳动消耗，并促使以往的劳动成果重复利用。物流包装标准化有利于合理利用包装材料和包装制品的回收利用。

(5)包装标准化可以提高包装制品的生产效率。实现统一的物流包装标准可以将零散的小批量生产集中为大批量、机械化、连续化的生产，从而提高包装品的生产效率。

(6)物流包装标准化有利于促进国际贸易的发展。物流包装标准化已经成为国际贸易的组成部分，只有实行与国际标准相一致的标准，才能提高产品在国际上的竞争力。

五、包装合理化

(一)防止包装不足

包装不足造成的主要问题是流通过程中被包装物的损失及促销能力的降低。包装不足包括以下几个方面。

(1)包装强度不足，从而使包装防护性不足，造成被包装物的损失。

(2)包装材料水平不足。由于包装材料选择不当，材料不能很好地起到运输防护及促进销售的作用。

(3)包装容器的层次及容积不足，从而造成被包装物的损失。

(4)包装成本过低，不能保证达到规定的包装要求。

(二)防止包装过度

包装不足曾经是我国物流领域的主要问题，但人们也常常忽略包装过剩、过度的问题。事实上，这是一个非常严重的问题，尤其在最近一些年，这个问题十分突出。包装过剩、过度包括以下几个方面。

(1)包装物强度设计过高，如包装材料截面过大，包装方式大大超过强度要求等，从而使包装防护性过高。

(2)包装材料水平选择过高，如可以用纸板却采用镀锌、镀锡材料等。

(3)包装技术过高，层次过多，体积过大。

(4)包装成本过高。一方面，可能使包装成本支出大大超过因减少损失可能获得的收益；另一方面，包装成本在商品成本中比重过高，损害了消费者利益。

对包装过剩的浪费不可忽视。对于消费者而言，购买的是内装物的使用价值，包装物大多成为废物被丢弃，因而会造成浪费。此外，过重、过大的包装，不但会加大物流的成本，而且有时会影响消费者对产品的判断，反而会降低促销能力。根据日本的一项调查，发达国家包装过剩问题很严重，约在20%以上。计划经济时期，我国的包装问题主要是包装不足。然而最近一些年来，包装过剩的问题日益严重，一个重要原因是我们没有认识到包装过剩的危害，这需要引起足够重视。

(三)确定最优包装

由于物流诸因素是可变的，所以包装也是不断发生变化的。确定包装形式，选择包装方法，都要与物流过程和其他诸因素相适应。

1. 物流对象

对包装产生影响的最重要的因素是物流对象。可以说，物流对象决定了包装形式、包装方法和包装材料。包装是有个性的，这个个性是物流对象派生的。为了追求包装的合理性和经济性，我们力求推行通用型的包装，力求减少个性的影响。但是，这只能在一定范围内取得成功，因而缺乏普遍性。脱离了物流对象本身的特质，包装就失去了针对性，从而使包装的重要功能难以实现。

2. 装卸

不同的装卸方法需采用不同的包装。例如，在技术不发达、主要采用手工装卸方式的情况下，包装的重量必须限制在手工装卸的允许能力之下，包装的外形及尺寸也应适合人工操作。人进行手工装卸的重量与时代、体制和政策有关，在工人的权利和健康没有受到保护的时代，手工装卸的包装往往达到60～100千克；在工人的权利和健康受到保护的时代，为减轻工人的体力消耗，人工装卸的包装重量有所降低。但是，这并不等于说包装的重量越轻越好。包装重量太轻，人工装卸的反复频率就要增加，也容易引起人的疲劳和效率降低；同时，对于过轻的包装，工人们往往将两个合并操作，也容易造成损失。

现代管理科学对人工装卸的最佳重量进行研究后确定：包装重量为工人体重的40%较为合适。如果采用机械装卸，包装的重量可大大增加，比如采用集装箱做外包装，重量可达10吨以上。衡量包装是否先进也不能脱离物流的其他分系统孤立地进行。例如，集装箱的使用，如果没有与之适合的装卸手段，就谈不上先进。

3. 保管

在确定包装时，必须对保管的条件和方式有所了解。例如，采用高垛就要求包装有很高的强度，否则就会压坏；如果采用低垛或料架保管，包装的强度就可以相应降低，以节约资源和费用。

4. 输送

输送工具类型、输送距离长短、道路情况都会对包装产生影响。例如，道路情况比较好的短距离汽车输送，就可以采用轻便的包装；同一种产品，如果进行长距离的车船联运，就要求严密厚实的包装。

第三节　流通加工管理

一、流通加工概述

（一）流通加工的概念

流通加工是物品在从生产地到使用地的过程中，根据需要而施加的包装、分割、计量、分拣、组装、价格贴敷、标签贴敷、商品检验等简单作业的总称。

流通加工是为了提高物流速度和物品的利用率，在物品进入流通领域后，按客户的要求进行的加工活动。即在物品从生产者向消费者流动的过程中，为了促进销售、维护产品质量、实现物流的高效率所采取的使物品发生物理和化学变化的功能。流通加工是现代物流系统构架中的重要结构之一，它在现代物流系统中主要担负的任务是提高物流系统对于用户的服务水平。此外，流通加工对于物流系统而言还有提高物流效率和使物流活动增值的作用。

（二）流通加工的作用

流通加工无论在实现时间与空间效用两个方面，还是普遍性方面，都不能与运输和储存相比。流通加工不是物流过程中必须出现的，但这绝对不表示流通加工不重要，实际上它是不可轻视的，是具有补充、完善、提高与增强作用的功能要素，它能起到运输、储存等功能要素无法起到的作用。因此，可以说流通加工是提高物流水平，促进流通向现代化发展不可缺少的要素。

流通加工是流通中的一种特殊形式。总体来讲，流通加工在流通中仍然和流通总体一样起“桥梁和纽带”作用。但是，它却不是通过“保护”流通对象的原有形态而实现这一作用的，它是和生产一样，通过改变或完善流通对象的形态来实现“桥梁和纽带”作用的。

因此，流通加工的主要作用在于优化物流系统，具体表现在以下几个方面。

(1)通过流通加工，物流系统服务功能大大增强。从工业化时代进入新经济时代。增强服务功能是所有社会经济系统必须要做的事情。在物流领域，流通加工在这方面有很大的贡献。

(2)使物流系统可以成为“利润中心”。流通加工提高了物流对象的附加价值，这就使物流系统可能成为新的“利润中心”。

(3)通过流通加工，物流过程的损失减少、速度加快、操作难度降低，因而可降低整个物流系统的成本。

(三)流通加工和生产加工的区别

流通加工和一般的生产型加工在加工方法、加工组织、生产管理方面并无显著区别，但在加工对象、加工程度方面差别较大，其主要差别表现在以下五个方面。

1. 加工对象的区别

流通加工的对象是进入流通过程的商品，具有商品的属性，并以此来区别多环节生产加工中的一环。而生产加工的对象不是最终产品，而是原材料、零配件、半成品。

2. 加工程度的区别

流通加工程度大多是简单加工，而不是复杂加工，一般来讲，如果必须进行复杂加工才能形成人们所需的商品，那么，这种复杂加工应专设生产加工过程，生产过程理应完成大部分加工活动，而流通加工对生产加工则是一种辅助及补充。特别需要指出的是，流通加工绝并不是对生产加工的取消或代替。

3. 附加价值的区别

从价值观点看，生产加工的目的在于创造价值及使用价值，而流通加工的目的则在于完善其使用价值并在不作较大改变的情况下提高其价值。

4. 加工责任人的区别

流通加工的组织者是从事流通工作的人，他们能密切结合流通的需要进行这种加工活动。从加工单位来看，流通加工由商业或物资流通企业完成，而生产加工则由生产企业完成。

5. 加工目的的区别

商品生产是为了交换和消费，流通加工的一个重要目的也是为了消费，这一点与商品生产有共同之处。但是流通加工有时候也是以自身流通为目的，纯粹是为流通创造条件。这种为流通所进行的加工与直接为消费进行的加工从目的来讲是有区别的，这又是流通加工不同于一般生产的特殊之处。

综上，流通加工和生产加工的区别如表 6-8 所示。

表 6-8　流通加工和生产加工的区别

	生产加工	流通加工
加工对象	原材料、零配件、半成品	最终产品商品
加工程度	复杂的、完成大部分加工	简单的、辅助性、补充加工
附加价值	创造价值和使用价值	完善其使用价值并提高其价值
加工责任人	生产企业	从事流通工作的人
加工目的	为交换、为消费	为消费、为流通

(四)流通加工的效果

1. 提高原材料利用率

利用流通加工环节进行集中下料就是将生产厂直接运来的简单规格产品按使用部门的

要求进行下料。例如，将钢板进行剪板、切裁，钢筋或圆钢裁制成毛坯，木材加工成各种长度及大小的板、方等。集中下料可以优材优用、小材大用、合理套裁，并有很好的技术经济效果。

2. 进行初级加工，方便用户

用量小或临时需要的使用单位缺乏进行高效率初级加工的能力，依靠流通加工可使使用单位省去进行初级加工的投资、设备及人力，从而搞活供应，方便用户。目前发展较快的初级加工有：净菜加工、将水泥加工成生混凝泥土、将原木或板方材加工成门窗等加工方式。

3. 提高加工效率及设备利用率

建立集中加工点可以采用效率高、技术先进、加工量大的专门机具和设备。这样做的好处，一是提高了加工质量，二是提高了设备利用率，三是提高了加工效率。其结果是降低了加工费用及原材料成本。

例如，一般的使用部门在对钢板下料时，采用气割的方法需要留出较大的加工余量，不但出材率低，而且热加工容易改变钢的组织结构，加工质量也不好。集中加工后可设置高效率的剪切设备，在一定程度上避免了上述缺点。

4. 充分发挥各种输送手段的最高效率

流通加工环节将实物的流通分成两个阶段。一般来说，由于流通加工环节设置在消费地，因此从生产厂到流通加工这第一阶段输送距离长，而从流通加工到消费环节的第二阶段距离短。第一阶段是在数量有限的生产厂与流通加工点之间进行定点、直达、大批量的远距离输送，因此可以采用船舶、火车等大量输送的手段；第二阶段则是利用汽车和其他小型车辆来输送经过流通加工后的多规格、小批量、多用户的产品。这样可以充分发挥各种输送手段的最高效率，加快输送速度、节省运力运费。

5. 改变功能，提高收益

在流通过程中进行一些改变产品某些功能的简单加工，还有利于提高产品销售的经济效益。例如，外地的许多制成品(如洋娃娃玩具、时装、轻工纺织产品、工艺美术品等)在深圳本地进行简单的装潢加工，改变了产品外观功能，仅此一项就可使产品售价提高20%以上。所以在物流领域中，流通加工可以成为高附加价值的活动。这种高附加价值的形成主要通过满足用户的需要，提高服务功能而取得，它是贯彻物流战略思想的表现，是一种低投入、高产出的加工形式。

(五)流通加工的目的

1. 为弥补生产领域加工不足的深加工

有许多产品在生产领域的加工只能到一定程度，这是由于存在许多限制因素，导致生产领域不能完全实现终极的加工。例如，钢铁厂的大规模生产只能按标准规定的规格生产，以使产品有较强的通用性，同时产生较高的效率和效益；木材如果在产地完成成材制成木制品的话，就会造成运输的极大困难，所以原生产领域只能加工到圆木、板方材这个程度，进一步的下料、切裁、处理等加工则由流通加工完成。这种流通加工实际是生产的延续，是生产加工的深化，对弥补生产领域加工不足有重要意义。

2. 为满足需求多样化进行的服务性加工

从需求角度看，需求存在着多样化和变化两个特点，为满足这种要求，经常由用户自己设置加工环节，例如，生产消费型用户的再生产往往从原材料初级处理开始。

就用户来讲，现代生产要求生产型用户尽量减少流程，尽量集中力量从事较复杂的、技术性较强的劳动，而不愿意将大量初级加工包揽下来。这种初级加工带有服务性，由流通加工来完成，此时，生产型用户便可以缩短自己的生产流程，提高生产技术密集程度。

3. 为保护产品所进行的加工

在物流过程中，直到用户投入使用前都存在对产品的保护问题，都需要防止产品在运输、储存、装卸、搬运、包装等过程中遭到损失，从而使其使用价值能顺利实现。和前两种加工不同，这种加工并不改变进入流通领域的“物”的外形及性质。这种加工主要采取稳固、改装、冷冻、保鲜、涂油等方式。

4. 为提高物流效率，方便物流的加工

有一些产品本身的形态难以进行物流操作，如鲜鱼的装卸、储存操作困难，过大设备搬运、装卸困难，气体物运输、装卸困难等。进行流通加工可以使物流各环节易于操作，如鲜鱼冷冻、过大设备解体、气体液化等。这种加工往往改变“物”的物理状态，但并不改变其化学特性，并最终仍能恢复原物理状态。

5. 促进销售的流通加工

流通加工可以从若干方面起到促进销售的作用。如将过大包装或散装物分装成适合一次销售的小包装的分装加工；将原以保护产品为主的运输包装改换成以促进销售为主的装潢性包装，以起到吸引消费者、指导消费的作用；将零配件组装成用具、车辆以便于直接销售；将蔬菜、肉类洗净切块以满足消费者要求等。这种流通加工可能是不改变“物”的本体，只进行简单改装的加工，但也有许多是组装、分块等深加工。

6. 为提高加工效率的流通加工

许多生产企业的初级加工数量有限且加工效率不高，也难以投入先进的科学技术。流通加工以集中加工形式解决了单个企业加工效率不高的弊病。以一家流通加工企业代替了若干生产企业的初级加工工序，促使生产水平得到提高。

7. 提高原材料利用率的流通加工

流通加工利用其综合性强、用户多的特点，可以采用合理规划、合理套裁、集中下料的办法，有效提高原材料的利用率，减少损失浪费。

8. 衔接不同运输方式，使物流合理化的流通加工

在干线运输及支线运输的结点设置流通加工环节，可以有效解决大批量、低成本、长距离干线运输及多品种、少批量、多批次末端运输和集货运输之间的衔接问题，在流通加工点与大生产企业间形成大批量、定点运输的渠道，又以流通加工中心为核心，组织对多

用户的配送，也可在流通加工点将运输包装转换为销售包装，从而有效衔接不同目的的运输方式。

9. 以提高经济效益，追求企业利润为目的的流通加工

流通加工的一系列优点可以形成一种“利润中心”的经营形态，以提高经济效益，追求企业利润为目的的流通加工是经营的一环，能在满足生产和消费要求的基础上取得利润，同时市场和利润的引导能使流通加工在各个领域中得到有效发展。

10. 生产与流通一体化的流通加工形式

依靠生产企业与流通企业的联合，或者生产企业涉足流通，或者流通企业涉足生产所形成的对生产与流通加工进行合理分工、合理规划、合理组织，统筹生产与流通加工，这就是生产与流通一体化的流通加工形式。这种形式可以促进产品结构及产业结构的调整，充分发挥企业集团的经济技术优势，且是目前流通加工领域的新形式。

二、各种产品的流通加工形式

(一)水泥熟料的流通加工

在需要长途运入水泥的地区，将成品水泥的运输变为熟料这种半成品的运输，在该地区的流通加工点(磨细工厂)磨细，并根据当地资源和需要的情况掺入混合材料及外加剂，制成不同品种及标号的水泥供应给当地用户，这是水泥流通加工的重要形式之一。在国外，这种物流形式已有一定的比重。

在需要经过长距离输送供应的情况下，以熟料形态代替传统的粉状水泥有很多优点。

1. 可以大大降低运费、节省运力

运输普通水泥和矿渣水泥平均约有30%的运力消耗在矿渣及其他各种加入物上。在我国水泥需用量较大的地区，工业基础大都较好，当地又有大量工业废渣，如果在使用地区对熟料进行粉碎，就可以根据当地的资源条件选择混合材料的种类，这样就能节约消耗在混合材料上的运力和运费。同时水泥输送的吨位也大大减少，有利于缓和铁路运输的紧张状态。

2. 可按照当地的实际需要大量掺加混合材料

生产廉价的低标号水泥，发展低标号水泥的品种，就能在现有生产能力的基础上更大限度地满足需要。我国大中型水泥厂生产的水泥平均标号逐年提高，但是目前我国使用水泥的部门需要大量较低标号的水泥，然而大部分施工部门没有现场加入混合材料来降低水泥标号的技术力量和设备，因此不得不使用标号较高的水泥，这是很大的浪费。如果以熟料为长距离输送的形态，在使用地区加工粉碎，就可以按实际需要生产各种标号的水泥，尤其可以大量生产低标号水泥，减少水泥长距离输送的数量。

3. 容易以较低的成本实现大批量、高效率的输送

从国家的整体利益来看，在铁路输送中运力利用率比较低的输送方式显然不是发展的方向。如果采用输送熟料的流通加工形式，可以充分利用站、场、仓库现有的装卸设备，

又可以利用普通车皮装运，比之散装水泥方式具有更好的技术经济效果，更适合于我国的国情。

4. 可以大大降低水泥的输送损失

水泥的水硬性是在充分磨细之后才表现出来的，而未磨细的熟料抗潮湿的稳定性很强。所以，输送熟料也可以防止由于受潮而造成的损失。此外，颗粒状的熟料也不像粉状水泥那样容易散失。

5. 能更好地衔接产需，方便用户

从物资管理的角度看，如果长距离输送是定点直达的渠道，则有利于加强计划性、简化手续、保证供应等。

采用长途输送熟料的方式，水泥厂就可以和有限的熟料粉碎工厂之间形成固定的直达渠道，从而实现经济效果较优的物流。水泥用户也可以不出本地区而直接向当地的熟料粉碎工厂订货，更容易沟通产需关系，具有明显的优越性。

(二)机电产品组装加工

自行车及机电设备储运困难较大，主要原因是不易进行包装，如进行防护包装，包装成本过大，并且运输装载困难，装载效率低，流通损失严重。同时，这些货物有一个共同特点，即装配较简单，装配技术要求不高，主要功能已在生产中形成，装配后无需进行复杂检测及调试。所以，为解决储运问题，降低储运费用，采用半成品(部件)高容量包装出厂，在消费地拆箱组装，组装之后随即进行销售，这种流通加工方式近年来已在我国广泛采用。

(三)钢板剪板及下料加工

热连轧钢板和钢带、热轧厚钢板等板材最大交货长度常可达 7～12 米，有的是成卷交货。对于使用钢板的用户来说，大、中型企业由于消耗批量大，可设专门的剪板及下料加工设备，按生产需要进行剪板、下料加工。但是，对于使用量不大的企业和多数中小型企业来讲，单独设置剪板、下料的设备有设备闲置时间长、人员浪费大、不容易采用先进方法的缺点，而钢板的剪板及下料加工可以有效地解决上述弊病。剪板加工是在固定地点设置剪板机进行下料加工或设置多种切割设备将大规格钢板裁小，或切裁成毛坯，以降低销售起点，便利用户。

钢板剪板及下料的流通加工有如下几项优点：①由于可以选择加工方式，加工后钢材的金相组织较少发生变化，可保证原来的交货状态，所以有利于高质量的保证；②加工精度高，可减少废料、边角料，也可减少再次机加工的切削量，既可提高再加工效率，又有利于减少消耗；③由于集中加工可保证批量及生产的连续性，可以专门研究此项技术并采用先进设备，大幅度提高效率和降低成本；④用户能简化生产环节，提高生产水平。

和钢板的流通加工类似的还有圆钢、型钢、线材的集中下料、线材冷拉加工等。

(四)木材的流通加工

1. 磨制木屑、压缩输送

木材是容重轻的物资，在运输时占有相当大的容积，往往使车船满装但不能满载，同时，装车、捆扎也比较困难。从林区外送的原木中有相当一部分是造纸材，美国采取在林木生产地就地将原木磨成木屑，然后压缩成为容重较大、容易装运的形状，之后运至靠近消费地的造纸厂的方式，这种方式取得了较好的效果。根据美国的经验，采取这种办法比直接运送原木节约一半的运费。

2. 集中开木下料

在流通加工点将原木锯截成各种规格的锯材，同时将碎木、碎屑集中加工成各种规格的木板，甚至还可进行打眼、凿孔等初级加工。过去用户直接使用原木，不但加工复杂、加工场地大、加工设备多，更严重的是资源浪费大，木材平均利用率不到50%，平均出材率不到40%。实行集中下料，按用户要求供应规格料，可以使原木利用率提高到95%，出材率提高到72%左右，因而有相当大的经济效益。

(五)煤炭及其他燃料的流通加工

1. 除矸加工

除矸加工是以提高煤炭纯度为目的的加工形式。为了多运“纯物质”，少运矸石，并且充分利用运力，降低成本，可以采用除矸的流通加工排除矸石。

2. 为管道输送煤浆进行的煤浆加工

煤炭的运输主要采用运输工具载运方法，这样的运输方法损失较大，又容易发生火灾。采用管道运输是近年来兴起的一种先进技术。目前，某些发达国家已开始投入运行，有些企业内部也采用这一方法进行燃料输送。

在流通的起始环节将煤炭磨成细粉，细粉本身就有一定的流动性，再用水调和成浆状，这样就具备了较强的流动性，可以像其他液体一样使用管道输送。这种方式不和现有运输系统争夺运力，并且输送连续、稳定、快速，是一种经济的运输方法。

3. 配煤加工

在使用地区设置集中加工点，将各种煤及一些其他发热物质按不同配方进行掺配加工，生产出各种不同发热量的燃料就称作配煤加工。这种加工方式可以按需要的发热量生产和供应燃料，可防止热能浪费、“大材小用”的情况；也可防止发热量过小，不能满足使用要求的情况出现。

工业用煤经过配煤加工还可以起到便于计量控制、稳定生产过程的作用，其在经济及技术上都有价值。

4. 天然气、石油气等气体的液化加工

由于气体输送、保存都比较困难，天然气及石油气往往只好就地使用，如果当地资源充足而使用不完，往往就地燃烧掉，这就造成了浪费和污染。两气的输送可以采用管道，但因投资大、输送距离有限，也受到制约。在产出地将天然气或石油气压缩到临界压力之

上，使之由气体变成液体，就可以用容器装运，使用时机动性也较强。这是目前采用较多的方式。

(六)平板玻璃的流通加工

即按用户提供的图纸对平板玻璃套裁开片，向用户供应成品，使用户可以将其直接安装到采光面上。

这种方式有以下几种好处。

(1)平板玻璃的利用率可由不实行套裁时的62%～65%提高到90%以上。

(2)可以促进平板玻璃包装方式的改革，从工厂向套裁中心运输平板玻璃，如果形成固定渠道便可以搞大规模集装，这不但节约了大量包装用木材，而且可防止流通中的大量破损。

(3)套裁中心按用户需要裁制，有利于玻璃生产厂简化规格，搞单品种大批量生产，这不但能提高工厂生产率，而且可以简化工厂切裁、包装等工序，使工厂能集中力量解决生产问题。

(4)现场切裁玻璃劳动强度大，废料也难于处理，搞集中套裁可以广泛采用专用设备进行裁制，废玻璃相对数量少并且易于集中处理。

(5)能够增强服务功能，尤其对没有切裁能力的零散用户，这是重要的服务方式。

(七)生鲜食品的流通加工

1. 冷冻加工

为解决鲜肉、鲜鱼在流通中保鲜及搬运装卸的问题，应采取低温冻结的加工方式。这种方式也可用于某些液体商品、药品等的加工。

2. 分选加工

农副产品规格、质量离散情况较大，为获得一定规格的产品，采取人工或机械分选的方式进加工称为分选加工。它广泛用于果类、瓜类、谷物、棉毛原料等的加工。

3. 精制加工

农、牧、副、渔等产品精制加工是在产地或销售地设置加工点，去除无用部分，甚至可以进行切分、洗净、分装等加工。这种加工不但大大方便了购买者，而且还可以对加工的淘汰物进行综合利用。比如，鱼类的精制加工所剔除的内脏可以制成某些药物或饲料，鱼鳞可以制高级黏合剂，头尾可以制鱼粉等；蔬菜的加工剩余物可以制饲料、肥料等。

4. 分装加工

许多生鲜食品零售起点较小，但为保证高效输送出厂，包装又较大；也有一些是采用集装运输方式运达销售地区。为了便于销售，在销售地区按所要求的零售起点进行新的包装，即大包装改小、散装改小包装、运输包装改销售包装，这种方式称为分装加工。

三、流通加工的合理化

(一)流通加工合理化的含义

流通加工合理化的含义是指实现流通加工的最优配置，不仅做到避免各种不合理，使流通加工有存在的价值，而且做到加工与配送、合理运输、合理商流等的有机结合。

(二)流通加工合理化应考虑的因素

为避免各种不合理现象，对是否设置流通加工环节，在什么地点设置，选择什么类型的加工，采用什么样的技术装备等，都需要作出正确抉择。要实现流通加工的合理化主要应考虑以下几个方面。

1. 加工和配送结合

将流通加工设置在配送点中，一方面按配送的需要进行加工；另一方面加工又是配送业务流程中分货、拣货、配货之一环，加工后的产品直接投入配货作业，这就无须单独设置一个加工的中间环节，使流通加工有别于独立的生产，而且使流通加工与中转流通巧妙结合在一起。同时，由于配送之前有加工，可极大提高配送服务水平，这是当前对流通加工作合理选择的重要形式。

流通加工地点设置的问题是流通加工合理化的重要因素。流通加工地点应设置在需求地区，还应选择在运输线路的交接点、交通枢纽等地区。如果地址选择不当，会大大增加物流费用。

2. 加工和配套结合

“配套”是指将使用上有联系的用品集合成套地供应给用户使用。例如，方便食品的配套，包括食品生产企业的产品(各种即食或速熟食品)和餐具生产企业的产品(各种一次性餐具)。当然，配套的主体来自各个生产企业，如上所说，方便食品中的“方便面”，就由其生产企业配套生产。但是，有的配套不能由某个生产企业全部完成，如上例所说方便食品中的“盘菜”“汤料”等。在物流企业经过流通加工，可以有效地促成配套，大大提高流通作为供需桥梁与纽带的能力。

3. 加工和合理运输结合

流通加工能有效衔接干线运输与支线运输，促进两种运输形式的合理化。利用流通加工，在支线运输转干线运输或干线运输转支线运输这本来就必须停顿的环节，不进行一般的支转干或干转支，而是按干线或支线运输合理的要求进行适当加工，从而大大提高运输转载水平。

4. 加工和合理商流相结合

通过加工有效促进销售，使商流合理化，这也是流通加工合理化的考虑方向之一。加工和配送的结合提高了配送水平，强化了销售，使得加工与商流相结合。此外，通过简单地改变包装加工，形成方便的购买量；通过组装加工解除用户使用前进行组装、调试的难处等都是有效促进商流的例子。

5. 加工和节约相结合

节约能源、节约设备、节约人力、节约耗费是流通加工合理化需重点考虑的因素，也是目前我国设置流通加工时，考虑其合理化的较普遍形式。

流通加工不是对生产加工的代替，而是一种补充和完善。所以一般而言，如果工艺复杂，技术装备要求高，可以由生产过程延续或轻易解决的都不宜再设置流通加工。

对于流通加工是否做到合理化的最终判断是看其是否能实现：社会的和企业本身的效益，且是否取得了最优效益。对流通加工而言，它与一般生产企业的一个重要不同之处是，流通加工企业更应树立社会效益为第一的观念，只有在这个前提下其生存才有价值。如果只是追求企业的微观效益，不适当地进行加工，甚至与生产企业争利，这就有违流通加工的初衷，或者其本身已不再属于流通加工范畴。

流通加工业务是现代物流企业提供的增值服务，既能提高流通商品的附加价值，从而实现物流企业的经济效益，也给供需双方带来方便与效率。

(三)不合理的流通加工形式

流通加工是在流通领域中对生产的辅助性加工，从某种意义来讲它不仅是生产过程的延续，同时也是生产本身或生产工艺在流通领域的延续。这个延续可能有正、反两方面的作用：一方面可能起到有效的补充和完善的作用；另一方面也必须估计到另一个可能性，即对整个过程的负效应。各种不合理的流通加工都会产生抵消效益的负效应。具体来说，不合理的流通加工形式有以下几种。

1. 流通加工地点设置不合理

流通加工地点设置即布局状况是判断整个流通加工是否有效的重要因素。一般而言，为衔接单品种大批量生产与多样化需求的流通加工，只有加工地设置在需求地区，才能实现大批量的干线运输与多品种末端配送的物流优势。

如果将流通加工地设置在生产地区，其不合理之处在于：①多样化需求的产品，导致多品种、小批量由产地向需求地的不合理的长距离运输；②在生产地增加了一个加工环节，相当于同时增加了近距离运输、装卸、储存等一系列物流活动。所以在这种情况下，不如由原生产单位完成这种加工而无需设置专门的流通加工环节。

一般而言，为方便物流的流通加工环节，流通加工点应设在产出地，并设置在进入社会物流之前。如果将其设置在进入社会物流之后，即设置在消费地，不但不能解决物流问题，反而又在流通中增加了一个中转环节，因而也是不合理的。

即使在产地或需求地设置流通加工的选择是正确的，还有流通加工在小地域范围的正确选址问题。如果不妥善处理这个问题，仍然会出现不合理。这种不合理主要表现为：交通不便，流通加工与生产企业或用户之间距离较远，流通加工点的投资过高(如受选址的地价影响)，加工点周围社会、环境条件不良等。

2. 流通加工方式选择不当

流通加工方式包括流通加工对象、流通加工工艺、流通加工技术、流通加工程度等。

恰当的流通加工方式实际上是与生产加工的合理分工。分工不合理，本来应由生产加工完成的，却错误地由流通加工完成；本来应由流通加工完成的，却错误地由生产过程去完成，这些都会造成不合理。

流通加工不宜与生产过程争夺技术要求较高、效益较高的最终生产环节，更不宜利用一个时期市场的压迫使生产企业进行初级加工或前期加工，而流通企业进行完成装配或最终形成产品的加工。如果流通加工方式选择不当，就会出现与生产加工夺利的恶果。

3. 流通加工作用不大，形成多余环节

有的流通加工过于简单，或对生产及消费者作用都不大，甚至由于流通加工的盲目性，不仅未能解决品种、规格、质量、包装等问题，相反却增加了无用的环节，这也是流通加工不合理的重要形式。

4. 流通加工成本过高，效益不好

流通加工之所以能够有生命力，重要优势之一是有较大的产出、投入比，可起到有效的补充完善作用。如果流通加工成本过高，则不能实现以较低投入实现更高使用价值的目的。

本章小结

包装是为在流通过程中保护产品、方便储运、促进销售，按一定的技术方法而采用的容器、材料及辅助物等的总体名称。同时它也指为了达到上述目的而在采用容器、材料和辅助物的过程中施加一定方法的操作活动。

包装在整个物流活动中具有特殊的地位，包装的材料、形式、方法及外形设计都会对物流的其他环节产生重要影响，同时也制约着物流活动的开展，因此要根据流通情况来考虑包装。

包装设计是根据货物的品质特性、性能特点，针对货物流通的需要，对货物包装的外形结构、材料选择、生产工艺方案进行设计的过程。合理的包装设计是包装功能在流通各个环节得到充分发挥的前提。

包装容器是包装材料和造型结合的产物。现代运输包装容器有包装袋、包装盒、包装箱、包装瓶、包装罐五大类。

包装是物流的起点，包装的合理化和现代化是物流的合理化和现代化的组成部分。从现代化的物流观点来看，物流包装的合理化及现代化不是包装本身的事情，而是要在整个物流系统实现合理化及现代化的前提下来实现包装的合理化和现代化。

物流包装的标准化是物流管理现代化的重要组成部分，是实现物流管理高效、科学、规范、程序化的重要手段，它保证了整个物流系统的高效统一、协调运作。

流通加工是物品在从生产地到使用地的过程中，根据需要而施加的包装、分割、计量、分拣、组装、价格贴敷、标签贴敷、商品检验等简单作业的总称。

流通加工是为了提高物流速度和物品的利用率，在物品进入流通领域后，按客户的要

求进行的加工活动。

复习思考题

1. 简述包装在物流系统中的基本功能。
2. 简要说明如何使物流系统中的包装合理化。
3. 简要说明包装标准化的主要表现。
4. 流通加工与生产加工的区别是什么？
5. 流通加工合理化的主要途径有哪些？
6. 流通加工的主要形式有哪些？
7. 流通加工的作用是什么？

案例分析

来自厄瓜多尔的玫瑰花

1. 案例背景

南美洲厄瓜多尔中部科托帕希火山地区常年气候温暖，雨水充足，虽然山高林密，地势险要，却是玫瑰花和其他珍贵花卉的盛产之地。美国迈阿密州的布里恩花卉物流公司向北美各大城市配送的玫瑰花就是在这个地区的三家大型农场定点采购的。当人们在花店中看到玫瑰花娇艳欲滴、感到花香袭人时，必会为之一动。但是不可否认的是，玫瑰花娇嫩易损，一旦残败凋零，其价值则丧失殆尽。根据鲜花种植专家测定，玫瑰花从农场收割后，通常可以在正常情况下保鲜 14 天，这是在整个运输过程中万无一失的情况下才能够做到的。而且玫瑰花不能受到挤压，一旦花枝变形也会大大降低玫瑰花的品质。那么，如何让人们看到最高贵的玫瑰花呢？

2. 玫瑰花的旅途

科托帕希火山地区：新的一天又开始了。昨夜一场大雨过后，空气格外清新，Rose 走向农场，准备开始一天的劳作。这些玫瑰含苞待放，露珠在枝叶上微微颤抖，惹人怜爱，然而它们实在太娇嫩了，经不起日晒雨淋。所以 Rose 将园中的玫瑰花枝剪下来之后立即包装起来。为了防止花枝受到挤压，这些盒子都非常结实，盒子装满鲜花后即使站一个人上去都不会变形，而且这种良好的包装避免了运输过程中的重复包装。每次 Rose 都将 150 枝玫瑰花包成一盒，然后将盒子装入冷藏集装箱内。在农场中，所有的人都在这么做。等集装箱装满之后就被送到厄瓜多尔的首都基多的国际机场，再从这里被连夜直接送往美国迈阿密机场。

由于布里恩花卉物流公司发明了一种环保集装箱，它的保温时间可以持续 96 小时，而且还能储存在宽体飞机底部的货舱内，所以，这些玫瑰花整晚都安安静静地躺在飞机底部货舱。第二天凌晨，满载着新鲜玫瑰花的货机徐徐降落在迈阿密国际机场。在此等候的工作人员迅速将鲜花从飞机舱口运到温控仓库里。早晨，海关、检疫所和动植物检验所的工作人员来对鲜花进行例行检查。之后，花卉就被转运到集装箱卡车或国内航空班机上，直接运达美国各地配送站、超市和大卖场，再通过它们将鲜花送往北美大陆各大城市街道上的花店、小贩和快递公司等处，并最终到达消费者手中。整个过程是快速衔接的，在时间上不能有任何差错。这样，北美地区的人们就能够欣赏到来自南美洲厄瓜多尔最美丽的玫瑰花了。

3. 旅途多舛

当然，并不是所有的玫瑰花都能够如此顺利地到达人们手中。在玫瑰花不远千里地从厄瓜多尔农场来到北美各大城市的过程中，任何一个环节发生意外或处理不当都有可能导致玫瑰花香消玉陨。比如说，飞机晚点、脱班或飞机货舱容量不够大，又或冷藏集装箱的温控设备失灵等都会影响玫瑰花的品质。此外，还有一些人为的因素，例如，有些货主为了降低运费，不采用具有温控设备的运输工具来运送玫瑰花等。

总而言之，鲜花物流的标准是非常苛刻的。因为鲜花十分容易枯萎甚至腐烂，其结果将是一文不值。因此，布里恩花卉物流公司必须将新鲜花卉运输途中可能遇到的各种障碍和意外风险都降到最低点。为此，由布里恩花卉物流公司牵头，并由美国赫尔曼国际货运代理公司主持，成立了迈阿密赫尔曼保鲜物流集团，专门从事花卉的进出口运输工作，同时还与联邦快递(FedEx)和 UPS 签订了一体化快递服务合同，以便把鲜花直接运送到美国各地。

思考

1. 请从包装和流通加工角度来分析布里恩花卉物流公司的物流系统。
2. 请简述包装和流通加工在鲜花物流中的作用。

第七章
运输管理

学习要点及目标

运输是物流管理的重要内容之一，是借助运输工具在一定的交通线上对运输对象进行空间位移的有目的的活动。本章重点介绍物流管理过程中的运输管理问题，主要包括运输的概念解析、运输的作用、运输的方式及特点。通过本章的学习，学生能够做到以下几点。

(1)掌握运输管理的相关概念、运输的作用。

(2)熟悉运输方式的几种分类方法。

(3)掌握五种基本的运输方式和特点。

(4)了解不合理运输的表现形式，以及运输合理化的途径。

引导案例

联邦快递凭什么横行天下

如果说，美国联邦快递刚刚在中国深圳登陆时，国人还大都不知道联邦快递为何方神仙的话，那么现在，几乎任何一个物流界的人士都可以告诉你：联邦快递是一个横行天下的全球最大的货物快递公司。如果再问：它为什么能够全球最大，或者说，为什么能够横行天下？这就不是一个可以简单回答的问题。

“发展才是硬道理。”邓小平同志的这句至理名言，不仅是对发展结果的战略概括，也是对强盛原因的精辟论断。看看联邦快递的发展历程，以及为什么会这样发展，对于刚刚兴起的中国物流业乃至面临入世挑战的中国企业界和每一个创业者都可能有所启迪。

联邦快递作为全球规模最大的快递运输公司，服务范围为占全球国内生产总值90%的区域，能在24～48小时之内提供户到户的清关服务，并承诺“保证准时，否则退钱”。

联邦快递有别人无可比拟的航空路线权以及良好的基础设备，在每一个工作日为200多个国家和地区提供便捷快速、可靠准时的运输服务，每日处理的货件量平均多达330万份。联邦快递的整合式全球网络，现有超过14.8万名员工，43 500个送件地点，662架货机以及45 000辆货运车。利用全球阵容最庞大的专用货机群，为顾客把几乎所有的大货小包送往世界的每一个角落。全球服务中心大约1 200个，授权寄件中心超过7 800个，全球运输量每天大约2 650万磅，航空货运量每月大约700万磅，平均处理通话次数每天超过50万次，平均电子传输次数每天大约6 300万份……

这些数字是个什么概念呢？快递公司以飞机为主要运载工具。飞机的数量是衡量快递公司规模的重要尺度。在美国乃至全球，能与联邦快递竞争的是UPS，它自有飞机238架，另租飞机384架；而目前中国邮政拥有的飞机只有两位数。

1966年，弗雷德·史密斯从耶鲁大学毕业，获得了经济学学士学位。毕业后应征入伍，成为美国海军陆战队的一员，并到越南战场服兵役。1969年，史密斯从越南战场回到美国后，先购买了一家叫阿肯色航空公司的飞机维修公司，使之变为收购和销售旧飞机的交流中心，两年就赢利25万美元。

早在1962年，弗雷德·史密斯还在大学里，就凭着一名优秀企业家的潜在素质和特有的直觉预见到美国工业革命第三次浪潮将靠电子计算机、微处理机及电子装备维系，而这些装备的维修则要靠量少价高的组件和零件及时的供应，有关信件、包裹、存货清单也需要在短时间内尽快获得。他认为创立一种隔夜传递服务公司是十分必要的。弗雷德·史密斯把他的想法写成了论文。而他的教授却认为，论文中的许多观点虽然有某些可取之处，但这些观点是行不通的。第一，联邦政府对空运航线的管制将妨碍这种服务；第二，已经利用客运航线运送包裹的老牌航空公司的竞争也会使这样的服务无法成功；第三，提供这种服务所需要的巨大资金是任何新创办的公司难以承受的。然而，弗雷德·史密斯创办隔夜快递公司的想法始终没有动摇过。

1971年6月28日，公司正式成立。在弗雷德·史密斯看来，公司的生意肯定兴隆，所以，公司的名字定为“联邦快递”。在与联邦储备系统进行谈判的同时，弗雷德·史密斯就已经信心十足地向泛美航空公司购买了两架装有涡轮风扇发动机的达索尔特鹰式飞机。弗雷德·史密斯个人投资35万美元，并用家庭信托基金为一笔360万美元的银行贷款做了担保，把购得的客机改装成货机以适用于运送包裹。

可是，弗雷德·史密斯做梦也没有想到，几周以后他得到的却是联邦储备系统拒绝接受“隔夜快递”服务的消息：负责监督联邦储备系统的联邦储备委员会正式通知联邦快递公司，拒绝联邦快递公司为联邦储备系统提供“隔夜快递”服务的申请。理由就是联邦储备系统下属的个别地区的银行不同意弗雷德·史密斯的建议。长期以来，在联邦储备银行系统内部，各地区的银行自立山头，靠多年的苦心经营才形成了各自的势力范围，用飞机连夜快递银行票据虽然可以为系统节省时间与金钱，但却阻塞了太多人的财源，有许多人就是靠原来的工作流程生存的，如果要采用新的方法传递票据，这些人的既得利益该怎么办？

用飞机为联邦储备系统快递票据的计划失败了，特地购买的两架飞机被闲置在机库里动弹不得，刚刚建立起来的联邦快递公司和年仅 26 岁的弗雷德·史密斯面临着首战失利的沉重打击。

弗雷德·史密斯并没有丧失信心，他以一个敢于创新、敢于冒险的杰出企业家的胆识和方式继续实现他的目标。正如他自己讲的，他必须创新，哪怕只是为了生存。1972 年到 1973 年初，弗雷德·史密斯投资 75 000 美元组成了有专家、飞行员、技师、广告代理商等的高级顾问小组，再次深入地进行市场调查。通过对市场潜力更深入的可行性分析，他们明显地发现，随着新兴技术的兴起，美国传统的工业重镇日趋没落，而那些名不见经传的小地方正在迅速崛起，成为新兴工商业中心，往昔那种一次托运就是几百公斤、上千公斤，从这一工业区运至另一工业区的旧的货运传统正在改变。现在托运的东西是小件包裹，但比以前更讲究时效。人们托运的东西，小至一个开关，一条橡胶管或是一张设计蓝图。弗雷德·史密斯根据再次调查的市场情况重新制订了营业计划。但是，这个计划却证明了他的大学老师对他的论文提出的忠告："提供这种服务所需要的巨大资金是任何新创办的公司都难以承受的。"新的营业计划比原来的计划复杂得多，所需资金投入量也很大。首先要有一定数量的运输工具——飞机和汽车，还要在全国建立服务网，开通多条航空线。

此时，弗雷德·史密斯表现出了一个企业家必不可少的胆识。他毅然决定把自己全部家产 850 万美元孤注一掷地投入联邦快递公司，然后，他竭尽全力游说华尔街那些大银行家、大投资商。弗雷德·史密斯对快递公司市场精辟、独到的分析，以及他的努力、自信和非凡的领导能力，特别是他破釜沉舟地把全部家产投在联邦快递公司的勇气和冒险精神，给这些私人投资家留下了极为深刻的印象。包括花旗风险资本公司、万仓保险公司在内的几家大公司先后向联邦快递公司投资。很快，他筹集到了 9600 万美元，创下了美国企业界有史以来单项投入资本的最高纪录。

获得风险投资之后，弗雷德·史密斯做的第一件事就是再次购买了 33 架达索尔特鹰飞机，因为这种飞机体积小，不需要向民用航空委员会申请执照，咨询公司还向他提供了一大批熟悉空运业务的管理人员。一切准备就绪，1973 年 4 月，联邦快递公司正式开始营业。

联邦快递一开始向 25 个城市提供服务，但令人失望的是，第一天夜里运送的包裹只有 186 件。在开始营业的 26 个月里，联邦快递亏损 2 930 万美元，欠债主 4 900 万美元，联邦快递处在随时都可能破产的险境，公司的早期支持者打起了退堂鼓，不肯继续投资。

为了抵偿公司的债务，他卖掉了自己的私人飞机，甚至，他居然伪造律师签字，从家庭信托基金中提取本属于他两个姐姐的钱。为了改善经营情况，弗雷德·史密斯竭尽全力争取客户，开拓市场。为得到美国邮政总局的合约，联邦快递公司在西部开辟了 6 条航线，在与其他企业的竞争中，他把价格杀得很低，以至于使人怀疑是否还有利润。而弗雷德·史密斯却着眼于更长久的利益，他认为尽管这笔业务并没有很高的利润，却可以用来充当公司的门面，公司可以借这笔业务向外界表示："看啊，连邮政总局的合约都能拿到手，对联邦快递的服务还有什么不放心的。"这样做不仅让投资者放心，还可以争取更多的用户。"天道酬勤"，在困境中拼搏的联邦快递遇到了意外的好运气。首先是政府解除了对航空运输业的限制，极大地增加了货运行业的运输量。由于对商业运输的需求突然猛增，国内主要货运机构对大城市的业务都应接不暇，根本就没有力量去满足小城市的要求，这就为联邦快递提供了重大的市场缺口，它的业务量很快增加。

另外的一个好运气是，1974 年，由于联合包裹运输公司的员工长期罢工，铁路快运公司终于破产。这两件事都为联邦快递提供了发展公司业务、改善公司状况的好机会。

1975 年，公司的经营状况开始好转，7 月份是联邦快递第一个盈利的月份，全公司创利 5.5 万美元，当年的营业收入达到了 7 500 万美元。这时候的联邦快递已经拥有 3.1 万个固定客户。联邦快递为全国各地的客户运送零件、血浆、移植器官、药品等各种需要迅速运递的物品。公司在 130 个城市和 75 个机场提供隔夜快递服务。联邦快递的紫色飞机，每天的夜晚载运着数不清的包裹在通往全国各地的航线上穿梭。1976 年，公司获纯利 350 万美元；1977 年年度经营收入突破 1 亿美元，获纯利 820 万美元。

联邦快递终于走出困境，并创造了奇迹。1977 年，弗雷德·史密斯被纽约一家杂志评选为全国十大杰出企业家，并称赞道："在短短的 5 年内，他那创新的营销体系以及成功的公众形象宣传使他一下子由一无所有变为营业额 1.1 亿美元、净利润 820 万美元的大企业家。"公司的进一步发展以及购买波音 727 型飞机等均需要较大的资金，公司需要筹集到更多的资金。弗雷德·史密斯决定，让公司的股票公开上市，面向社会融资。1978 年 4 月，联邦快递在纽约证券交易所正式挂牌，公开出售第一批股票。股票的发行，不仅筹集到了购买飞机的巨资，而且使公司的早期投资者得到了回报。这一年年底，弗雷德·史密斯收购了他两个姐姐在公司的全部股权，使她们得到了可观的收入，补偿了她们的损失。

1984 年，联邦快递完成第一次收购行动，成功地收购了位于明尼苏达州明尼阿波利斯的吉尔科快递公司。吉尔科快递公司是一家为 84 个国家提供服务的包裹运输公司，弗雷德·史密斯希望联邦快递在海外速递业也像在美国国内那样占主导地位。紧接着，他在英国、荷兰和阿拉伯联合酋长国进一步实施收购计划。1985 年，联邦快递在向欧洲市场扩展服务方面迈出了重要一步，它在布鲁塞尔机场开设了一个分拣中心。1985 年其总营业收入达到 20 亿美元。1986 年，联邦快递在加利福尼亚州的奥克兰市和新泽西州的纽瓦克分别开设了分拣中心，以便迅速处理附近地区的业务。到了 20 世纪 80 年代末期，联邦快递的年度营业收入超过 35 亿美元，纯利润 1.76 亿美元。联邦快递向全世界 90 个国家和地区提供服务，拥有员工 5.4 万人，各项业绩指标都跃居全世界航空货运公司的首位，成为全球隔夜快递业的龙头企业。

员工永远是第一。弗雷德·史密斯说："我们很早便发现，顾客的满意度是从员工的满意开始的。在代表公司理念的口号——'员工、服务、利润'之中，就融有这种信念。"弗雷德·史密斯和其他联邦快递主管总是强调，他们是"员工至上"的工作团队；即使要让公司成为市场的领导者，不断地发展，让公司的服务为更多的人所熟知，员工永远还是第一。

弗雷德·史密斯曾经在他的两次远赴越南的军旅生涯中，受教于一位脾气乖戾的海军陆战队军官。这位军官告诫史密斯："上尉，只有三件事你必须记住：射击、行动和联络。"这一忠告，使弗雷德·史密斯在战场和事业两方面均受益匪浅。

熟悉联邦快递的人们，谁也无法否认联邦快递的员工们对公司的忠诚，谁也无法估量这种忠诚对于公司的价值。倘若参观一下联邦快递在孟菲斯的总部，你必定会为那里热情诚恳的雇员们的表现所感动。在联邦快递夜间作业现场，有多得数不清的箱子和包裹、错综复杂的输送带、忙碌穿梭的堆货车与员工，却没有发生丝毫差错。一面是令人喘不过气的运作系统，另一面则是士气高昂、心情愉快的员工，联邦快递如何使这二者取得平衡？答案是：员工至上——首先是员工，然后才有顾客。他们的信条是：有了忠诚的员工，才能有忠诚的顾客，才有在市场上的生存空间；失去了员工的忠诚，企业灭亡只是时间问题。的确，弗雷德·史密斯在善待员工方面花了很多工夫，因为他相信："这种'员工至上'的企业精神，能够使硬邦邦的商业活动变得温情脉脉。"很多人不明白，如此庞大的联邦快递系统为何能有效地服务顾客？公司的一位业务主管说："我们相信：如果公司对员工多一点关心，员工所提供的服务将会使公司获得更大的效益。"虽然整天忙碌的工作很容易让人忘记这种理念，但最优秀的联邦快递主管们仍不忘用时间来妥善照顾员工。弗雷德·史密斯说："善待员工，并让他们感受到公司真诚的关怀，便会得到全球一流的服务态度。"即使公司花大量钞票在硬件设备、训练课程等项目上，若员工不满意自己的职务和工作场所，就很难产生好的服务。弗雷德·史密斯相信，员工至上的理念符合历史潮流和现代趋势。

第一节 运输系统概述

一、运输的概念

根据国家标准《物流术语》(GB/T 18354—2006)，运输指的是"用专用运输设备将物品从一地点向另一地点运送。其中包括集货、分配、搬运、中转、装入、卸下、分散等一系列操作"。

运输作为物流作业中最重要的内容之一，各种原材料和货物都需要通过运输来实现。在目前的市场环境中，有许多运输方式可以选择，不同的运输方式的费用、风险和效果等都不相同。对于一个物流管理者来说，正确地安排运输，可以提高整个物流系统的运行效率。

由于时间长、距离远，运输活动消耗的能源和动力较多，运输成本一般要占物流总成本的50%左右。因此，合理地组织运输，无论是在企业物流的组织中，还是在国民经济中都占有举足轻重的地位。换句话说，由于运输活动费用节约余地大、发展潜力大，所以是整个物流领域挖掘“第三利润源泉”的重要环节。

企业众多的运输活动中，最重要的是原材料的购进运输和产品的分销运输。购进运输是为了满足企业的生产生活需要，从供应商处运输采购的原材料、零配件、设备、工具等；分销运输是为了满足社会对企业产成品的需要，向外运输、供应企业的产成品到社会的各个市场。

二、运输的重要性

在物流的各项业务活动中，运输的作用非常关键，物流过程中的其他各项活动，如包装、装卸搬运、物流信息传播等，都是围绕着运输进行的。所以，运输在物流活动中非常重要。

（一）运输可以创造时间效用、空间效用和形质效用

物流系统可以创造物品的空间效用、时间效用和形质效用。时间效用主要由仓储活动实现，形质效用由流通加工业务实现，空间效用则是通过运输实现。运输是物流系统不可缺少的构成要素。运输和库存属于物流系统的主体功能，其他如装卸、搬运和信息处理等是从属功能。而主体功能中运输功能的主导地位更加突出，成为所有功能的核心。

（二）运输影响着物流的其他构成因素

运输在物流过程中还影响着物流的其他环节。例如，运输方式的选择决定着装运货物的包装要求；使用不同类型的运输工具决定了其配套使用的装卸搬运设备以及接收和发运站台的设计；库存储备量的大小，直接受运输状况的影响，发达的运输系统能适量、快速和可靠地补充库存，以降低储存水平。

（三）运输费用在物流费用中占有很大比重

在物流过程中，直接耗费活劳动和物化劳动，它所支付的直接费用主要有运输费、保管费、包装费、装卸搬运费和物流过程中的损耗等。其中，运输费用所占的比重最大，是影响物流费用的一项重要因素，是降低物流费用、提高物流速度、发挥物流系统整体功能的中心环节。因此，在物流的各环节中，能否搞好运输工作，开展合理运输，不仅关系到物流时间的多少，而且还会影响到物流费用的高低。不断降低物流运输费用，对于提高物流经济效益和社会效益都起着重要的作用。

（四）运输合理化是物流系统合理化的关键

物流合理化是指在各物流子系统合理化的基础上形成的最优物流系统总体功能，即系统以尽可能低的成本创造更多的空间效用、时间效用和形质效用。或者从物流承担的主体来说，以最低的成本为用户提供更多优质的物流服务。运输是各功能的基础与核心，直接影响着物流子系统，只有运输合理化，物流结构才能更加合理，总体功能才能更优。

三、运输的作用

(一)运输是物流的主要功能要素之一

按物流的概念，物流是“物”的物理性运动，这种运动不但改变了物的时间状态，也改变了物的空间状态。运输承担了改变空间状态的主要任务，它是改变空间状态的主要手段。运输再加上搬运、配送等活动，就能圆满完成改变空间状态的全部任务。在现代物流观念还没有产生之前，有不少人将运输等同于物流，其原因是物流中很大一部分责任是由运输担任的，是物流的主要部分。

(二)运输是社会物质生产的必要条件之一

运输是国民经济的基础和先行。马克思将运输称为“第四个物质生产部门”，是将运输看成生产过程的继续。这个继续虽然以生产过程为前提，但如果没有这个继续，生产过程则不能最后完成。所以，虽然运输和一般生产活动不同，它不创造新的物质产品，不增加社会产品数量，不赋予产品新的使用价值，而只变动其所在的空间位置，但这一变动使生产能继续下去，使社会再生产不断推进。

(三)运输可以创造“场所效用”

同种“物”由于空间场所不同，其使用价值的实现程度就不同，其效益的实现也不同。改变场所能最大限度地发挥“物”的使用价值，最大限度地提高产出投入比，这被称为“场所效用”。运输将“物”运到场所效用最高的地方，就能发挥“物”的潜力，实现资源的优化配置。从这个意义上讲，也相当于通过运输提高了“物”的使用价值。

(四)运输是“第三个利润源泉”的主要环节

运输是运动中的活动，它和静止的保管不同，要靠大量的动力消耗才能实现，而运输又承担着大跨度空间转移的任务，所以活动的时间长、距离长，消耗也大。消耗的绝对数量越大，其节约的潜力也就越大。从运费来看，运费在全部物流费中占最高的比例，一般综合分析计算社会物流费用，运输费在其中占接近50%的比例，有些产品的运费甚至高于产品的生产费，所以节约的潜力是很大的。

四、运输的原理

从企业物流管理的视角来看，运输成本、运输速度和运输可靠性是运输作业三个非常重要的因素，因此，运输管理中的基本原理是规模经济和距离经济。

(一)规模经济

规模经济的特点是随着装运规模的增长，每单位重量的运输成本下降。例如，整车运输(指单一货主的发货量可以装满整车)的成本低于零担运输(指单一货主的发货量不足整车，由承运人将多个货主的货物拼凑后再以整车运输)；铁路或水路之类运输能力较大的运输工具，其每单位重量的费用要低于汽车或飞机之类运输能力较小的运输工具。运输规模经济之所以存在，是因为有关的固定费用可以按整批货物的重量分摊。有关的固定费用包括运输订单的行政管理费用、运输工具投资和装卸费用、管理费用以及设备费用等。规模经济使得货物的批量运输显得合理。

(二)距离经济

距离经济是每单位距离的运输成本随运输距离的增加而减少。距离经济本质上就是购买运输服务距离上的规模经济，尤其体现在运输装卸费用上的分摊。距离越长，可使固定费用分摊后的值越小，从而使每单位距离支付的总费用很小。距离经济是对同一种运输方式而言，且必须限定在该运输方式的经济运距范围内，一旦超过经济运距，有可能出现距离不经济及运距越远越不经济的情况，如利用公路进行长距离运输。

第二节 运输的方式及特点

一、运输方式的分类

产品从生产所在地向消费所在地的物理性转移，是通过不同的运输方式实现的。在物流中采用的运输方式有很多种，因此，运输方式可以按照以下方法分类。

(一)按照运输的功能进行分类

按照运输的功能可将运输方式分为集货运输和配送运输。

1. 集货运输

集货运输是将分散的货物汇集的运输形式，一般是短距离、小批量的运输，货物集中后才能利用干线运输形式进行远距离及大批量运输，因此，集货运输是干线运输的一种补充形式。

2. 配送运输

配送运输是指将据点中已按用户要求配好的货分送给各个用户的运输。一般指的是短距离小批量的运输，从运输的角度讲是对干线运输的一种补充和完善的运输。

(二)按照运输线路分类

按照运输线路可将运输方式分为干线运输、支线运输、城市内运输和厂内运输。

1. 干线运输

干线运输是利用铁路、公路的干线，大型船舶的固定航线进行的长距离、大数量的运输，是进行远距离空间位置转移的重要运输形式。干线运输一般速度较同种工具的其他运输要快，成本也较低。干线运输是运输的主体。

2. 支线运输

支线运输是与干线相接的分支线路上的运输。支线运输是干线运输与收、发货地点之间的补充性运输形式，路程较短，运输量相对较小。支线的建设水平往往低于干线，运输工具水平也往往低于干线，因而速度较慢。

3. 城市内运输

城市内运输是一种补充性的运输形式，路程较短。主要是干线、支线运输到站后，站与用户仓库或指定接货地点之间的运输。由于是单个单位的需要，所以运量也较小。

4. 厂内运输

厂内运输是在工业企业范围内，直接为生产过程服务的运输。一般在车间与车间之间、车间与仓库之间进行。小企业中的这种运输以及大企业车间内部、仓库内部则不称“运输”，而是称“搬运”。

(三)按照运输的协作程度分类

按运输的协作程度可将运输方式分为一般运输、联合运输及多式联运三类。

1. 一般运输

孤立地采用不同运输工具或采用同类运输工具而没有形成有机协作关系的为一般运输，如汽车运输、火车运输等。

2. 联合运输

联合运输简称联运，是使用同一运送凭证，由不同运输方式或不同运输企业联合接运货物，利用每种运输手段的优势充分发挥不同运输工具效率的一种运输形式。采用联合运输，对用户来讲，可以简化托运手续、方便用户，同时可以加快运输速度，有利于节省运费。经常采用的联合运输形式有铁海联运、公铁联运、公海联运等。

3. 多式联运

多式联运是联合运输的一种现代形式。一般的联合运输规模较小，在国内大范围物流和国际物流领域，往往需要反复地使用多种运输手段进行运输。在这种情况下，进行复杂运输方式衔接，并且具有联合运输形式的称作多式联运。

(四)按照运输设备及运输工具分类

按照运输设备及运输工具可将运输方式分为铁路运输、公路运输、水路运输、管道运输和航空运输五类，这五种运输方式就是我们所说的基本运输方式。

二、运输的基本方式及其特点

目前，我国有五种基本的运输方式：铁路运输、公路运输、水路运输、管道运输和航空运输。

(一)铁路运输

铁路能够远距离运输大批量货物，尤其是在我国，幅员辽阔，铁路是货物运输的主要方式，因此，它在城市之间拥有巨大的运量和收入。现在世界上几乎所有的大城市都有铁路相通，铁路在国际运输中也占有相当大的市场份额。但是因受到铁轨、站点等的限制，铁路运输的灵活性不高。铁路一般是按照规定的时间来运营的，发货的频率要比公路慢。虽然设备和站点等的限制使得铁路营运的固定成本很高，但是铁路营运的变动成本相对较低，这使得铁路运输的总成本通常比公路运输和航空运输要低。高固定成本和低变动成本使得铁路运输的规模经济十分明显。

铁路运输的经济里程一般在 200 千米以上，因此，在短距离运输中，铁路运输竞争不过公路运输。但从成本、环保等方面考虑，今后铁路货运有望占有重要的地位。为此，铁路货运应在提高运输服务水平，采用具有伸缩性的运费措施，提高运送能力和运送效率，向综合物流服务业转轨，并向扩充货运车站机能，增加货运车站、货运专用新线，大规模进行车站设施建设方面发展。

1. 优点

铁路运输有以下几个方面的优点。

(1)运载量大。采用铁路运输方式，可以实现大批量运输。铁路运输适于中长途运输，相对于公路运输，铁路运费仅为汽车运费的几分之一，运输耗油约是公路运输的 1/20。

(2)运输成本和能耗低。随着铁路技术的发展，铁路时速也越来越快，货运列车时速可达到 160 千米，还可以方便地实现驮背运输、集装箱运输及多式联运等。

(3)速度快。随着铁路技术的发展，铁路时速也越来越快，货运列车的时速可达到 160 千米，还可以方便地实现驼背运输、集装箱运输以及多式联运。

(4)不受气候影响，稳定安全。铁路运输有固定的轨道，几乎不受气候影响，一年四季可以不分昼夜地进行定期的、准确的运转货物。

2. 缺点

铁路运输有以下几个方面的缺点。

(1)机动性差。铁路运输由于受线路和站点约束，灵活性差，不能实现“门到门”运输。

(2)货损率较高。由于装卸次数多，货物损毁或丢失事故通常比其他运输方式多。

(3)投资大，建设周期长。铁路运输需要铺设轨道、建造桥梁和隧道，需要消耗大量物资，其初期投资较大。

课堂案例

青藏铁路

青藏铁路，这条世界海拔最高、线路最长的高原铁路，被誉为“天路”。它东起青海西宁市，南至西藏拉萨市，全长 1 956 千米。青藏铁路海拔 4 000 米以上的路段有 960 千米，多年冻土地段 550 千米，翻越唐古拉山的铁路最高点海拔 5 072 米，是全球海拔最高和最长的高原铁路。

由于青藏高原过去受经济、社会、自然等条件限制，交通闭塞，物流不畅。1949 年时整个西藏仅有 1 千米多便道可以行驶汽车，水上交通工具只有溜索桥、牛皮船和独木舟。为此，在 20 世纪 50 年代，政府就着力研究解决进藏铁路的建设问题。直到 1984 年，青藏铁路西宁—格尔木段(814 千米)才建成通车。但二期工程(格尔木—拉萨段)因冻土、高原缺氧等困难，一直无法开工。直到 2001 年，建设青藏铁路条件成熟。2001 年 6 月 29 日，青藏铁路二期工程正式开始修建，总投资 330.9 亿元人民币。2006 年 7 月 1 日全线开通试运营。至此，全长 1 142 千米的青藏铁路二期工程完成，标志着青藏铁路全线开通。

(二)公路运输

公路运输有速度较快、可靠性高和对产品损伤较小的特点，因此大多数的消费品是通过公路运输的。汽车承运人具有灵活性，它们能够在各种类型的公路上进行运输，不像铁路那样受到铁轨和站点的限制，所以公路比其他运输方式的市场覆盖面都要大。汽车运输的特点使得它特别适合于配送短距离、高价值的产品。由于递送的灵活性，公路运输在中间产品和轻工产品的运输方面也有较大的竞争优势。总体来说，公路运输在物流作业中起着骨干作用。在各种运输方式中，汽车运输的固定成本很低，这是因为，运输企业并不需要拥有公路。但是，变动成本相对较高，因为公路的建设和维修费用经常是以税和通行费的形式向承运人征收。

1. 优点

(1)机动性强、方便灵活。由于公路基础设施的快速发展，公路四通八达，可以方便地实现“门到门”的直达运输，避免了反复装卸搬运所可能造成的物质破损；而且还可以作为其他运输方式的衔接手段，成为综合运输体系中的重要组成部分。

(2)在中、短途运输中，运送速度较快。在中、短途运输中，中途不需要倒运、转乘就可以直接将客、货运达目的地，与其他运输方式相比，公路运输货物在途时间较短，运送速度较快。

(3)原始投资少，资金周转快。公路运输与其他运输方式相比，固定设施简单，车辆购置费用较低，投资小，回收周期短。有关资料表明，在正常经营情况下，公路运输的投资每年可周转 1～3 次，而铁路运输则需要 3～4 年才能周转 1 次。

2. 缺点

(1)公路运输载货量小，运输单位小。

(2)长途运输费用较贵。公路运输费用较高，特别是长距离运输中的缺点较为明显，如：单位运费一般是铁路的 3～4 倍。

(3)车辆过多，环境污染严重。一方面，汽车数量的增多会产生大量的交通拥堵，使汽车的运行很是困难。另一方面，汽车会产生很多的废气，对环境造成污染，同时也会造成噪声污染。

(三)水路运输

水路运输简称水运，是使用船舶运送货物的一种运输方式。

水运主要承担大数量、长距离的运输，是在干线运输中起主力作用的运输形式。在内河及沿海，船舶也常作为小型运输工具使用，担任补充及衔接大批量干线运输的任务。水运的主要优点是成本低，能进行低成本、大批量、远距离的运输。但是水运也有显而易见的缺点，主要是运输速度慢，受港口、水位、季节、气候影响较大，因而一年中中断运输的时间较长。

水运主要有以下四种形式：沿海运输、近海运输、远洋运输和内河运输。

1. 沿海运输

沿海运输是使用船舶通过大陆附近沿海航道运送客货的一种方式，一般使用中、小型船舶。

2. 近海运输

近海运输是使用船舶通过大陆邻近国家海上航道运送客货的一种运输形式，视航程长短，可使用中型船舶，也可使用小型船舶。

3. 远洋运输

远洋运输是使用船舶跨大洋的长途运输形式，主要依靠运量大的大型船舶。

4. 内河运输

内河运输是使用船舶在陆地内的江、河、湖等水道进行运输的一种方式，要使用中、小型船舶。

(四)管道运输

管道运输是利用管道输送气体、液体和粉状固体的一种运输方式。其运输功能是靠物体在管道内顺着压力方向循序移动实现的。与其他运输方式相比的最主要区别在于管道设备是静止不动的。

管道运输的主要优点是，由于采用密封设备，在运输过程中可避免散失、丢失等损耗，也不存在其他运输设备本身在运输过程中消耗动力所形成的无效运输问题。此外，它具有运输量大、连续作业的特点，适合于批量大且连续不断运送的物品。

管道运输的缺点是在输送地点和输送对象方面具有局限性。一般适用于气体、液体，如天然气、石油等，但是也发展到粉粒体的近距离输送，如粮食、矿粉等，并且还研究了将轻便物体放在特定的密封容器内，在管道内利用空气压力进行输送的方法，如书籍文件、实验样品的输送。随着技术的进步，输送对象的范围在不断扩大。

(五)航空运输

航空运输简称空运，其主要运输方式是使用飞机运送客货。具有航线直、速度快、可以飞越各种天然障碍、做长距离不着陆运输的优点，能保证贵重、急需或时效性要求很强的小批物品的运输；缺点是运载量小、运输成本高。

航空运输的单位成本很高。在北美，航空运价比卡车高 2 倍，比铁路高 16 倍。因此，航空运输主要适合运载的物品有两大类：一类是价值高、运费承担能力很强的物品，如高档产品等；另一类是紧急需要的物品，如救灾抢险物品。在实际的物流运作中，航空运输主要采取的方式有以下三种。

1. 班机运输

班机是指在固定时间、固定路线、固定始发站和目的站间飞行的飞机。通常班机使用客货混合飞机，一些大的航空公司也有开辟定期全货运机航班的。班机具有定时、定航线定站等特点，因此适用于运输急需物品、鲜活货物以及时令性货物。

2. 包机运输

包机运输是指包租整架飞机或由几个发货人联合包租一架飞机来运送货物。因此包机又分为整包机和分包机两种形式，前者适用于运送数量较大的货物；后者适用于有多个发货人，货物到达站是同一个地点的货物运输。

3. 集中托运

集中托运是指航空发运公司把若干单独发运的货物组成一整批货物，用一份货运单整批发运到预定目的地，由航空货运公司在那里的代理人收货、报送、分货后交给实际收货人。集中托运的价钱比班机运价低一点，因此，发货人比较愿意将货物交给航空公司安排。

在上述五种基本运输方式的基础上，可以组成不同的综合运输。各种运输方式都有其特定的运输路线、运输工具、运输技术、经济特性及合理的使用范围。所以，只有熟知各种运输方式的效能和特点，结合商品的特性、运输条件、市场需求，才能合理地选择和使用各种运输方式，获取较好的运输绩效。

课堂案例

顺丰快递的运输服务网络

顺丰自1993年成立以来，每年都投入巨资完善由公司统一管理的自有服务网络：从蜗隅中山，到立足珠三角，到布局长三角；从华南先后扩展至华东、华中、华北；从中国内地(大陆)延展到中国港澳台地区，直至海外。目前，在海外，顺丰快运网络已经覆盖美国、日本、马来西亚、韩国、新加坡、越南等国家。

继第13架自有全货机在“双十一”前投入运营后，2013年12月13日15时35分，顺丰航空有限公司(简称“顺丰航空”)第14架自有全货机顺利飞抵深圳宝安国际机场，正式加入顺丰机队。此架飞机为B737-300全货机，随即将投入日常航班生产运行。

作为顺丰速运旗下的航空运输部门，顺丰航空目前拥有以B757和B737机型为主的全货机机队，主运营基地设在深圳宝安国际机场，构建了以深圳为核心枢纽，向全国辐射的运输网络。自开航以来，依据快递业务的需求，为保障快件产品空运时效，顺丰机队规模始终保持平稳增长，2013年自有全货机数量由11架增至14架，随着此架全货机的投入运行，顺丰将会为客户提供更为快捷、安全的快件空运服务。

为满足客户对快件高时效的需求，顺丰率先在中国大陆推出“跨省即日到”产品，实现跨省城间当日收取当日送达，承诺不到退款，让客户轻松体验顺丰快捷、安全、优质的专业快递服务。

三、运输方式的选择

(一)影响运输方式选择的因素

物流企业在选择运输方式时，要根据所需运输服务的要求，熟知不同运输方式的不同营运特性，做出最优选择，达到低成本、高效率的目的。如果单靠一种运输方式无法实现目标，则要对需要的几种运输方式进行组合。在选择正确的运输方式降低运输成本时，不可忽视以下几个方面的因素。

1. 价格

运输服务价格就是运输货物的在途运费加上提供额外服务的所有附加费和运输端点费用。运输总成本因不同的运输类型而各不相同。

(1)如果使用受雇运输，运输服务的总成本就是货物在两点间运输收取的运费加上所有附加费，如保险费、装卸费、终点的送货费等。

(2)如果是自用运输，运输服务成本就是分摊到该次运输中的相关成本，如燃油成本、人工成本、维修成本、设备折旧和管理成本等费用。

五种运输方式的运输成本相差较大：航空运输是最昂贵的，管道运输和水上运输则是便宜的，而公路运输又比铁路运输贵。但是这种成本比较是使用运费收入除以所运货物的总吨数得到的比值，并不能确切地反映各种运输方式的综合效益。在实际运营中，必须根据实际运费、运输时间、货物的性质以及运输安全等进行综合比较。

2. 运输时间

运输时间通常是指货物从起点运输到终点所耗用的平均时间。这个时间的长短从两个方面影响运输费用。

(1)由于货物的适用期有限可能造成的价值损失，如水果、蔬菜等；或因为货物时间价值的适用期有限而造成的损失，如报纸、时装等。

(2)对高价值货物或货运量很大的货物，运输中由其价值表现的资本占用费用可能占成本的很大部分，因此平均运输时间是一个重要的运输服务指标。

不同运输方式提供的货物平均运输时间是不同的。有些能够提供起止点之间的直接运输服务，有些则不能。但如果要对不同运输服务进行对比，即使涉及一种以上的运输方式，也最好用门到门运送时间来进行衡量。在考虑运输时间时，还要注意一个问题，即运输时间的变化。运输时间的变化是指各种运输方式下多次运输间出现的时间变化。它是衡量运输服务不确定性的指标。起止点相同、使用同样运输方式的每一次运输，由于受天气、交通拥挤、中途暂停次数、合并运输所花费时间不同等的影响，在途时间不一定相同。一般来说，运输时间变化率的排序与运输时间的顺序大致相同。也就是说，铁路的运输时间变化最大，航空运输最小，公路运输介于两者之间。但要注意的是，如果从变化率与平均运输时间的比值来看，则航空运输最不可靠，而公路运输是最可靠的。

3. 灭失与损坏

灭失与损坏，也就是运输质量中的安全性问题。因为各承运人安全运输货物的能力不同，所以运输中灭失或损坏的记录就成为选择承运人的重要因素。承运人有义务合理运送货物，并以恰当的方式避免货物的灭失和损坏。但如果由于自然原因、托运人过失或承运人无法控制的其他原因造成的货物灭失和损坏，承运人可以免除责任。虽然在托运人准确陈述事实的情况下，承运人会承担给托运人造成的直接损失，但托运人应该在选择承运人之前认识到会有一定的转嫁成本。托运人承受的最严重潜在损失是客户服务。运输延迟或运到的货物不能使用意味着给客户带来不便，或者会导致库存成本上升，会导致缺货或延期交货的增多。托运人如果要进行索赔，需要花时间收集相关证据，费尽周折准备适当的索赔单据，在索赔处理过程中还要占用资金，如果索赔只能通过法庭解决，可能还涉及很高的费用。显然，对承运人的索赔越少，用户对服务越满意。对可能发生的货物破损，托运人的普遍做法是增加保护性包装，而这些费用最终也一定由用户承担。由此可见，价格、运输时间及货物的灭失和损坏，直接或间接地影响着物流运输的成本。

(二)运输方式的选择

运输方式选择不仅限于单一的运输手段，而是要通过多种运输手段的合理组合实现物流合理化。可以在不同运输方式间自由变化运输工具，即“联运”，它是运输性质不断改变的一个反映，标志着物流管理者将两种或多种运输方式的优势集中在一起，并天衣无缝地融入一种运输方式的能力，从而能比单一方式的运输为顾客提供更快、风险更小的服务。

联运的组合方式有很多种，五种基本运输方式均可两两组合。这些组合并不都实用，而其中有些可行的组合也未被采用，只有铁路运输和公路运输的组合(“驮背运输”)得到了广泛使用。公路运输和水路运输的组合(“鱼背运输”)被采用得也越来越多，尤其是在高价值货物的国际运输中。在较小范围内，公路运输与航空运输、铁路运输与水路运输的组合也是可行的。铁路运输与公路运输的组合使运输人既能享受到公路运输时接送和发运的灵活性，又能获得火车在远程运输中的效率。几乎所有的航空运输都是联合运输，因为它需要由货车将货物接送和装到飞机上，最后还得由货车运至目的地。公路运输促使联运在一起，它以最好的方式运作，提供灵活、定期和短途的服务，使联合运输的方式更有效率。联运可以提高运输效率，简化手续，方便货主，保证货物流通过程的畅通，它把分阶段的不同运输过程连接成一个单一的整体运输过程，不仅给托运人或货运人带来了方便，而且加速了运输过程，有利于降低成本，减少货运货差的发生，提高运输质量。因此，发展联合运输可以充分发展我国运输方式的优势，使之相互协调、配合，建立运输体系。

目前，大多数运输会涉及一种上述运输方式，物流管理者面临的挑战就是在整体物流系统的大框架下，完成各种运输模式的均衡。物流运输系统的目标是实现迅速、安全和低成本的运输，而运输时间和运输成本则是不同运输方式相互竞争的重要条件，运输时间与成本的变化必然带来所选择的运输方式的改变。目前企业对缩短运输时间、降低运输成本的要求越来越强烈，这主要是在当今经营环境较复杂、困难的情况下，只有不断降低各方面的成本，加快商品周转，才能提高企业的经营效率，实现竞争优势。缩短运输时间来降低运输成本是此消彼长的关系，这也是物流各项活动之间的“效益背反”的体现，所以选择运输方式时一定要有效地协调两者的关系。合理的物流过程，即从物流系统的总体目标出发，运用系统理论和系统工程的原理和方法，充分利用各种运输方式，选择合理的运输路线和运输工具，以最短的路径、最少的环节、最快的速度和最少的劳动消耗，组织好物质产品的运输活动。

物流管理者对以上几种基本运输方式进行优选、优化并做好相互之间的匹配，将有利于物流运输合理化，有利于做好物流系统决策。设计出合理的物流系统，精确地维持运输成本和服务质量之间的平衡，做好运输管理工作，是保证高质量物流服务的主要环节。

第三节 运输的合理化

一、运输合理化的含义

运输合理化是指从物流系统的总体目标出发，合理利用各种运输方式，选择合理的运输路线和运输工具，以最短的运输距离、最少的环节、最快的速度和最少的劳动消耗，完成货物的运输任务。

二、影响运输合理化的因素

影响运输合理化的因素很多，起决定作用的主要有五个方面：运输距离、运输环节、运输时间、运输工具和运输费用等。

(1)运输距离。运输过程中，运输时间、运输货损、运输费用、运输车辆周转等与运输有关的经济指标，都与运输距离有一定的比例关系，运输距离长短是运输是否合理的一个最基本因素。

(2)运输环节。增加运输环节不但会增加起运的运费和总运费，而且必然要增加运输的附属活动，如装卸、包装等，各项技术经济指标也会因此下降。所以，减少运输环节能促进合理运输。

(3)运输时间。运输时间的缩短有利于运输车辆的快速周转，能够充分发挥运力的作用，同时有利于加速资金的周转，也有利于运输线路通过能力的提高。

(4)运输工具。各种运输工具都有其特点和优势，只有根据不同的商品特点将各种运输工具合理搭配，选择最佳的运输工具和运输路线，才能发挥出各种运输工具的优势，降低运输成本。

(5)运输费用。运输费用在物流费用中占有很大比例，运费高低在很大程度上决定整个物流系统的竞争能力。实际上，运费的高低，无论对货主还是对物流企业都是运输合理化的一个重要标志，也是各种合理化措施是否行之有效的最终判断依据之一。

三、不合理运输的表现

物流不合理运输是指违反客观经济效果，违反商品合理流向，不能合理利用各种运力的运输。主要表现为以下几种形式。

(1)空驶现象是指返程或启程空驶，货车无货可装。在实际运输调度过程中，有时候必须调运空车，从管理上不能将其看成不合理运输。但是，因调运不当或货源计划不周而造成的空驶，是不合理运输的表现。

(2)对流运输亦称“相向运输”“交错运输”，在同一线路上或平行线路上进行相对方向的运送，而与对方运程的全部或一部分发生重叠交错的运输称对流运输。简单地说，就是指同一种货物，两地互相运输。

(3)倒流运输又称返流运输，是指物资从产地运往销地，然后又从销地运回产地的一种回流运输现象。

(4)迂回运输是指物资运输舍近求远绕道而行的现象。物流过程中的计划不同、组织不善或调运差错都容易出现迂回现象。

(5)重复运输是指某种物资本来可以从起运地一次直运到达目的地，但由于批发机构或商业仓库设置不当，或计划不周，人为地运到中途地点(例如中转仓库)卸下后，又二次装运的不合理现象。重复运输增加了一道中间装卸环节，增加了装卸搬运费用，延长了商品在途时间。

(6)就地或就近取得某种物资供应，却舍近求远从外地运来同种物资称为过远运输。除了资源分布和生产力分布决定的远距离运输外，凡是因管理组织工作不善、供销联系不妥而产生的长距离运输，均称为过远运输。

(7)运力选择不当是指未正确选择合适的运输工具而造成的不合理现象，常见的有以下几种形式：弃水走陆，铁路、大型船舶的过近运输，运输工具承载能力选择不当。

(8)托运方式选择不当是指本来可以选择整车运输却选择了零担，应该直达却选择了中转运输，应当中转却选择了直达运输等，造成运力浪费及费用支出加大的一种不合理运输。

上述各种不合理运输形式都是在特定的条件下表现出来的，在进行判断时必须注意不合理运输的前提条件，否则就容易出现判断失误。还有，对以上不合理运输的描述，主要是从微观方面观察得出的结论。在实践中，必须将其放到物流系统中做综合判断，否则，很可能出现“效益背反”现象。

四、运输合理化的途径

正如前文所述，事实上，造成不合理运输的原因有很多，既有企业运输组织的因素，如运输线路和运输工具选择不当等，又有宏观层面运输布局规划不合理的因素，如物流结点建设的滞后等。可见，合理化运输取决于主客观两个方面的因素，在现有的运输网络和平台条件下，通过合理调动、整合各种要素资源，还是能够推动运输走向合理化的。

(1)有效防止车辆空载。有效防止车辆空载的办法有：充分利用专业运输队伍，制订周密的运输计划；有效运用相关信息，如货源信息、道路交通状况信息、天气预报、同行业运输状况信息等；企业本身不宜过多地备专用车辆等。

(2)提高运输工具的实载率。实载率是指车辆实际载重与运距之乘积和标定载重与行驶里程之乘积的比率，这一指标既可以用在单车统计上，也可以用在车队的统计上，是判断装载合理与否的重要指标。通过配载运输来提高实载率的意义在于：充分利用运输工具的额定能力，减少车船空驶和不满载行驶的时间，减少浪费，从而求得运输的合理化。

(3)推进中短距离运输的“公铁分流”。这一措施的要点是在公路运输经济里程范围内，尽量利用公路运输的方式。一是缓解比较紧张的铁路运输压力；二是充分利用公路在中短途运输中速度快、灵活机动的优势，实现铁路运输难以达到的“门到门”服务。

(4)尽量发展“四就”直拨运输或直达运输。“四就”直拨运输是指由管理机构筹划，然后，就厂、就站(码头)、就库、就车(船)将货物分送给用户，而无须再入库，其目的是以最少的中转次数完成运输任务。而直达运输是指无须中转，一次性地将货物运抵目的地。如果条件允许，直达运输可以减少运输环节，提高运输速度，省去装卸费用，降低中转货损；直达运输有利于建立稳定的产销关系和运输系统，也有利于提高运输的计划水平。

(5)增加运输的科技含量。依靠科技进步是运输合理化的重要途径，例如，采用多式联合运输、一贯制托盘化运输、门到门运输、集装化运输等现代运输方式、发展智能化运输、全球卫星定位运输等特殊运输技术，使用滚装集装箱轮船、滚装汽车轮船、载驳船、水泥罐车、罐式集装箱、平板玻璃集装箱、台架式集装箱、带辊道卡车、带尾板升降机卡车、双层集装箱火车、翼形卡车等现代运输工具，积极开发和利用桶形物专用托盘、平板玻璃集装架、仓库笼、模块化包装等各种集装单元技术等。通过流通加工促使运输合理化。有不少产品，由于产品本身形态及特性问题很难实现运输的合理化。如果进行必要的流通加工，就可以在减少运输数量的同时提高运输的装载率。例如，将造纸材在产地预先加工成干纸浆，然后压缩体积运输，就能解决造纸材运输不能满载的问题。

(6)发展社会化的运输体系。发展社会化的运输体系是运输合理化的重要措施，通过各种联运体系的构筑，发展能够提供“一条龙”式专业化运输服务队伍，打破一家一户自成运输体系的状况，有效避免一家一户自行运输经常容易出现的空驶、运力选择不当、不能满载等浪费现象。目前在我国，铁路运输和海洋运输的社会化运输体系已经较为完善，而公路运输的社会化运输体系还有待于进一步完善。

(7)积极做好企业自身的物流计划。科学的物流计划是企业合理化组织运输的重要前提，因此，有必要将企业的原材料采购和产品销售等环节一并考虑，周密地进行运输系统设计，并根据企业的经营战略、销售政策决定企业的运输格局和运输网络，在此基础上统筹规划好企业的仓库、配送中心的布局，实现既能满足销售需要又能有效降低运输成本的目标。

课堂案例

家乐福中国及其运输策略

企业参与运输决策对于物流成本的控制、运输效率的高低都具有重要影响，有的放矢的运输决策往往能提高企业效益，也能在最短时间内完成客户需要的服务。因此，各类企业都极其注重对物流系统的运输决策，从最终效益的角度来说，“开源”与“节流”具有同样的意义，正确的决策节省的物流成本不见得比产品本身获利要少，而一个企业物流系统运输决策往往通过运输网络设计、运输方式选择、装卸及配送水平高低等方面实现。以下通过流通企业里的家乐福中国物流系统运输决策的案例，具体分析运输决策的各个方面。

成立于1959年的法国家乐福集团是大型超级市场概念的创始者，目前是欧洲第一、全球第二的跨国零售企业，也是全球国际化程度最高的零售企业。家乐福于1995年进入中国市场，最早在北京和上海开设了当时规模最大的大卖场。目前，家乐福在中国31个城市相继开设了86家商店，拥有员工4万多人。家乐福中国公司经营的商品95%来自本地，因此家乐福的供货很及时，这也是家乐福在中国的经营很成功的原因之一。家乐福实行的是“店长责任制”，给予各店长极大的权力，所以各个店之间并不受太多的制约，店长能灵活决定所管理的店内的货物来源和销售模式等。由于家乐福采用的是各生产商缴纳入场费，商品也主要由各零售商自己配送，家乐福中国总公司本身调配干涉力度不大，所以各分店能根据具体情况灵活决定货物配送情况，事实证明这样的做法目前很成功。

家乐福中国在网络设计方面主要体现为运输网络分散度高。一般流通企业都是自己建立仓库及配送中心，而家乐福的供应商直送模式决定了它的大量仓库及配送中心事实上都是由供应商自己解决的，由家乐福集中配送的货物占极少数。这样的经营模式不但可以节省大量的建设仓库和管理的费用，商品运送也较集中配送来说更方便，而且能及时供应商品或下架滞销商品，不仅对家乐福的销售有利，对供货商了解商品销售情况也是极有利的。在运输方式上，除了较少数需要进口或长途运送的货物使用集装箱挂车及大型货运卡车外，由于大量商品来自本地生产商，较多采用送货车。这些送货车中有一部分是家乐福租的车，绝大部分则是供应商自己长期为家乐福各店送货的车，家乐福自身需要车的数量不多，所以它并没有自己的运输车队，也省去了大量的运输费用，从另一方面提高了效益。

在配送方面，供应商直送的模式下，商品来自多条线路，而无论各供应商还是家乐福自己的车辆都采用了“轻重配载”的策略，有效利用了车辆的各级空间，使单位货物的运输成本得以降低，进而在价格上取得主动地位。而先进的信息管理系统也能让供应商在最短时间内掌握货架上其供销售的各种商品的货物数量以及每天的销售情况，补货和退货因此而变得很方便，也能让供应商与家乐福之间相互信任，并建立长期的合作关系。

五、制造企业、流通企业、第三方物流企业物流系统运输决策的比较

制造企业的运输决策主要体现在其原料来源和产品输出上，由于其产品的特定性，往往需要从某些固定区域运送，所以其网络设计大多采用少数大的集散地，将到达的原料运送至企业，并把成型的产品运送至各销售地；流通企业的货物仓库及配送中心一般较分散，而且数量较多，以便货物及时输送；第三方物流企业除了有自己固定的仓储配送中心外，还根据其长期提供服务的企业特点灵活安置一些仓库等，其分散度有较大的自由性。

在运输方式选择上，制造企业主要选择铁路或海运，因为这类企业的原料和商品运输都以大批量的长途运输为主，这样可以节省运输费用，而且对时效性和直达性的要求一般都不高；流通企业则少量采用集装箱运输、主要采用送货车，但是各个企业的送货车会因其经营方向的不同而有差异，但目的都是最大限度地为顾客提供便利；第三方物流企业的运输比较多元化，根据其承接的工作不同可能采取公路、铁路、海运等多种运输方式，或者其中几种相结合的联合运输等，某些时候也需要"门到门"的运输。

一般情况下，制造企业相比流通企业和第三方物流对配送的要求较低，商品也比较单一，以满足原料输入和产品输出为原则；流通企业和第三方物流对配送有较高的要求，其配送中心的工作也比较复杂，流通企业的配送中心有时候还被当作销售中心，而第三方物流为了协调各种商品需要使配送工作达到最优化，在配送时也考虑较多的其他因素以适应合约企业的要求。

总体来说，不管哪种类型的企业，无论企业规模的大小，其运输决策的出发点都是最大限度为企业节支增收，而运输决策也必将在企业运营中扮演着越来越重要的角色。

本章小结

运输，是指用运输设备将物品从一地点向另一地点运送。其中包括集货、分配、搬运、中转、装入、卸下、分散等一系列操作。在物流的各项业务活动中，运输的作用非常关键，物流过程中的其他各项活动，如包装、装卸搬运、物流信息传播等，都是围绕着运输进行的。

运输的作用：运输是物流的主要功能要素之一；运输是社会物质生产的必要条件之一；运输可以创造"场所效用"；运输是"第三个利润源泉"的主要环节。

运输管理中的基本原理是规模经济和距离经济。

产品从生产所在地向消费所在地的物理性转移，是通过不同的运输方式实现的。在物流中采用的运输方式有很多种，因而运输方式有多种分类方法。目前，我国有五种基本的运输方式：铁路运输、公路运输、水路运输、管道运输和航空运输。

在选择运输方式时，我们应综合考虑不同运输方式的优缺点，再根据运送货物的特点进行决策。

运输合理化是指从物流系统的总体目标出发，合理利用各种运输方式，选择合理的运输路线和运输工具，以最短的运输距离、最少的环节、最快的速度和最少的劳动消耗，完成货物的运输任务。影响运输合理化的因素很多，起决定作用的主要有五个方面：运输距离、运输环节、运输时间、运输工具和运输费用。

复习思考题

1. 简述物流运输的作用。

2. 简述常见的运输方式有哪些。
3. 各种运输方式的优缺点有哪些?
4. 简述不合理的运输方式有哪些。
5. 简述影响运输合理化的因素有哪些。
6. 可以通过哪些途径实现运输合理化?

案例分析

沃尔玛降低运输成本的学问

沃尔玛公司是世界上最大的商业零售企业，在物流运营过程中，尽可能地降低成本是其经营的哲学。沃尔玛有时采用空运，有时采用船运，还有一些货物采用的是货车公路运输。在中国，沃尔玛百分之百地采用公路运输，所以如何降低货车运输成本，是沃尔玛物流管理面临的一个重要问题，为此主要采取了以下措施：

(1)沃尔玛使用一种尽可能大的货车，大约有16米加长的货柜，比集装箱运输货车更长或更高。沃尔玛把货车装得非常满，产品从车厢的底部一直装到最高，这样非常有助于节约成本。

(2)沃尔玛的车辆都是自有的，货车驾驶人也是沃尔玛的员工。沃尔玛的车队大约有5 000名非驾驶人员工，还有3 700多名货车驾驶人，车队每周每一次运输可以达7 000～8 000千米。

沃尔玛知道，货车运输是比较危险的，有可能会出交通事故。因此，对于运输车队来说，保证安全是节约成本最重要的环节。沃尔玛的口号是“安全第一，礼貌第一”，而不是“速度第一”。在运输过程中，货车驾驶人都非常遵守交通规则。沃尔玛定期在公路上对运输车队进行调查，货车上面都带有公司的号码，如果看到驾驶人违章驾驶，调查人员就可以根据车上的号码报告，以便进行惩处。沃尔玛认为，货车不出事故，就是节省公司的费用，就是最大限度地降低物流成本。由于狠抓了安全驾驶，运输车队已经创造了300万千米无事故的纪录。

(3)沃尔玛采用全球定位系统对车辆进行定位，因此在任何时候，调度中心都可以知道这些车辆在什么地方，距离商店有多远，还需要多长时间才能运到商店，这种估算可以精确到小时。沃尔玛知道货车在哪里，产品在哪里，就可以提高整个物流系统的效率，有助于降低成本。

(4)沃尔玛连锁商场的物流部门24小时工作，无论白天或晚上，都能为货车及时卸货。另外，沃尔玛的运输车队利用夜间进行从出发地到目的地的运输，从而做到了当日下午进行集货，夜间进行异地运输，次日上午即可送货上门，保证在15～18小时内完成整个运输过程，这是沃尔玛在速度上取得优势的重要措施。

(5)沃尔玛的货车把产品运到商场后，商场可以把它整个卸下来，而不用对每个产品逐个进行检查，这样就可以节省很多时间和精力，加快了沃尔玛物流的循环过程，从而降低了成本。这里有一个非常重要的先决条件，就是沃尔玛的物流系统能够确保商场所得到的产品是与发货单完全一致的产品。

(6)沃尔玛的运输成本比供货厂商自己运输产品要低，所以厂商也使用沃尔玛的货车来运输货物，从而做到了把产品从工厂直接运送到商场，大大节省了产品流通过程中的仓储成本和转运成本。

沃尔玛的集中配送中心把上述措施有机地组合在一起，做出了一个最经济合理的安排，从而使沃尔玛的运输车队能以最低的成本高效率地运行。当然，这些措施的背后包含了许多艰辛和汗水，相信我国的本土企业也能从中得到启发，创造出沃尔玛式的奇迹。

思考

1. 沃尔玛是如何降低自身的物流成本的?
2. 沃尔玛是怎样提高客户服务水平的?

第八章

配送管理与客户服务

学习要点及目标

配送作为物流的一个缩影，从整个物流活动来看，几乎包括所有的功能要素。通过本章节的学习，学生能够做到以下几点。

(1)全面理解配送和配送中心的概念和意义。

(2)理解配送和物流之间的关系。

(3)了解配送的特点和类型。

(4)明确如何对配送进行合理化管理。

(5)认识并描述配送的形式和流程。

(5)了解配送现状、存在的问题及解决的方法。

引导案例

我国配送的发展历程

中华人民共和国成立前，我国低水平送货有长期的历史。1949 年后至 20 世纪 60 年代，我国建立了物资供应档案，按需适时配车送货，包括所谓的“货担郎”“背篓商店”。20 世纪 60 年代中期，我国提出的“指标到局，供应到厂”方式是配送的萌芽时期。20 世纪 70 年代后半期，配送方式有了新发展，如江西横峰县物资局开展的摸清用户设备、产品、生产消耗定额和急需程度等情况的“五清楚”活动，包头物资局推行送发货单、送货、服务的“三上门”供应方式，都使配送方式有了进一步的发展。20 世纪 80 年代至今，配送有了较大发展，出现了专门的物流企业、配送公司，如中远国际货运有限公司；还出现了物流网站，如中国物流网。这些都预示着中国的物流配送业将越来越发达。

但我国的配送与发达国家的配送仍有较大差距，全国范围内的配送体系尚未建立，条块分割的状态仍然存在，因此我国的配送业还有很长的路要走。

第一节 配送概述

一、配送的内涵

配送是物流中一种特殊的、综合的形式。是商流和物流的紧密结合，不仅包含了商流活动和物流活动，还包括了物流中若干功能要素。

国家标准《物流术语》(GB/T 18354—2006)将配送定义为：在经济合理区域范围内，根据客户要求，对物品进行拣选、加工、包装、分割、组配等作业，并按时送达指定地点的物流活动。

针对配送的内涵，可以从三个层面去挖掘。第一，配送提供的是物流服务。第二，配送是“配”与“送”的物流活动，利用有效的分拣、配货等理货工作，使送货达到一定的规模，取得较低的送货成本。在配送中，“配”这个字是核心，它决定配送服务水平，“送”这个字是配送的外在表现，两者相互配合。第三，配送是在经济合理区域范围内的“配”与“送”结合的物流活动。第四，配送是一种有目的的活动，配送是有计划、有目的、复杂的活动流程，利用非常明确的组织、技术、路线、设施、渠道等一系列完整的体系进行服务。

这四个层面归集为一点，即配送在小范围而非大范围内实施，以“配”与“送”的方式最终满足客户对物流服务的需求。

二、配送的特点

配送活动具有自己的特征，配送的特点主要体现在以下几方面。

(一)配送是从物流据点至需求顾客的一种特殊的“中转型”送货形式

配送的表现形式虽然是向顾客送货，但和一般送货有区别：一般送货是企业生产什么就送什么，而配送是依据顾客要求送货；一般送货，尤其是工厂至顾客的送货往往是直达型送货，配送要做到顾客需要什么送什么，就必须在一定的中转环节筹集这种需要，从而使配送必然以中转形式出现。

(二)配送是一种门到门的以用户需求为主的一种服务形式

配送是按照顾客订货的要求，以供给者送货到户的服务方式，将货物从物流节点送到顾客指定的交货地点，如顾客仓库、营业所、车间等。强调了顾客的绝对主导地位，即完全地按照用户的需要进行运送，并且配送要开展组织物资订货、签约、进货、分拣、包装、配装等及时对物资进行分配、供应和处理的活动。因此，从其服务方式来看，配送是一种门到门的以用户需求为主的一种服务形式。

(三)配送活动有效地联结了物流与商流

配送是重要的物流手段，是重要的商流形式，配送将销售与供应有机地结合起来，使物流与商流一体化。成功的配送活动一般具备以下重要功能。

(1)准确而又稳定的配送活动可以保证供给的同时，最大限度地降低生产企业或流通企业的商品库存量，从而降低销售总成本。

(2)集中而高效的配送活动可以在简化流通程序、缩短流通渠道的同时，提高物流系统本身的效率及服务水平，这是赢得消费者的有效手段。

(3)合理而顺畅的配送活动，可以提高车辆的利用率，节约能源，降低成本，减少交通拥挤和城市污染，与此同时也可以降低物流系统的单体成本。

三、配送的意义与作用

配送是物流的基本功能之一，也是体现物流服务水平差异的重要环节和区分物流服务质量优劣的一个窗口。在激烈的市场竞争中，配送服务质量直接影响货物的市场需求量和市场占有率。送货时间越短，则顾客期望值越高，市场需求量也越高，反之越低；送货时间越短，市场占有率越高，反之越低。

配送的意义和作用体现在以下几个方面。

(一)完善物流系统及提高末端物流经济效益

社会经济的发展促进了新技术、新设施、新设备、新手段的开发与应用，具体表现在物流业的干线运输上。占运输量较大比例的铁路运输、海上运输或公路运输等方面都达到了较高的水平，从而使大宗货物的运输基本上实现了低成本化。而采用配送方式将支线运输及小搬运统一起来，又使此环节具有灵活性、适应性、服务性，并使输送过程得到前所未有的优化和改善。配送通过将用户所需的各种商品配备好，集中起来向用户发货，或将多个用户的小批量商品集中起来进行一次发货等方式，提高了末端物流的经济效益。

(二)集中库存使企业实现低库存或零库存

由于配送中心可以实现较高水平的配送，生产企业凭借配送中心的准时配送而不再需要保持自己的库存或者只需保持少量保险储备，这样基本上可实现生产企业“零库存”，同时也为生产企业节省大量储备资金，从而改善企业的财务状况。通过配送中心实现集中库存，库存总量远低于由于各企业分散库存而出现的库存总量，从而加强了调节能力，提高了社会经济效益。集中库存利用规模优势使单位存货成本下降。

(三)方便用户，简化步骤

通过实施科学的配送，用户只需向一处订购，就可订购到没有开展配送前需要去许多地方才能订到的所有货物，既减轻了用户订购的工作量，又节省了企业的相应开支。配送中心比任何单独企业的储备量都大，对每一个企业来说，由于缺货而影响生产的风险便相对降低。

(四)提高供应保证程度

生产企业由于资金的制约，很难在保持库存的情况下维持生产，所以，供应保证程度很难提高；而采用配送的模式，由于配送中心可以比企业的储备量更大，所以对于企业来说，中断供应、影响生产的风险会相对缩小，从而提高企业的供应保证程度。

第二节 配送模式及其条件

不同企业由于行业环境、战略定位、企业规模、核心能力等方面的差异，在进行企业物流配送时，可能独自建立配送中心实现自营配送；也可能集中精力于企业的核心业务，而将非核心业务的物流配送业务外包出去，实施外包型配送；也可以与其他企业联合，各取所长，整合资源实施共同配送。

一、配送模式

(一)自营型配送模式

自营配送模式是指企业物流配送的各个环节由企业自身筹建并组织管理，实现对企业内部及外部货物配送的模式。这种模式有利于提高企业供应、生产和销售的一体化作业系统化程度，既可满足企业内部原材料、半成品及成品的配送需要，又可满足企业对外进行市场拓展的需求。其不足之处表现在，企业为建立配送体系，投资规模将会大大增加，在企业配送规模较小时，配送的成本和费用也相对较高。

一般而言，采取自营性配送模式的企业大都是规模较大的集团公司。有代表性的是连锁企业的配送，它们基本上都是通过组建自己的配送系统来完成企业的配送业务，包括对内部各场、店的配送和对企业外部顾客的配送。

(二)外包型配送模式

外包型配送模式指由物流劳务的供方、需方之外的第三方去完成物流服务的物流运作方式。第三方就是指为物流交易双方提供部分或全部物流功能的外部服务提供者，是物流专业化的一种形式。企业不拥有自己的任何物流实体，将商品采购、储存和配送都交由第三方完成。

这种模式的配送，还表现为在用户之间交流供应信息，从而起到调剂余缺、合理利用资源的作用。就目前来说，超市一般是这样运作的，它们租用批发、储运等企业的库房，作为存储商品场所，并将其中的一部分改造为办公场所，设置自己的业务代表机构，并配置内部的信息处理系统与从事配送的企业进行协调。通过这种现场办公式的决策组织，超市在该区域的业务代表控制着信息处理和决策权，独立组织营销、配送业务活动。提供场所的配送业务经营企业，只是在超市这种派驻机构的指示下，提供相应的配送服务，收取服务费。

(三)共同配送模式

共同配送也称共享第三方物流服务，指多个客户联合起来共同由一个第三方物流服务公司来提供配送服务。它是在配送中心的统一计划、统一调度下展开的。共同配送是由多个企业联合组织实施的配送活动。共同配送的本质是通过作业活动的规模化降低作业成本，提高物流资源的利用效率。

二、开展配送的必备条件

(一)资源保障

货物配送是根据配送协议按照多个用户的不同要求进行的。用户对货物的品种、数量、规格及送达时间都有要求，如果货源得不到保障，就会无货可配，进而无货可送，这样不仅会影响用户的生产，甚至会造成停工待料(或脱销)，给用户造成难以弥补的经济损失。所以承担货物配送功能的流通企业，必须多渠道取得稳定的货源，以满足用户的要求。

(二)资金保障

货物配送对于资金的要求非常高，在运作过程中绝不能缺少资金。在商品交换过程中，买方只有支付货币才能取得物资。流通企业为了保证配送的顺利进行，必须建立一定的物资储备，保证足够的库存。只有获得这部分储备必需的资金，物资储备才能得到保障。所以物流企业必须从多方面以多种形式筹措资金，以保证配送活动的顺利进行。

(三)配送和设备齐全

配送是一种综合物流活动，它包含了对物品进行的拣选、加工、包装、分割、组配等作业，需要配备先进的物流设施和设备，这是保证配送顺利进行的基本物质技术条件。配送作业一般在配送中心或仓库中进行，为保证配送作业活动的顺利进行，不仅需要足够的场地和各种仓库建筑物作为保证，同时要配备计量、检验、保管、流通加工、分拣、装卸搬运、运输、信息处理等设备，特别是对运输设备的车型、载重量、载重总吨位等方面有更高的要求。

(四)信息系统支撑

货物配送活动与信息紧密相连，配送中心必须随时掌握市场供求情况，进行物资资源和用户需求预测，编制配送计划，进行订货、进货、存货、配货等信息处理，从而对经济活动、配送计划执行情况进行相应分析，并合理确定配送范围，合理选择配送路径等。这些信息的收集和处理都应通过计算机信息系统来实现。

(五)员工素质

实施货物配送，除了上述条件外，人员的配备也是非常重要的。资源需要人去组织，资金需要人去筹措，物流技术装备需要人去配备和使用，配送信息系统也需要人去建立和开发。配送不仅对配送人员的数量和构成有一定的要求，而且对人员的思想品德素质、技术素质、管理素质和文化素质等都有较高的要求。只有配备一支结构合理、素质较高的职工队伍，才能进行高质量的配送。

第三节 配送的类别

在长期的发展过程中，为了满足不同产品、不同企业、不同流通环境、不同客户的要求，国内外创造出了不同形式的配送。各种配送形式都有自己的优势，但也有一定的局限性。

一、按实施配送的结点不同分类

(一)配送中心配送

配送中心配送，指的是组织者是专职配送的配送中心且规模较大。它有不同的组织方式：有的是依靠配送中心储存各种商品并进行配送，因而储存量比较大；也有的配送中心专职配送，储存量较小，其货源靠附近的仓库补充。

配送中心专业性强，和用户有固定的配送关系，一般实行计划配送，需配送的商品有一定的库存量，一般情况下很少超越自己的经营范围。配送中心的设施及工艺流程是根据配送需要专门设计的，所以配送能力强，配送覆盖区域较大，配送品种多，配送数量大。它可以承担连锁商业的配送以及工业生产所需主要物资的配送，还可以向配送商店实行供货性配送等。

从实施配送较为普遍的国家看，配送中心配送是配送的主体形式，不但在数量上占有主要部分，而且是某些小配送单位的总据点，因而发展较快。

配送中心配送覆盖面较宽，属于大规模配送形式，因此必须有一套配套的大规模实施配送的设施，如配送中心建筑、车辆、路线等，这些一旦建成便很难改变，灵活机动性较差，投资较高。因此，这种配送形式有一定的局限性。

(二)仓库配送

仓库配送是以一般仓库为据点进行配送的形式。它可以由仓库完全改造成配送中心，也可以在保持仓库原功能不变的前提下，增加一部分配送职能。由于不是专门按配送中心的要求设计和建立的，所以仓库配送规模较小，配送的专业化较差，但可以利用原仓库的储存设施及能力、收发货场地、交通运输线路等，所以是开展中等规模的配送可选择的配送形式，也是较为容易利用现有条件而不需大量投资且启动较快的形式。

(三)商店配送

商店配送的组织者是商业的门市网点，这些网点主要承担商品的零售业务，规模一般不大，但经营品种较齐全。除日常零售业务外，还可根据用户的要求将商店经营的品种配齐，或代用户外订、外购一部分本商店平时不经营的商品与商店经营的品种一起配齐送给用户。这种配送组织者实力有限，往往只是小量、零星商品的配送。对于用户而言，由于需用量不大，有些商品只是偶尔需要，很难与大配送中心建立计划配送关系，所以利用小零售网点从事此项工作。

商业零售网点数量较多，配送半径较短，比较灵活机动，可承担生产企业非主要生产物资的配送及对消费者个人的配送。这种配送是配送中心配送的辅助及补充，它有以下两种形式。

(1)兼营配送形式。商店在进行一般销售的同时兼有配送的职能。商店的备货可用于日常销售及配送，因此有较强的机动性，可以将日常销售与配送相结合，作为互相补充的方式。这种形式的好处是，在一定铺面条件下可取得更多的销售额。

(2)专营配送形式。商店不进行零售销售而专门进行配送。如果商店位置条件不好，不适于门市销售，但是又有某方面的经营优势及渠道优势，则可采取这种方式。

(四)生产企业配送

生产企业配送的组织者是生产企业，尤其是进行多品种生产的生产企业，可以直接由本企业进行配送而无需将产品发运到配送中心再进行配送。生产企业配送由于避免了一次物流中转，所以有一定优势。但是生产企业，尤其是现代生产企业，往往是进行大批量低成本生产，品种较单一，因而没有配送中心依靠产品凑整运输的优势，实际上，生产企业配送不是配送的主体。

生产企业配送在地方性较强的生产企业中应用较多，如就地生产就地消费的食品、啤酒、饮料、百货等；在生产资料方面，某些不适于中转的化工产品及地方建材也采取这种方式。

二、按商品的种类及数量不同分类

(一)单(少)品种大批量配送

工业企业需要量较大的商品，单独一个品种或几个品种就可达到较大输送量的，可实行整车运输，这种商品往往不需要再与其他商品搭配，可由专业性很强的配送中心配送。由于配送量大，可使车辆满载并使用大吨位车辆，配送中心内部设置、组织、计划等工作也较简单，因此配送成本较低。但是，如果生产企业直接将这种商品运抵用户，同时又不致使用户库存效益下降时，采用直送方式往往有更好的效果。

(二)多品种、少批量配送

多品种、少批量配送是按用户要求，将所需的各种物品(每种需要量不大)配备齐全，凑整装车后由配送据点送达用户。这种配送作业水平要求高，配送中心设备复杂，配货送货计划难度大，要依靠高水平的组织工作的保证和配合。在配送方式中，这是一种高水平、高技术的方式。

配送的特殊作用主要反映在多品种、少批量的配送中，这种方式也正符合现代“消费多样化”“需求多样化”的新观念，所以，它是许多发达国家推崇的方式。多品种、少批量配送往往伴随多用户、多批次的特点，其配送频度往往较高。

(三)配套成套配送

配套成套配送是指按企业的生产需要，尤其是装配型企业的生产需要，将生产每一台(件)所需的全部零部件配齐，按生产节奏定时送达生产企业，从而使生产企业随即可将此成套零部件送入生产线以装配产品。在这种配送方式下，配送企业承担了生产企业的大部分供应工作，使生产企业专注于生产，其效果与多品种、少批量配送的效果相同。

三、按配送的时间及数量不同分类

(一)定时配送

定时配送是按规定的时间间隔进行配送，如数天或数小时进行一次，每次配送的品种及数量可按计划执行，也可在配送之前以商定的联络方式(如电话、计算机终端输入等)通知。这种方式由于时间固定，易于安排工作计划，易于计划使用车辆，对用户来讲，也易于安排接货力量(如人员、设备等)。但是，由于配送物品种类经常处于变化中，配货、装货难度较大，所以在配送数量变化较大时，也会使配送运力的安排出现困难。

定时配送有以下两种具体形式。

(1)日配(当日配送)。日配是定时配送中施行较广泛的方式，尤其是城市内的配送，日配占有较大的比例。日配的时间要求大体上是上午的配送订货下午可送达，下午的配送订货第二天早上送达，送达时间在订货的 24 小时之内。或者是用户下午的需要保证上午送到，上午的需要保证前一天下午送到，在实际投入使用前 24 小时之内送达。日配方式广泛而稳定开展可使用户基本上无需保持库存，不以传统库存作为生产或销售经营的保证，而以配送的日配方式实现这一保证。

日配方式对下述情况特别适合：消费者追求新鲜的多种食品，如水果、点心、肉类、蛋类、菜蔬等；用户是多个小型商店，追求周转快；用户由于条件限制，不可能保持较长时期的库存，如已采用零库存方式的生产企业，“黄金宝地”位置的商店以及缺乏储存设施(如冷冻设施)的用户；临时出现的需求。

(2)准时看板方式。这是使配送供货与生产企业的生产保持同步的一种方式。这种方式比日配方式和一般定时方式更为精细准确，配送每天至少一次，甚至几次，以保证企业生产的不间断。

准时看板方式追求的是供货时间恰好是用户生产之时，从而货物不需在用户仓库中停留，而可直接运往生产场地，和日配方式比较，连“暂存”也可取消，可以绝对实现零库存。

准时看板方式需要由高水平的配送系统实施，由于要求有迅速反应的能力，所以不大可能对多用户进行周密的共同配送计划，即使时间要求可以不那么精确，也难以集中多个用户的需求实行共同配送。准时看板方式非常适合装配型重复大量生产的用户，这种用户所需配送的物资是重复、大量且无大变化的，因而往往是一对一的配送。

(二)定量配送

定量配送是按规定的批量在一个指定的时间范围内进行配送。这种方式数量固定，备货工作较为简单，可以按托盘、集装箱及车辆的装载能力规定配送数量，能有效利用托盘、集装箱等集装方式，也可做到整车配送，其配送效率较高。由于时间无严格限定，可以将不同用户所需物品凑整车后配送，所以运力利用率较高。对用户来讲，每次接货时处理同等数量的货物，有利于进行人力、物力的准备。

(三)定时定量配送

定时定量配送是按照规定的配送时间和配送数量进行配送。这种方式兼有定时、定量两种方式的优点，但特殊性强，计划难度大，适合采用的对象不多，不是一种普遍的方式。

(四)定时、定路线配送

定时、定路线配送是指在规定的运行路线上制定到达时间表，按运行时间表进行配送，用户可按规定路线和规定时间接货及提出配送要求。

采用定时、定路线配送方式有利于安排车辆及驾驶人员。在配送用户较多的地区，也可免去由过分复杂的配送要求所造成的配送组织工作及车辆安排的困难。对用户来讲，不但可以对路线、时间进行选择，又可有计划地安排接货力量。但这种方式应用范围也是有限的，对用户的选择性较强，不是所有用户都能利用这种方式。

(五)即时配送

即完全按用户突然提出的时间和数量要求进行配送的方式。这是一种高灵活性的应急方式，采用这种方式配送的品种可以实现保险储备的零库存，用即时配送代替保险储备。

四、按经营类型的不同分类

(一)销售配送

销售配送是指配送企业是销售型企业，或销售型企业作为销售战略的一方所进行的促销型配送。这种配送的对象往往是不固定的，用户也往往是不固定的，配送对象和用户依据对市场的占有情况而定，配送的经营状况也取决于市场状况，配送随机性较强而计划性较差。各种类型的商店配送一般多属于销售配送。

用配送方式进行销售是扩大销售数量、扩大市场占有率以及获得更多销售收益的重要方式。由于是在送货服务前提下进行的活动，所以也受到用户的欢迎。

(二)供应配送

供应配送是用户为了满足自己的供应需要而采取的配送形式，往往由用户或用户集团组建配送据点，集中组织大批量进货(取得批量优惠)，然后向本企业配送或向本企业集团的若干企业配送。这种以配送的形式组织本企业的供应方式，在大型企业或企业集团以及联合公司中采用较多，例如，商业中广泛采用的连锁商店常常采用这种供应配送的方式。

用配送形式组织供应，是保证供应水平、提高供应能力及降低供应成本的重要方式。

(三)销售一供应一体化配送

销售一供应一体化配送是指销售企业对于基本固定的用户和基本确定的配送产品，可以在自己销售的同时承担用户有计划供应者的职能，既是销售者同时又成为用户的供应代理人。

销售一供应一体化配送对销售者来讲，能获得稳定的用户和销售渠道，有利于本身的稳定持续发展，还有利于扩大销售数量。对于用户来讲，能获得稳定的供应，可大大节约本身为组织供应所耗用的人力、物力、财力，销售者能有效控制进货渠道，这是任何企业供应机构难以做到的，因而可大大提高供应的保证程度。

销售一供应一体化的配送是配送经营中的重要形式，这种形式有利于形成稳定的供需关系(如供应链关系)，有利于采取先进的计划手段和技术手段，有利于保持流通渠道的畅通稳定，因而受到人们的关注。

(四)代存代供配送

代存代供配送是指用户将属于自己的货物委托配送企业代存代供，有时还委托代订，然后再组织对本身的配送。这种配送在实施时不发生商品所有权的转移，配送企业只是用户的委托代理人，商品所有权在配送前后都属于用户所有，所发生的仅是商品物理位置的转移。配送企业仅从代存代供中获取配送收益，而不能获得商品销售的经营性收益。

(五)越库配送

越库配送是指由配送企业组织，不通过配送中心实施配送，而由货源所在地直接对用户进行的配送。这种配送方式越过了配送中心的一级仓库，所以被称为越库配送。对于配送企业来讲，采取越库配送方式有三个好处：一是无需进入配送中心的仓库，因此可以节约一大笔费用；二是减少了配送中心收、存、发的烦琐手续；三是将货源直接和用户连接，不但减少了物流时间，而且可以使用户及时获得新鲜的货物，也会得到用户的认同。

越库配送是在有效的情报支持和卖方市场两个前提下才有可能实施的配送方式。这两个前提，一个提供了信息的保障，另一个提供了资源的保障。

在信息非常发达的情况下，越库配送可以大规模地实施，而配送中心则带有一定的虚拟性，甚至在一定范围内成为“虚拟配送中心”。

五、按加工程度的不同分类

(一)加工配送

加工配送是和流通加工结合的配送。在配送据点中设置流通加工环节或是流通加工中心与配送中心建立在一起，就能够实现这一结合。当社会上现成产品不能满足用户需要，或是用户根据本身的工艺要求需要使用经过某种初加工的产品时，可以加工后再进行分拣、配货，然后送货到户。

流通加工和配送结合使流通加工更有针对性，减少了盲目性。配送企业不但可以依靠送货服务、销售经营取得收益，还可通过加工增值取得收益。

(二)集疏配送

集疏配送是只改变产品数量组成形态而不改变产品本身物理、化学形态且与干线运输相配合的配送方式。如大批量进货后小批量、多批次发货，零星集货后以一定批量送货等。

六、按配送企业专业化程度的不同分类

(一)综合配送

综合配送是指由于配送商品种类较多，而将不同专业领域的产品在一个配送网点中组织对用户进行配送。这一类配送由于综合性较强，故称之为综合配送。

综合配送可减少用户为组织所需全部物资进货的负担，只需和少数配送企业联系便可解决多种配送需求，因此，它是一种服务性较强的配送形式。综合配送的局限性在于，由于产品性能、形状差别很大，所以在组织时技术难度较大。因此，一般只是在性状相同或相近的不同类产品中实行综合配送，差别过大的产品难以综合化。

(二)专业配送

专业配送是按产品的性状不同而适当划分专业领域的配送方式。专业配送并非越细分越好，实际上，它在同一性状而类别不同的产品方面也有一定综合性。

专业配送的主要优势是：可按专业的共同要求优化配送设施，优选配送机械及配送车辆，制订适用性强的工艺流程，从而大大提高配送各环节工作的效率。现在已形成的专业配送形式主要有以下若干种。

(1)中、小件杂货配送。中、小件杂货包括：各种百货、小机电产品、轴承、工具、标准件、中小零件、中小包装的化工产品、中小包装的建材产品、书籍、仪器仪表、电工器材等。这种配送大部分是按标准规格包装的不同类别的中、小产品的配送，由于其包括的领域较广，也可看成是一种综合性配送，并且是当前开展较广泛的一种配送类型。

(2)金属材料的配送。它包括各种金属材料及金属制品。

(3)燃料煤的配送。它包括各种煤炭和煤制品。

(4)水泥的配送。它包括各种包装形式的水泥。

(5)燃料油的配送。它包括各种燃油成品。

(6)木材的配送。它包括原木及加工木。

(7)平板玻璃的配送。它包括各种规格的平板玻璃及制品。

(8)化工产品的配送。它包括各种液体及固体化工产品。

(9)生鲜食品的配送。它包括各种保质期较短的食品。

(10)家具及家庭用具的配送。它包括各种家具及家用大件用具。

第四节 配送的合理化

一、配送合理化的标志

（一）库存标志

库存是判断配送是否合理的重要标志，具体指标有以下两种。

(1)库存总量。在一个配送系统中，库存从分散的各个用户转移给配送中心，配送中心库存数量加上各用户在实行配送后库存量之和的总量应低于实行配送前各用户库存量之和。此外，从各个用户角度判断，比较各用户在实行配送前后的库存量也是判断配送是否合理的标准，某个用户库存量上升而总量下降也属于一种不合理。

库存总量是一个动态的量，上述比较应当是在一定经营量前提下进行的。在用户的生产有所发展之后，库存总量的上升反映了经营的发展，必须扣除这一因素才能对总量上升作出正确判断。

(2)库存周转。由于配送企业的调剂作用能够以低库存保持高的供应能力，因此其库存周转一般总是快于原来各企业的库存周转。

以上库存标志都以库存储备资金计算，而不以实际物资数量计算。

（二）资金标志

实行配送应有利于降低资金占用，提高其科学化的运用水平。具体判断标志有以下几种。

(1)资金总量。资源筹措所占用流动资金的总量，随储备总量的下降及供应方式的改变必然有一个较大程度的降低。

(2)资金周转。从资金运用来讲，由于整个节奏加快，资金充分发挥作用，同样数量的资金过去需要较长时期才能满足一定供应要求，而配送之后在较短时期内就能达此目的，所以资金周转是否加快是衡量配送是否合理的标志。

(3)资金投向的改变。资金分散投入还是集中投入是资金调控能力的重要反映。实行配送后，资金必然应当从分散投入改为集中投入，以增加调控作用。

（三）供应保证标志

实行配送，各用户的最大担心是供应保证程度降低，这是心态问题，也是要承担风险的实际问题。配送很重要的一点是必须提高而不是降低对用户的供应保证能力，这样才算实现了合理配送。供应保证能力可以从以下几个方面判断。

(1)缺货次数。实行配送后，对各用户来讲，该到货而未到货以致影响用户生产及经营的次数必须下降才算合理。

(2)配送企业集中库存量。对每一个用户来讲，其库存数量所形成的保证供应能力必须高于配送前单个企业的保证程度才算合理。

(3)即时配送的能力及速度是用户出现特殊情况的特殊供应保障方式，这一能力必须高于未实行配送前用户紧急进货的能力及速度才算合理。

配送企业的供应保障能力是一个科学合理的概念，而不是无限的概念。具体来讲，如果供应保障能力过高而超过了实际的需要，则它属于不合理。所以追求供应保障能力的合理化也是有限度的。

(四)成本效益标志

总效益、宏观效益、微观效益、资源筹措成本等都是判断配送合理化的重要标志。对于不同的配送方式，可以有不同的判断侧重点。例如，配送企业、用户都是各自独立的以利润为中心的企业，则不但要看配送的总效益，而且还要看对社会的宏观效益及两个企业的微观效益，不顾及任何一方都必然出现不合理。又例如，如果配送是由用户集团自己组织的，配送主要强调保证能力和服务性，那么，效益主要从总效益、宏观效益和用户集团企业的微观效益来判断，不必过多顾及配送企业的微观效益。

由于总效益及宏观效益难以计量，在实际判断时，常按国家政策进行经营，以完成国家税收和配送企业及用户的微观效益来判断。对于配送企业而言(投入确定的情况下)，企业的利润反映了配送合理化程度；对于用户企业而言，在保证供应水平或提高供应水平(产出一定)的前提下，供应成本的降低反映了配送的合理化程度。成本及效益对合理化的衡量还可以具体到储存、运输具体配送环节，以使判断更为精细。

(五)用户企业仓库、供应、进货人力和物力节约标志

配送的重要观念是以配送代劳用户。因此，实行配送后，以各用户库存量、仓库面积、仓库管理人员的减少为合理；以用于订货、接货、搞供应的人员的减少为合理。只有真正解除用户的后顾之忧，配送才能达到合理的程度，因此可以说是客户物流合理化的标志。

(六)社会运力节约标志

末端运输是目前运能、运力使用不合理，浪费较大的领域，因而人们寄希望于配送解决这个问题。这也成了配送合理化的重要标志。

运力使用的合理化是依靠送货运力的规划和整个配送系统的合理流程及与社会运输系统合理衔接实现的。送货运力的规划是任何配送中心都需要花力气解决的问题，而其他问题又有赖于配送及物流系统的合理化，因此判断起来比较复杂。但可以简化为以下判断标准：①社会车辆总数减少，而承运量增加为合理；②社会车辆空驶减少为合理；③一家一户自提自运减少，社会化运输增加为合理。

(七)物流合理化标志

配送必须有利于物流合理化。这可以从七个方面判断：①是否降低了物流费用；②是否减少了物流损失；③是否加快了物流速度；④是否发挥了各种物流方式的最优效果；

⑤是否有效衔接了干线运输和末端运输；⑥是否不增加实际的物流中转次数；⑦是否采用了先进的技术手段。物流合理化的问题是配送要解决的大问题，也是衡量配送本身的重要标志。

二、配送不合理的表现

（一）资源筹措不合理

配送是通过筹措资源的规模效益来降低资源筹措成本的，如果不是集中多个用户的需要进行批量筹措资源，则会增加配送企业的代筹代办费。资源筹措不合理还表现在配送量计划不准、资源筹措过多或过少以及资源筹措时不考虑与资源供应者之间建立长期稳定的供需关系等。

（二）库存决策不合理

配送能够充分集中库存总量，并使之低于各用户原本分散的库存总量，从而降低用户平均分摊的库存负担。因此，配送企业必须依靠科学管理来达到最低的库存总量。库存决策不合理还表现在储存量不足，不能保证随机需求，并因此失去市场。

（三）价格不合理

配送价格应低于不实行配送时用户自己进货的购买价格加上自己提货、运输、进货成本总和才算合理。个别时候，如果配送服务水平较高，即使价格稍高，用户也可以接受，但这不是普遍原则。

（四）经营观念不合理

在开展配送时，有许多情况是经营观念不合理使得配送的优势无从发挥，因而损坏了配送的形象。例如，配送企业利用配送手段向用户转嫁资金及库存困难，在库存过大时，强迫用户接货，以缓解自己的库存压力；在资源紧张时，将用户委托的资源挪作他用等。

三、配送合理化措施

（一）实现区域配送

配送的区域扩大化趋势突破了一个城市的范围，发展为区间、省间，甚至是跨国的更大范围的配送，即配送范围向周边地区、全国乃至全世界辐射。配送区域扩大化趋势将进一步带动国际物流，使配送业务向国际化方向发展。

（二）推行即时配送

即时配送能最终解决用户企业所担心的供应间断问题，它是配送企业快速反应能力的具体化，是配送企业能力的体现，可以发挥物流系统的综合效益。

（三）实现配送的信息化

配送信息化就是直接利用计算机网络技术重新构筑配送系统。例如，利用计算机技术，建立计算机辅助送货系统、辅助配货系统、辅助分拣系统、辅助调度系统和辅助选址系统等。信息化是其他先进物流技术在配送领域应用的基础。

(四)实现配送的自动化

配送作业的自动化突破了体力劳动和手工劳动的传统模式，出现了大量自动化程度相当高的所谓无人立体仓库，采用了诸如自动装卸机、自动分拣机、无人取货系统和搬运系统等自动化物流设施，从而提高了配送效率。

(五)提倡多种配送方式的最优组合

每一种配送方式都有其优点，多种配送方式和手段的最优化组合，将有效地解决配送过程、配送对象、配送手段的复杂问题，求得配送效益最大化。

(六)实行送取结合

配送企业与用户建立稳定的协作关系，配送企业不仅成了用户的供应代理人，而且承担用户储存据点，甚至成为产品代销人。在配送时，将用户所需的物资送到，再将此用户生产的产品用同一车运回，这种产品也成了配送中心的配送产品之一，或者作为代存代储。这种送取结合的方式使双方都受益。

第五节　配送中心

一、配送中心的概念与功能

(一)配送中心的概念

在国家标准《物流术语》(GB/T 18354—2006)中对配送中心的定义是："从事配送业务且具有完善信息网络的物流场所或组织，应基本符合下列要求：主要为特定客户或末端客户提供服务；配送功能健全；辐射范围小；提供高频率、小批量、多批次配送服务。"即配送中心必须具有灵敏、完整的信息系统负责物流信息情报的收集、汇总、储存以及传递。

(二)配送中心的功能

配送中心是配送活动的主要承担者，是一种多功能、集约化的物流据点。配送中心的顺利运转可以减少流通环节，降低交易费用，产生规模效益，提高库存保证程度，并在一定程度上有助于商品质量的控制。

配送中心具有商品采购进货、储存保管、流通行销、分拣配送、流通加工及信息处理等功能。

1. 商品采购进货功能

为了满足需求者的多品种、小批量的订货和消费者在任何时间都能买到所需商品的要求，配送中心必须从众多的供应商那里购进大量的品种齐全的商品，以备齐所需的商品，此项工作被称为进货。配送中心的进货业务包括筹集货源、订货或购货、筹货以及有关的商品质量检查、财务结算、交接等工作。

2. 储存保管功能

通过配送中心的储存功能，可以有效地分配资源，调节商品生产与消费、进货与销售之间的时间差异。虽然配送中心并不以储存商品为目的，但是为了保证市场销售的需要，以及配货、流通加工等环节的正常运转，也必须保持一定量的库存。

3. 流通行销功能

流通行销是配送中心的一个重要功能，尤其是现代化的工业时代，各种信息媒体都很发达，再加上商品品质的稳定和信用，因此有许多的直销业者利用配送中心，通过有线电视或互联网等配合进行商品行销。此种商品行销方式可以大大降低购买成本，因此，广受消费者喜爱。而批发型的配送中心、制造商型的配送中心与进口商型的配送中心也都拥有行销的功能。

4. 分拣配送功能

配送中心就是为了满足多品种、小批量的客户需求而发展起来的，因此配送中心必须根据客户的要求进行分拣配货作业，并以最快的速度送达客户手中或者在指定时间内配送给客户。配送中心的分拣效率是物流质量的集中体现，这项功能是配送中心最重要的功能。

5. 流通加工功能

流通加工是为了提高物流效率、维护商品质量和促进销售，而对商品进行的加工处理活动。配送中心的流通加工作业包含分类、大包装拆箱改包装、产品组合包装、标签补贴作业等。这些作业是提升配送中心服务品质的重要手段。

6. 信息处理功能

配送中心作为集物流各项功能于一身的组织机构和主体，必须建立完整、高效、灵敏的信息处理系统，以高效地为整个流通过程的决策组织、控制运转提供依据，并使进货、储存、拣选、流通加工等活动能够连续、有条不紊地进行。

二、配送中心的类型

不同类型的物流中心在物流管理中的主要功能或侧重点也有所差别，如集货、散货、中转、加工、配送等，由于物流中心分布的地理位置及经济环境特征不同，这种主要功能带有区域经济发展要求的特点。总结现有的物流设施，典型的物流配送中心主要有以下几类：

(一)零售商型配送中心

零售商型配送中心是由零售商向上整合所成立的配送中心，是以零售业为主体的配送中心。零售商发展到一定规模后，就可以考虑建立自己的配送中心，为专业物品零售店、超级市场、百货商店、建材商场、粮油食品商店等服务，其社会化程度介于前两者之间。

(二)转运中心

转送中心是实现不同运输方式或同种运输方式联合(接力)运输的物流设施，通常称为多式联运站、集装箱中转站、货运中转站等。转运中心多分布在综合运网的节点处、枢纽站等地域。这类物流中心的主要功能有以下几种。

(1)货物中转，即不同运输设备间的货物装卸中转。

(2)货物集散与配载，即集零为整、化整为零，针对不同目的进行配载作业。

(3)货物仓储及其他服务等。

(三)公共配送中心

公共配送中心主要是面向社会或某个行业的所有用户提供服务，通常是由若干家企业共同投资、持股或管理，专业从事物流相关和配送服务的经营实体。这类配送中心提供较多的是第三方物流服务，在电子商务环境下，此类配送中心的比例很大。对于不同种类与行业形态的配送中心，其作业内容、设备类型、营运范围可能完全不同，但是就电子商务下物流配送体系的规划与发展方向而言，电子商务下配送中心的建设与发展已逐渐由以仓库为主体的传统型配送中心向高度信息化、自动化的整合型配送中心发展。

课堂案例

沃尔玛的配送策略

沃尔玛是世界上最大的零售企业之一，由美国零售业传奇人物山姆·沃尔顿先生于1962年在阿肯色州成立。在短短几十年间，沃尔玛由一家小型折扣商店发展成为世界上的零售业巨头。沃尔玛之所以能在如此短的时间内不断壮大，超越对手，在很大程度上依赖于沃尔玛物流体系所起的作用。经济学家斯通博士在研究美国零售业时发现：在美国的三大零售企业中，物流成本占销售额的比例在沃尔玛是1.3%，在凯马特是8.75%，在希尔斯则为5%，以销售额100亿美元计算，沃尔玛的物流成本要比凯马特少7.45亿美元，比希尔斯少3.7亿美元，即沃尔玛的物流成本优势非常明显。为降低配送成本，沃尔玛极力求得最合适地点建立配送中心，配送中心一般设立在100多家零售店的中央位置。这样既可以让一个配送中心满足附近100多个销售网点的需求，同时也可以保证运输的总距离最短。每个配送中心负责区域内多家商场的送货，为了保证送货的及时性，从配送中心到各家商场的路程一般不会超过一天行程，商品从配送中心运到任何一家商店的时间不超过48小时，沃尔玛的分店货架平均一周可以补货2次，而其他同业商店平均两周才能补货1次。通过维持尽量少的存货，沃尔玛既节省了存储空间又降低了库存成本。

配送中心一般不设在城市里，而是在郊区，这样有利于降低成本。沃尔玛把货品送到门店的配送成本只相当于销售额的3%，而其竞争对手做同样的事情一般要付出5%。随着公司的发展壮大，沃尔玛配送中心的数量也在不断增加。如今，沃尔玛拥有110个配送中心，为全球近6 000家商店提供配送服务。沃尔玛全球销售的8万多种商品中的85%都由这些配送中心供应，而其竞争对手只有50%～65%的商品集中配送。

配送中心除了负责配送之外，还负责收集和整理各分店的订单信息，然后向供应商订货。供应商可以把商品直接送到订货的商店，也可以送到配送中心。

在配送中心，计算机掌管着一切。供应商将商品送到配送中心后，先经过核对采购计划、商品检验等程序，分别送到货架的不同位置存放。每一样商品储存进去的时候，计算机都会把它们的方位和数量记录下来；一旦商店提出要货计划，计算机就会查找出这些货物的存放位置，并打印出印有商店代号的标签贴到商品上，整包装的商品将被直接送上传送带，零散的商品由工作人员取出后，也会被送上传送带。商品在长达几公里的传送带上传送，通过激光辨别商品条形码，确定商品的目的地，传送带上一天输出的货物可达20万箱，对于零散的商品，传送带上有一些信号灯，工作人员根据信号灯的提示来确定商品将被送往的商店，取下这些商品，并将取到的商品放到一个箱子当中，以避免浪费空间。

配送中心的一端是装货平台，可供130辆卡车同时装货，另一端是卸货平台，可同时停放135辆卡车。配送中心24小时不停地运转，平均每天接待的装卸货物的卡车超过200辆。沃尔玛用一种尽可能大的卡车运送货物，大约有16米加长的货柜，比集装箱运输卡车更长或者更高。在美国的公路上经常可以看到这样的车队，沃尔玛的卡车都是自己的，司机也是沃尔玛的员工，他们在美国的各个州之间的高速公路上运行，而且车中的每立方米都被填得满满的，这样非常有助于节约成本。

沃尔玛的所有运输卡车全部安装了卫星定位系统，每辆车在什么位置、装载什么货物、目的地是什么地方，总部都一目了然。因此，在任何时候，调度中心都可以知道这些车辆在什么地方，离商店还有多远，他们也可以了解到某个商品运输到了什么地方，还有多少时间才能运输到商店。对此，沃尔玛精确到小时。如果员工知道车队由于天气、修路等原因耽误了到达时间，装卸工人就可以不用再等待，而安排别的工作。

本章小结

配送是指在经济合理区域范围内，根据客户要求，对物品进行拣选、加工、包装、分割、组配等作业，并按时送达指定地点的物流活动。

配送的特点：配送是从物流据点至需求顾客的一种特殊的“中转型”送货形式；配送是一种门到门的以用户需求为主的一种服务形式；配送活动有效地联结了物流与商流。

配送的意义和作用在于：完善物流系统及提高末端物流经济效益；集中库存使企业实现低库存或零库存；方便用户，简化步骤；提高供应保证程度。

不同企业由于行业环境、战略定位、企业规模、核心能力等方面的差异，在进行企业物流配送时，可能独自建立配送中心实现自营配送；也可能集中精力于企业的核心业务，而将非核心业务的物流配送业务外包出去，实施外包型配送；也可以与其他企业联合，各取所长，整合资源实施共同配送。

在长期的发展过程中，为了满足不同产品、不同企业、不同流通环境、不同客户的要求，国内外创造出了不同形式的配送。各种配送形式都有自己的优势，但也有一定的局限性。

判断配送合理与否的主要标志有：库存标志，资金标志，供应保证标志，成本效益标志，用户企业仓库、供应、送货人力和物力节约标志，社会运力节约标志，物流合理化标志。配送合理化措施有：实现区域配送、推行即时配送、实现配送的信息化、实现配送的自动化、提倡多种配送方式的最优组合、实行送取结合。

配送中心是从事配送业务且具有完善信息网络的场所或组织。配送中心主要有商品采购进货、储存保管、流通行销、分拣配送、流通加工、信息处理等功能。配送中心的类型主要有：零售商型配送中心、转运中心、公共配送中心。

复习思考题

1. 简述配送及配送中心的含义。
2. 配送合理化的标志都有哪些？
3. 简述配送合理化的措施都有哪些。
4. 简述配送中心的功能及其主要类型。

案例分析

案例 1　沃尔玛："最后一公里"的致命伤

在沃尔玛的企业文化里，一项重要的使命便是为它们的顾客服务，换言之，就是提供顾客所需要或感兴趣的商品。而最后的一项任务便是把合适的货物搬到货架上，但是根据彭博社、纽约《时代周刊》以及其他媒体的报道，由于沃尔玛减少员工的工作时间，以至于没有足够的人手去把商品从仓库及时地搬到货架上。

这种情况导致了日常零售中的缺货，那些本应商品满满的货架如今却空荡荡。很明显，这也导致了滞销。很多报告显示，购物者总是两手空空地离开沃尔玛而转向其他超市。沃尔玛称这并无大碍，偶然性的缺货几乎遍地都是，尤其是在运营超过 4500 家沃尔玛店铺时。这家零售巨头还称，沃尔玛的商品存货率为 90%～95%，虽然沃尔玛言之凿凿，但毫无争议的是，沃尔玛在去年削减了运营成本。根据最近的数据报告，2013 年沃尔玛(北美)店面的营业利润增长快于收入增长。在此期间，该公司的营业支出相较于去年减少了 27 个基点。这意味着沃尔玛节省了 7.4 亿美元的成本。其中减少的一部分来源于人工成本，所以这项减支是否以服务水准的降低为代价有待探讨。

在外界眼中，沃尔玛在产业结构中拥有极其复杂的供应链管理系统，同时还拥有例如 Procter & Gamble 这样的大型供应商。沃尔玛也很早创建自动化补给系统。当商品销往全球各地时，在本顿维尔(美国城市，沃尔玛总部)的电子计算机会自动地制定出需求订单。烦冗的编程代码会确保从帮宝适到马铃薯被严格有效运送到适合的沃尔玛商店。甚至连物流的卡车路线都被精准地计算出来，以节省时间和燃油。

随后这些货物将在相应的沃尔玛分店后台卸货，工作人员用手推车和托盘推车来将货物分门别类地放到相应的货架上（除了那些“直接配送商店”）例如面包、薯条、苏打。但这个系统很容易崩溃。我曾去过沃尔玛上百个后台仓储，里面的货物摆放得杂乱无章（闻上去就像是沉甸甸的狗粮味道）。这也说明了为什么存货管理员如此重要：无论沃尔玛的管理系统能够多么准确迅速地计算出需求以及提供完善的供应链，最终，沃尔玛还需要那个把货物搬上货架的负责“最后一公里”的人。

这并不仅仅是少数顾客双手空空地离开沃尔玛的结果，存货管理才直击沃尔玛的命门。零售的经济学往往是循环的：你下了订单，货到了，你有 30 天的时间来付款（存货周转天数），商品卖得越快，资金损失会越小，这也说明为什么存货周转天数是零售中重要的指标之一。在全球范围来看，沃尔玛平均一年的存货周转次数为 7 次（对比塔吉特百货一年 6.4 次的周转次数）。换言之，如果你希望你的存货周转天数缩短到 30 天以内——你的上游供应商将接管你的存货，而不是你。更快的周转率、更低的成本意味着你承担的更少，如果想要周转率和成本控制更上一个台阶，这种强烈的良好愿望很可能使你成为沃尔玛的主脑核心——任何某一环节的提速和改良，都会驱使整体的提升和自我净化。

在零售领域，有一种恒久的推力和拉力在左右商品的销售：供应链的管理，商店的运营。沃尔玛在每周周六都定期开会。问题是，在销售放缓的背景下，沃尔玛仍执意增加分店的销售额，在巨大的压力之下，只能通过减少员工工作时间和不确定的销售成本来保持利润。在这一领域，例如生产，沃尔玛并没有任何优势和经验可言。而陈列摆放、颜色、水果蔬菜的新鲜度，这些都至关重要——当然了，还有员工的注意力。

减少工时似乎并没有引起太多的反弹，假如商店管理层是不心甘情愿的。但是如何保证在缺少人手的情况下服务质量不会缩水呢？沃尔玛的前端经理建议在超过超市人数线时采取登记制度来缓解压力，出纳员则需要随时救火：去类似存货仓库这种顾客看不见的地方来做蓝领搬运工。这项救援计划如果不能付诸行动，后果便是仓库里堆积如山的商品。沃尔玛的国内商场库存总额——258 亿美元，这个数字是最新披露的年度报告显示的，也就是说，沃尔玛的销售额还能再往上提 12.9 亿～258 亿美元。一项调查数据表明，沃尔玛可能花费了 4.48 亿美元在每个分店中增加 5 个销售人员。但是如果他们能够卖得更多，配给更迅速，也许会更好一点。

思考

如何评价“最后一公里”的致命伤？

第九章

供应链管理中的物流信息技术

学习要点及目标

物流信息系统作为企业信息系统中的一部分，可以理解为通过对物流相关信息的加工处理，达到对物流、资金流的有效控制和管理，并为企业提供信息分析和决策支持的人机系统。通过本章的学习，学生能够做到以下几点。

(1)正确理解物流信息的概念、特点、作用及物流信息技术的定义。

(2)掌握物流信息系统的特点、组成。

(3)了解供应链中的信息管理。

引导案例

顺丰快递的信息化管理

顺丰速运于1993年3月在广东顺德成立，总部设在深圳。初期的业务为顺德与香港之间的即日速递业务，随着客户需求的增加，顺丰的服务网络延伸至中山、江门和佛山等地。服务网卡已完成对中国版图的完整覆盖，并拓展至韩国、日本、新加坡、美国等海外市场，成为一家大型综合性速递企业。

顺丰陆续上线了HIT手持终端、全/半自动分拣系统、呼叫中心、营运核心平台系统、客户关系管理系统、GPS和航空管理系统等先进的软、硬件设施设备，率先在国内实现了对货物从下单到派送的全程监控、跟踪及查询，并全部采用全自动或半自动机械化操作，优化快件的操作流程。

顺丰提出的快件生命周期主要包括客户环节、收派环节、仓储环节、运输环节、报关环节等环节。目前，顺丰各个环节的信息化应用已经取得显著成效。

在客户环节，呼叫中心已经能够做到每一通呼叫都可记录对应的通话原因，每个客户投诉都有完整的处理流程。通过记录统计呼叫中心系统数据，已整理100个左右的解决方案，普通座席人员可以很有信心地处理90%的客户来电，降低了呼叫中心员工的工作压力，帮助员工提高了工作绩效。

在收派环节，手持终端程序的最大优势就是减少人工操作中的差错和提高操作人员的工作效率，目前顺丰使用的第四代手持终端系统使收派员的工作效率提高了20%以上。

在仓储环节，顺丰的全自动分拣系统能连续、大批量地分拣货物，并不受时间、气候、人的体力等方面的限制，可以连续运行。自动分拣系统每小时可分拣7000件包装商品，而用人工每小时只能分拣150件左右，同时分拣人员也不能在这种劳动强度下连续工作8小时。另一方面，由于顺丰的全自动分拣系统采用条形码扫描输入，除非条形码的印刷本身有差错或损坏，否则不会出错，系统识别准确率高达90%，系统具有极低的分拣误差率。

在运输环节，GPS对车辆的动态控制功能，完成了运输过程的透明化管理，可以及时中止、优化运输方案、车辆配置，使运输成本综合降低25%。

第一节 物流信息概述

一、物流信息的概念

根据国家标准《物流术语》(GB/T 18354—2006)的定义，物流信息是“反映物流各种活动内容的知识、资料、图像、数据、文件的总称”。物流信息包含的内容可以从狭义和广义两个方面来考察。

从狭义范围看，物流信息是指与物流活动相关的信息。物流信息是物流活动过程中产生的情报、数据和知识的集合，是对物流活动运动变化、相互作用、相互联系的真实反映，包含了知识、资料、情报、图像、数据、文件、语言和声音等各种形式。它随着从生产到消费的物流活动而产生，与物流的各种活动，如运输、保管、装卸、包装及配送等有机地结合在一起，是整个物流活动顺利进行所不可缺少的条件。如运输活动要根据供需数量和运输条件等信息确定合理的运输路线，选择合适的运输工具，确定经济运送批量等；装卸活动要根据运送的数量、种类、到货方式，以及包装情况等信息才能确定合理的组织方式、装卸设备、装卸次序等。同时物流信息还是物流活动与其他活动联系的有关情况的消息，如商品交易信息、市场信息等，这些信息在整个物流活动中的上下游流动，反映生产厂家、批发商、零售商与消费者之间的关系，它们是协调一致有效控制、快速反应市场的重要条件。

广义的物流信息则不仅包括与物流活动直接相关的信息，而且包括与构成活动间接相关的信息，如商品交易信息和市场信息等。商品交易信息是指与买卖双方的交易过程有关的信息，如销售和购买信息、订货和接收订货信息、发出货款和收到货款信息等。市场信息是指与市场活动有关的信息，如消费者的需求信息、竞争者或竞争性商品的信息、销售促进活动信息、交通通信的基础设施信息等。在现代经营管理活动中，物流信息与商品交易信息、市场信息相互交叉、融合，有着密切的联系。例如，零售商根据对消费者需求的预测以及库存状况制订订货计划，向批发商或者直接向生产厂家发出订单。批发商在接到零售商的订货信息后，在确认现有库存水平能满足订单要求的基础上，向物流部门发出发货配送信息；如果发现现有库存水平不能满足订单要求，则马上向生产厂家发出订单。生产厂家接到订单后，如果发现现有库存不能满足订单的要求则马上组织生产，再按订单上的数量和时间要求向物流部门发出发货配送信息。因此，广义的物流信息不仅可以起到连接从生产厂家经批发商和零售商到消费者的整个供应链的作用，而且在应用现代物流信息技术(EDI、RFID、Barcode、GIS、GPS 等)的基础上提高了整个供应链活动的效率。

物流信息具有的这些功能，使其在现代企业经营战略中占有越来越重要的地位。建立物流信息系统，提供迅速、准确、及时、全面的物流信息是现代企业获得竞争优势的必要条件。

二、物流信息的特点

物流信息涉及的范围比较大，会涉及不同的行业、不同的地方、不同的企业，信息涉及的步骤很多，从生产到运输都会产生新的信息。物流信息的特点主要表现在以下几个方面。

(一)物流信息分布广泛

由于物流是一个大范围的活动，物流信息来源也是很广泛的，分布的范围很宽泛，不仅企业内部各个环节有不同种类的物流信息，而且供应链中的各个企业和社会的其他组织，都产生了大量的纷繁复杂的物流信息。

(二)物流信息具有动态性和时效性

物流的各种作业活动频繁发生，物流信息的动态性增强，这就对物流信息的更新速度提出了新的要求，一方面，物流信息的价值衰减速度快，另一方面，有一些物流信息的传递路径很长。

物流信息的时效性主要体现在其滞后性和超前性。由于物流活动总是处于不断变化之中，作为反映物流活动状态和方式的物流信息也在不断变化，如不能及时地使用最新的物流信息，其价值就会随其滞后使用的时差而减少。物流信息的超前性体现为在把握了物流活动规律的前提下，能够对其进行预测。物流信息的时效性要求对其进行及时的采集和合理的使用。

(三)物流信息具有复杂多样性

物流信息的来源多种多样，从采购到生产直至成品的销售，既有资源信息和过程信息，又有历史信息。每次信息的处理活动，都涉及大批量的信息输入和输出的问题，而且这些信息的产生、加工和应用，在形式、时间和地点的选择上通常不是一致的。此外，随着企业间信息交换和共享的深入，信息来源会更加的复杂多样化，这样一来就会加大物流信息的使用难度。

(四)物流信息具有共享性

在信息日新月异发展的时代，各种新的信息技术和手段如雨后春笋般层出不穷。要将各种信息技术和手段配套利用，除将物流信息技术和物流软件技术并用外，还应该与物流硬件设施，如仓库、配送中心、集装箱、托盘、自动分类分拣系统等相匹配，这就要求物流信息要增加合理的共享性。物流信息的共享性要求对其进行共享和合理控制，发挥最大的效用。

三、物流信息的作用

物流信息在物流活动中具有十分重要的作用，通过物流信息的收集、传递、存储处理、输出等，成为决策依据，对整个物流活动起指挥、协调、支持和保障作用，其主要作用包括以下几个方面。

(一)沟通联系的作用

物流系统是由许多个行业、部门以及众多企业群体构成的经济系统，系统内部正是通过各种指令、计划、文件、数据、报表、凭证、广告、商情等物流信息，建立起各种纵向和横向的联系，沟通生产商、批发商、零售商、物流服务商和消费者，满足各方的需要。因此，物流信息是沟通物流活动各环节之间联系的桥梁。

(二)引导和协调的作用

物流信息随着物资、货币及物流当事人的行为等信息载体进入物流供应链中，同时信息的反馈也随着信息载体反馈给供应链上的各个环节，依靠物流信息及其反馈可以引导供应链结构的变动和物流布局的优化；协调物资结构，使供需之间平衡；协调人、财、物等物流资源的配置，促进物流资源的整合和合理使用等。

(三)管理控制的作用

通过移动通信、计算机信息网、电子数据交换(EDI)、全球定位系统(GPS)等技术实现物流活动的电子化，如货物实时跟踪、车辆实时跟踪、库存自动补货等，用信息化代替传统的手工作业，实现物流运行、服务质量和成本等的管理控制。

(四)缩短物流渠道的作用

为了应付需求波动，在物流供应链的不同节点上通常设置有库存，包括中间库存和最终库存，如零部件、在制品、制成品的库存等，这些库存增加了供应链的长度，提高了供应链成本。但是，如果能够实时地掌握供应链上不同节点的信息，如知道在供应渠道中，什么时候、什么地方、多少数量的货物可以到达目的地，那么就可以发现供应链上的过多库存并进行缩减，从而缩短物流链，提高物流服务水平。

（五）辅助决策分析的作用

物流信息是制定决策方案的重要基础和关键依据，物流管理决策过程的本身就是对物流信息进行深加工的过程，是对物流活动发展变化的规律性认识的过程。物流信息可以协助物流管理者鉴别、评估经比较物流战略和策略后的可选方案，如车辆调度、库存管理、设施选址、资源选择、流程设计以及有关作业的比较和安排，成本—收益分析等，均需在物流信息的帮助下才能做出科学决策。

（六）支持战略计划的作用

作为决策分析的延伸，物流战略计划涉及物流活动的长期发展方向和经营方针的制定，如企业战略联盟的形成、以利润为基础的顾客服务分析。作为一种更加抽象、松散的决策，它是对物流信息进一步提炼和开发的结果。

（七）价值增值的作用

物流信息本身是有价值的，而在物流领域中，流通信息在实现其使用价值的同时，其自身的价值又呈现增长的趋势，即物流信息本身具有增值特征。另一方面，物流信息是影响物流的重要因素，它把物流的各个要素以及有关因素有机地组合并联结起来，以形成现实的生产力和创造出更高的社会生产力。同时，在社会化大生产条件下，生产过程日益复杂，物流诸要素都渗透着知识形态的信息，信息真正起着影响生产力的现实作用。企业只有有效地利用物流信息，并将其投入生产和经营活动中，才能实现生产力中的劳动者、劳动工具和劳动对象的最佳结合，产生放大效应，使经济效益出现。

第二节　物流信息技术

一、物流信息技术的定义

信息技术是指有关信息的获取、传递、处理、再生和利用等的技术。它由计算机技术、通信技术、信息处理技术和控制技术等构成，是目前各种高新技术的基础和核心。

当今时代是知识经济时代，即信息时代。信息时代的主要特征之一是：谁能获取信息技术的优势，谁就能在全球性的激烈竞争中占据主动地位，否则，就会被远远地抛在后面。正是基于这个事实，各国纷纷把发展信息技术作为社会经济发展的一项重大战略目标。在信息化的社会里，信息成为政治、经济、军事以及社会等一切领域的基础。在这场信息革命中，以知识为基础的经济得以迅猛发展，知识在生产和经济发展中起了决定性的推动作用。

物流信息技术是指现代信息技术在物流各个作业环节中的应用，是物流现代化的重要标志。物流信息技术也是物流技术中发展最快的领域，主要由通信、软件、面向行业的业务管理系统三大部分组成，包括基于计算机、网络以及各种通信方式基础上的全球定位系统(Global Positioning System，GPS)、地理信息系统(Geographic Information System，GIS)、条码(Bar Code)、射频识别技术(Radio Frequency Identification，RFID)、电子数据交换(Electronic Data Interchange，EDI)等现代尖端科技。在这些尖端科技的支持下，形成由移动通信资源管理、监控调度管理、自动化仓储管理、业务管理、客户服务管理、财务管理等多种信息技术集成的一体化现代物流管理系统。其中 Barcode 和 RFD 主要用于物流数据的快速采集，GPS 和 GIS 主要用于物流信息的实时跟踪，ED 主要用于供应链各参与方之间物流数据的交换和处理。

二、物流信息技术的应用

据国外统计，物流信息技术的应用，可为传统的运输企业带来明显实效：降低空载率15%到20%；提高在途车辆的监控能力，有效保障货物安全；网上货运信息发布及网上下单可增加商业机会20%到30%；无时空限制的客户查询功能，可有效满足客户对货物在运情况的跟踪监控，可提高业务量40%；对各种资源的合理综合利用，可减少运营成本15%到30%。

课堂案例

GIS 技术在物流信息管理中的作用

GIS 技术主要应用于物流分析，即利用 GIS 强大的地理数据功能来完善物流分析技术。完整的 GIS 物流分析软件集成了车辆路线模型、最短路线模型、网络物流模型、分配集合模型和设施定位模型等。

(1)车辆路线模型主要用于一个起始点、多个终点的货物运输中。它解决的是如何降低物流作业费用并同时保证运输服务质量，以及如何决定使用多少车辆、每辆车的路线等问题。

(2)最短路线模型用于确定行车的最短路线，选择最优路径。

(3)网络物流模型主要用于解决最有效的分配货物路径问题，即物流网点布局问题。例如将货物从 A 个仓库运往 B 个商店，每个商店都有固定的需求量，因此需要解决由哪个仓库发货给哪个商店，所花费的运输代价最小。

(4)分配集合模型是根据各个要素的相似点把同一层上的所有或者部分要素分成几组，主要用来确定服务范围、销售市场范围等。例如一个公司要设立 N 个分销点，要求这些分销点覆盖一定的市场区域，而且要求每个分销点的顾客人数大致相等。

(5)设施定位模型主要用于确定一个或多个物流设施的位置。在物流系统中，物流中心仓库和运输线路共同组成了物流网络，物流中心和仓库处于网络的节点上，节点决定着路线。根据供求的实际需要结合经济效益等原则，企业要决定在既定区域内设立设施节点的个数及相应位置、规模及节点间的关系等，运用设施定位模型可以很好地解决以上问题。

第三节 物流信息系统

一、物流信息系统的概述

物流信息系统，通常可以认为是企业信息系统中的一类，是计算机管理信息系统在物流领域的应用。从广义上来说，物流信息系统应包括物流过程的各个领域的信息系统，如运输、仓储、海关、码头、堆场等，是一个由计算机、应用软件及其他高科技的设备通过全球通信网络连接起来的纵横交错的立体的动态互动的系统。而从狭义上说，物流管理信息系统只是管理信息系统在某一涉及物流的企业中的应用，即某一企业(物流企业或非物流企业)用于管理物流的系统。

随着社会经济的发展和科技的进步，物流信息系统正在朝着信息分类的集成化、系统功能的模块化、信息采集的标准化、信息存储的实时化、信息传输的网络化、信息处理的智能化以及信息处理界面的图形化方向发展。

(一)集成化

集成化是指物流信息系统将业务逻辑上相互关联的部分连接在一起，为企业物流活动中的集成化信息处理工作提供基础。在系统开发过程中，数据库的设计、系统结构以及功能的设计等都应该遵循统一体化的标准、规范和规程，避免出现“信息孤岛”的现象。

(二)模块化

模块化是指把物流信息系统划分为各个功能模块的子系统，各子系统通过统一的标准来进行功能模块开发，然后再集成，组合起来使用，这样既能满足物流企业的不同管理部门的需要，也保证了各个子系统的使用和访问权限。

(三)标准化

标准化包括两个方面内容：一是物流信息本身的标准化，如数据格式、语言、传输协议、处理程序等的标准化；二是物流信息系统的结构、接口、基本模块的基本统一性。标准化有利于物流企业信息系统和其他企业信息系统之间的数据和信息的交换与共享。

(四)实时化

实时化借助于编码技术、自动识别技术、GPS、GIS 等现代物流信息技术，对物流活动行准确、实时的信息采集，并采用先进的计算机与通信技术，及时地进行数据处理和传输，将供应商、分销商和客户在业务关系上连接起来，使得整个物流信息系统能及时掌握和共享关于供应商、分销商或客户的信息。

二、物流信息系统的特点

物流信息系统除了具有信息系统的一般特性，物流信息的处理过程结合计算机技术的高速度、高精度、大存储容量及其网络信息处理技术的传递快、成本低等特征，总结出物流信息系统的如下特征。

(一)实现了物流的协同运作

物流系统的协同运作就是整个物流链上各个节点之间的统一协调。物流的目标就是将一系列物流流程连接在一起形成一条整合链。实现这条整合链的流程，就是实现从物流起点对原材料和中间产品的运输、存储、配送等活动，到终点客户的最佳流动，并始终围绕着最终客户这一中心。只有物流信息系统可以实现这一整合，并且是通过信息流的整合来实现物流的整合，从而实现物流、信息流的合二为一，最终实现降低物流成本的目标。

(二)实现了物流的动态快速反应

一般物流信息的生命周期很短，动态性很强。为了顺应这种快速变化的客户需求，提高客户服务水平，物流信息系统从数据的采集、传输、储存、处理到显示和分析都需要即时完成，即实时处理信息系统。例如，沃尔玛开发设计的连续库存补充系统、越库作业系统(cross-docking)等，其货物在信息系统的控制管理下被连续不断地运送到沃尔玛超市的货架上，而根本不入仓库或在配送仓库中，货物从进货到出货不超过 24 小时或 48 小时，避免了大量货物花很多宝贵的时间存储在仓库里。这就是要实现在正确的时间、在正确的地点完成正确的事情。

(三)大大提高了物流的自动化程度

物流信息来源广泛、种类很多，造成物流信息采集源点很多，信息量很大，处理也很繁杂。如企业内部订单信息、库存信息，企业外部供应信息、承运商信息等。为了实现物流的整合管理，需要快速采集数据的自动化工具等，对此，物流的自动化数据技术在物流信息系统中发挥了很大的作用。

三、物流信息系统的组成

物流信息系统由硬件、软件、数据库与数据仓库、人员等基本要素构成。

(一)硬件

硬件包括计算机、网络通信设备等，它是物流信息系统的物理设备、硬件资源，是实现物流信息系统的基础，它构成了系统运行的硬件平台。

(二)软件

软件一般包括系统软件、应用软件和实用软件三大类，其中系统软件主要用于系统管理、维护、控制及程序的装入和编译等工作；应用软件和实用软件主要是面向问题的软件，指挥计算机进行信息处理的程序或文件，它包括功能完备的数据库系统、实时的信息收集和处理系统、实时的信息检索系统、报告生成系统、经营预测、规划系统、经营监测、审计系统及资源调配系统等。

(三)数据库与数据仓库

数据库技术将多个用户、多种应用所涉及的数据，按一定的数据模型进行组织、存储使用、控制和维护管理，数据的独立性高、冗余度小、共享性好，能进行数据完整性、安全性、一致性的控制。数据库系统面向一般的管理层的事务性处理。

数据仓库是面向主题的、集成的、稳定的、不同时间的数据集合，用以支持经营管理中的决策制定过程。基于主题而组织的数据便于面向主题分析决策，它所具有的集成性稳定性及时间特征使其成为分析型数据，为决策层提供决策支持。数据仓库系统也是一个管理系统，它由三部分组成：数据仓库、数据仓库管理系统和数据仓库工具。

(四)人员

人员包括系统分析人员、系统设计人员、系统实施和操作人员，以及系统维护人员、系统管理人员、数据准备人员与各层次管理机构的决策者等。

四、物流信息技术的未来发展趋势

(一)信息技术对物流发展的促进

在人类社会步入 21 世纪之后，全球化引起的诸多改变，如新的贸易伙伴大量涌现，更廉价的商品来源广泛，以及日益增多的市场等，都迫使不同规模的企业不得不建立联盟，建立网上商业系统和更为有效的物流系统，以便有效地将商品销售给全球的顾客。于是，物流虚拟企业、巨型物流公司以及传统的运输公司等，都以全球的高度，制定其新的策略，力求能在物流的需求与供给之间共享信息、共同合作，从而抓住时代的需求，反映时代的变化，实时掌握从供应商到顾客的物资流动情况。在这种形势下，信息技术对物流的未来发展起到了非常关键的促进作用。

1. 信息技术的应用有利于提高物流活动的有效性

信息技术的合理应用促进了物流信息的充分获取和有效利用，充分的物流信息使物流活动更加有效，有利于物流活动由无序趋向于有序。在信息不充分的情况下，物流活动得不到足够的信息支持，造成物流活动往往是不经济的。例如，货物不必要的流动，造成资源浪费；或货物运输没有选择最短路径(或最合理的路径)，做了很多无用功。而在信息充分的情况下，物流活动将容易被科学地计划和控制，从而使物品具有最合理的流动，整个物流活动经济、有序。物流的有序化使原先的“盲目调度”的情况减少到最低程度，促使物流资源充分利用，大大减少货物周转次数，缩短位移的平均运距，减少不协调与浪费现象，大大提高物流活动的有效性。

2. 信息技术的应用有利于提高物流效率

物流系统是一个复杂的、庞大的系统，其中又分很多子系统，同时各系统密切交织在一起，相互间联系紧密。只有充分应用信息技术，才能使整个物流系统的运作合理化。只有提高物流系统的各环节、各子系统的信息化水平，才能提高整个物流系统的运行效率。

物流系统的边界广阔，它从生产企业的原材料供应，经生产制造加工成为产成品，再经运输、储存、包装、配送等环节到达消费者手中，横跨了生产、流通、消费三大领域。物流系统涉及大量的物品，这些物品包括原材料、半成品、产成品，整个物流活动还涉及大量的人和大量的设备。从涉及的区域看，几乎遍及各个角落。同时，整个物流活动也伴随着大量的资金流动。这些人力、物力、财力等资源的组织和合理利用，是一个非常复杂的问题。而且随着科学技术的进步、生产的发展、市场的扩大、物流技术的提高、客户需求的个性化发展，物流系统的范围还将不断地深化与扩张，复杂程度也将不断地加大。

在物流活动的全过程中，始终贯穿着大量的物流信息。物流系统要通过这些信息把各个子系统有机地联合起来，只有通过信息技术的不断发展和应用，把物流信息收集、处理好，并使之指导物流活动，才能使整个物流系统的运作流畅和高效。

3. 信息技术的应用有利于物流服务能力的提升

信息技术特别是互联网的广泛应用，将生产、流通、消费环节有效地整合成为一体，打破了传统上的地域限制、时区限制，扩大了物流服务的范围，同时也能为客户提供更优质的服务。

由于信息的及时、全面的获取与加工，供需双方可以充分地交换和共享信息，物流服务更准确、客户满意度提高，同时顾客可以有更多自我服务功能，可以决定何时、何地、以何种方式获得定制的物流服务。另外在提供物流服务的同时，可以为顾客提供信息、资金等双赢和有效的增值服务。

4. 信息技术的应用有利于提高物流运作的透明度

物流经常被称作“经济领域的黑暗大陆”和“物流冰山”，信息技术的应用使物流过程中货物的状态和变化透明化，使物流成本和费用的实际情况更容易被掌握，从而增强了信息的准确性，使人们能更清楚地认识这片大陆和冰山下面的部分。同时由于动态信息的及时掌握，可以根据情况做出快速而有效的反应，实现物流运作的动态决策。

企业在不明订货状况和库存量的条件下，要做出正确的决策和部署是很困难的，勉强作出决策则不容易得到最佳效果。不把各环节集成综合考虑，要管理好整个过程是非常困难的。为此，需要整个物流过程的货物状态透明，并根据状态变化做出反应。

例如，货运列车运行的准确安排和调度需要在运行前、运行过程中以及运行结束时都能收到实时、准确的信息反馈。在整个过程中要从现场接收到关于天气条件、其他列车的运行状态、行驶所需的燃料消耗量、货物对列车的技术要求、运输能力的需求等方面的准确数据，这样才能制定列车运行日程表。同时由于列车在运行过程中非常容易误点，所以需要快速做出反应，并及时进行调整。整个物流计划即使制定得非常严密，也难免会出错，所以各环节必须能够对此做出快速而有效的反应，并及时地将情况的变化通知有关组织。

5. 信息技术的应用有利于促进和实现供应链管理

供应链管理是一种集成的管理思想和方法，供应链上的各个企业组成一个不可分割的整体，共同分担采购、生产、分销和销售的职能，成为一个协调发展的有机体。如果没有完善的信息交互、协同商务机制，信息就不能共享，整条供应链上的节点还是彼此独立的“信息孤岛”，不能够成为完整的链条。信息技术的合理应用进一步弱化了供应链上企业间的界限，建立起一种跨企业的协作，共同追求和分享市场份额。企业间通过信息平台和网络服务进行商务合作，合理调配企业资源，加速企业存货资金的流动，提升供应链运转效率和竞争力。

6. 信息技术的应用有利于现有资源的充分利用

我国目前物流能力供给与需求的状况是，一方面需求仍不能得到满足，物流“瓶颈”时有出现，似乎供给不能满足需求；另一方面却存在大量的物流能力过剩的现象。据中国仓储协会第三次调查，国内物流中心平均空置率为60%，主要原因是物流能力的利用率低以及能力的供给与需求之间的信息不通畅。信息技术的发展以及信息充分化的趋势，将逐渐提高运力的利用程度，消除物流能力供需间的不平衡，从而物流设施在不增加的情况下提高物流能力。例如，20世纪70年代，加拿大在铁路运输中采用卫星定位系统，使铁路通过能力提高了33%。又如，根据美国和印度专家预测，公路运输实现信息化以后，仅车辆实载率就可以提高50%，空驶率可以降低30%。

7. 信息技术的应用有利于促进物流服务与技术的创新

现代物流的发展离不开信息技术的推进作用，物流的发展和信息技术的发展相辅相成。信息技术为物流服务提供了有力的工具，使为顾客提供及时、准确、周到的物流服务成为可能，促进了物流的发展、物流服务水平的提高。新需求的不断涌现也为信息技术提出了新的课题和应用领域，促进信息技术的推陈出新和在物流领域的深入应用。

（二）物流管理信息系统的未来发展

由于物流行业迅速发展，国内企业的需求在不断变化，对物流软件的功能也提出了新的要求。总体上讲，我国物流管理信息系统的发展趋势主要表现在如下几个方面。

1. 软件体系结构变化

随着经济全球化进程的推进，许多小企业必将以合并等形式来增强自身的竞争能力。这样，我国物流业的重组和并购也迫在眉睫，拥有跨区域仓库网点的物流企业、生产流通企业正在不断地增多。因此，物流软件提供商需要在软件功能及其体系结构上满足这种发展的要求。在软件体系结构上，目前我国基于局域网的物流管理系统比较多，而且多数采用客户机/服务器即C/S结构。由于这种体系结构在跨区域范围内摆脱不了数据实时性差的问题，而且初期技术和维护成本都比较高，因此为了适应国内跨区域的大型企业的经营管理需要，许多物流软件提供商已经把目光转向开发基于浏览器/服务器即B/S模式的系统。例如，中储物流在线有限公司的数码仓库应用系统和数码配送应用系统就是这样的例子。

2. 专业性更强、接口趋于透明

国外物流软件的专业化程度比较高，因此在满足企业专业化发展上适应性就更好，更

能体现出信息化的优势。这里，我们并不认为能提供“大而全”的一体化解决方案的物流软件就一定是好的，反而是那些能满足某种或某类业务模式的软件可能更现实一些。另外，第三方物流服务提供商往往要和各类企业发生业务往来，因此系统对接就成为一种需要，要求与其他的应用系统如财务系统、企业资源计划(Enterprise Resource Planning，简称ERP)、物料需求计划(Material Requirement Planning，简称 MRP)等方便地进行数据交换，这就要求物流软件的接口透明。

3. 数据信息的采集更为明细

物流与信息流相互依存成为趋势，也就是说软件系统记录的“物”的有关信息将更为精确。例如，如果软件系统没有实现到货位及库房形状、通道的管理，那么就无法实现货物在库移动路径优化的决策支持；若没有记录物品体积、形状，那么车辆配载设计就无法实现。目前的物流软件已经不再是简单的料账管理系统或报表汇总系统，生产作业管理型的系统正在成为主流。

4. 自动化管理的程度在不断提高

随着物流业务的提升，物流软件的自动化管理程度正在不断提高。这既包括仓储设施的自动化和运输、配送作业的自动化，也包括物流作业调度的自动化和作业管理的自动化。

5. 决策支持功能将会加强

随着信息技术在物流企业的应用不断深入，物流软件已不仅仅限于支持数据信息的处理，而且向更高层次发展，支持物流管理的决策。通过提供数学模型分析数据，辅助决策。

6. 社会化物流技术平台的建设

资源共享、专业化分工是社会发展的趋势，建设社会化的物流技术平台是提高我国社会物流服务效率的基础。通过提供物流软件的 ASP 服务，可以充分做到资源共享，迅速提升我国物流企业的信息化水平。

总之，我国物流管理信息系统的建设尚处在成长期，物流软件产品在实际应用中还在不断完善。物流服务提供商和物流软件提供商形成了相辅相成的关系，只有两者共同进步才能促进我国物流业快速、稳定、健康地发展。

第四节 供应链中的信息管理

一、供应链中信息的特点

信息是供应链成功的关键。在供应链中，企业既要面对来自上下游企业的纵向信息，也要面对来自企业内部的横向信息，还有来自宏观层面上的信息。如何传递和共享这些信息，将上下游企业的经济行为以及企业内部各部门、各岗位的职能行为协调起来，就是供应链信息管理所要解决的核心问题。与单个企业的情况相比，供应链作为一种扩展企业，其信息流动和获取方式表现出自己的特色。

(一)覆盖范围广

供应链中的信息流覆盖了从供应商、制造商到分销商、再到零售商等供应链中的所有环节。供应链中的信息从供应链层次结构的角度可以分为个人信息、工作组信息、企业信息和供应链信息。从供应链环节的角度，供应链中的信息可以分为以下几类：

1. 供应源信息

供应源信息包括能在多长的订货供货期内、以什么样的价格、购买到什么产品、产品能被送到何处。供应源信息也包括订货状态更改以及支付安排。

2. 生产信息

生产信息包括能生产什么样的产品、数量是多少、在哪些工厂进行生产、需要多长的供货期、需要进行哪些权衡、成本多少、订货批量多大。

3. 配送和零售信息

配送和零售信息包括哪些货物需要运送到什么地方、数量多少、采用什么方式、价格如何，在每一地点的库存是多少、供货期多长。

4. 需求信息

需求信息包括哪些人将购买什么货物、在哪里购买、数量多少、价格多少。需求信息还包括需求预测和需求分布的有关信息。当需求信息从需方向供方流动时，便引发物流。同时，供应信息又同物料一起沿着供应链从供方向需方流动。单个企业下的信息流则主要限定在企业内部。

(二)获取途径多

由于供应链中的企业是处于一种协作关系的利益共同体，因而供应链中的信息获取渠道众多，对于需求信息来说，既有来自顾客的，也有来自分销商和零售商的；供应信息则来自各供应商，这些信息通过供应链信息系统在所有的企业里流动与分享。对于单个企业情况来说，由于没有与上下游企业形成利益共同体，上下游企业也就没有为它提供信息的责任和动力，因此，单个企业的信息获取完全倚赖于自己的收集。

(三)信息质量高

由于存在专业分工，供应链中的信息质量要强于单个企业下的信息质量，例如，分销商和零售商可以专门负责收集需求信息，供应商则收集供应信息，生产厂商收集产品信息等。

二、供应链管理对信息系统的要求

供应链信息系统必须是能够随着企业供应链的调整而调整、随着供应链的变化而变化、随着供应链的发展而提升，必须是能够支持多模式的柔性交易支持系统。可以说，这是供应链管理对信息系统外在的、客观的要求。但现实是，众多不通畅的系统横断在供应链成员企业之间，很多企业都拥有着各自的信息系统，许多企业建立了电子商务平台，系统本身的效率尚且不去讨论，但系统之间的协调运行却大多效率低下，能够实现交易的更是寥寥无几。资料表明，90%以上的系统协调不良。“信息孤岛”不仅仅是企业内部的现象，更在企业间客观存在。企业需要从供应链视角看待信息系统，而不仅仅将其视为为完成某项特定功能而生的工具。从供应链的角度，信息系统的特点应该是：方便的交易信息沟通、便捷交易的撮合以及交易执行监控。通畅供应链的基础首先应该是供应链各成员企业自身的通畅，即企业内部的信息系统也应该是柔性的，能够适应供应链环境变化，支持便捷交易、快速交付的信息系统。所以，供应链管理信息系统应该具有两个条件：一是供应链成员企业应具有柔性、快捷、便于支持交易的信息系统；二是能够方便地进行企业间信息的沟通和交流。

三、企业间信息系统

面对供应链管理对信息系统的要求，企业间信息系统显示出了它在供应链信息管理中的适用性。IOS 是两个或多个企业间形成一个整合的数据处理和数据通信系统，是跨企业的信息系统，有时也被称为跨组织系统。IOS 是企业与外界环境的其他组织如上下游厂商、相关企业甚至是竞争者一起合作、为获取竞争优势所共同发展的信息系统。这种合作系统突破了组织界限，与传统的企业信息系统有所不同。一些学者认为，企业间有几种基本的、水平不同的信息系统，它们由一些不同级别的单一公司参与其中。信息系统的水平越高，其功能越全面，集成度越高，系统越完善，例如，级别 2 系统要比级别 1 系统的功能完善。公司的级别越高，其具有的信息系统越完善，在系统中信息交换和共享的程度也越高，例如，级别 2 的公司要比级别 1 的公司在信息系统中进行信息交换和共享的程度高。一般有远程企业间输入/输出节点、应用处理节点、多参与者交换节点、网络控制节点、集成的网络节点、企业间供应链信息系统等六种水平的 IOS。

课堂案例

零售业的巨头：沃尔玛的 SCM 信息系统策略

零售业赚钱之道分为 3 个阶段：一是进销差价；二是在供应商那里找利润；三是优化供应链，降低物流成本。随着竞争的加剧，靠第一种方式取利的时代已基本结束。从供货商手里找钱是第二种方式，例如，向供应商收上架费、咨询服务费甚至条码费等，这是目前大多数中国超市所采用的办法。因为不断举行的促销活动与价格战，进销差价越来越小。沃尔玛一直钟情于第三种方式。它花费 4 亿美元从休斯公司购买了商业卫星，实现全球联网。现在，沃尔玛每一间连锁店都能通过卫星传送信息，每一辆运货车上都配备全球定位系统。通过卫星和计算机互联，公司总部可以随时清点任一家连锁店内库存、销售和上架的情况，并通知货车司机最新的路况信息，调整车辆送货的最佳线路。这样，沃尔玛最大限度地发挥了公司的运输潜能，提高了工作效率。据调查，沃尔玛的库存流量速度是美国零售业平均速度的 2 倍。通过降低成本，沃尔玛超市所售货物在价格上占有绝对优势，从而成为消费者的最佳选择。

在信息标准化方面，沃尔玛也是领头羊。早在 1980 年，它就使用了条形码；1995 年建设了 EDI 系统，开始与供应商建立自动订货系统；1988 年使用无线扫描枪；1989 年与宝洁公司(Procter&Gamble)等大供应商实现 VMIECR 产销合作，此即供应链的维形。目前公司总部与全球 2400 多家分店、100 个配送中心以及数千家供应商通过卫星和共同的计算机系统进行联系。它们有相同的补货系统、相同的 EDI 条形码系统、相同的库存管理系统、相同的会员管理系统以及相同的收银系统。位于全球的门店通过全球网络可在 1 小时之内对每种商品的库存、上架、销售量全部盘点一遍。

20 世纪 90 年代初，沃尔玛在总部建立了庞大的数据中心，全集团的所有店铺、配送中心每天发生的一切与经营有关的购、销、调、存等详细信息，都通过主干网和通信卫星传送到数据中心。数据中心还与全球供应商建立了联系，实现了快速反应的 SCM 库存。

本章小结

现代物流的发展离不开现代化信息技术的支撑，这些物流信息技术在不断地发展。本章主要介绍了物流信息，物流信息技术的基本概念、特点等相关的知识点，重点介绍了物流信息技术的一些工作原理。

物流信息是物流活动所必需的信息，现代物流可以看作物资实体流通与信息流通的结合。物流信息在物流活动中起着神经系统的作用，通过对物流信息的研究，使物流成为一个有机系统，而不是各个孤立的活动。建立和完善物流信息系统对于构建现代物流系统是极其重要的一项活动。

复习思考题

1. 物流信息的概念是什么？
2. 物流信息的特点是什么？
3. 物流信息系统的概念是什么？
4. 物流信息系统的特点是什么？
5. 物流信息系统的分类是什么？

案例分析

亚马逊的物流信息技术

亚马逊从成立至今经历了几十年的发展，这几十年也是电商仓储物流不断发展的年代。记得贝佐斯曾经说过：你可以学会亚马逊的过去、学会亚马逊的现在，但你学不会亚马逊的未来。从20年前贝佐斯的汽车房到今天的机器人库房、直升机配送，亚马逊开创了一整套以高科技为支撑的电商仓储物流模式，在过去20年的快速稳健的发展中，亚马逊已经形成了覆盖全球的成熟运营网络。

通过近几十年的积累，亚马逊已经组建了一个通达全球的网络，通过遍布全球的109个运营中心，可到达185个国家和地区。在中国，亚马逊有13个运营中心，近300多条干线运输线路，可向1400多个区县的消费者提供当日达、次日达服务。这样的规模，足以让亚马逊跻身世界一流物流企业。

亚马逊是最早玩转物流大数据的电商企业，在业内率先使用大数据、人工智能和云技术进行仓储物流管理，创新地推出预测性调拨、跨区域配送、跨国境配送等服务，不断给全球电商和物流行业带来惊喜。

1. 亚马逊的智能机器人 Kiva 技术

亚马逊2012年以7.75亿美金收购的Kiva Systems，大大提升了亚马逊的物流系统。截至2015年，亚马逊已经将机器人数量增至10000台，用于北美的各大运转中心。Kiva系统作业效率要比传统的物流作业效率提升2到4倍，机器人每小时可跑30英里，准确率达99.99%。

机器人作业颠覆传统电商物流中心作业“人找货、人找货位”的模式，通过作业计划调动机器人，实现“货找人、货位找人”的模式，整个物流中心库区无人化，各个库位在Kiva机器人驱动下自动排序到作业岗位。

2. 无人机送货

早在2013年12月，亚马逊就发布Prime Air无人快递，顾客在网上下单，如果重量在5磅以下，可以选择无人机配送，在30分钟内把快递送到家。整个过程无人化，无人机在物流中心流水线末端自动取件，直接飞向顾客。2014年亚马逊CEO贝佐斯公开表示，亚马逊正设计第八代送货无人机，将采用无人机为Amazon Fresh生鲜配送服务。

3. 智能入库管理技术

亚马逊全球运营中心，可以说把大数据技术应用得淋漓尽致，从入库这一时刻就开始了。

(1)在入库方面：采用独特的采购入库监控策略。亚马逊基于自己过去的经验和所有历史数据的收集，了解什么样的品类容易坏，坏在哪里，然后进行预包装。这是在收货环节提供的增值服务。

(2)商品测量：亚马逊的Cubi Scan仪器会对新入库的中小体积商品测量长、宽、高和体积，根据这些商品信息优化入库。例如鞋服类、百货、新的爆款等，都可以直接送过来通过 Cubi 测量直接入库。

这给供应商提供了很大方便。客户不需要自己测量新品，这样能够大大提升他的新品上升速度；同时，亚马逊数据库可以存储这些数据并在全国范围内共享，这样其他库房就可以直接利用这些后台数据，再把这些数据放到合适的货物里就可以收集信息，有利于后续的优化、设计和区域规划。

4. 大数据驱动的智能拣货和智能算法

(1)智能算法驱动物流作业，保障最优路径。在亚马逊的运营中心，不管是什么时间点，基本上在任何一个区域、任何一个通道里面，你不太会看到很多人围在一起，因为亚马逊的后台有一套数据算法，它会给每个人随机地优化拣货路径。拣货的员工直接朝前走，不走回头路。系统会推荐下一个要拣的货在哪儿，而且确保全部拣选之后，路径最少。这种智能的计算和推荐，可以把传统作业模式的拣货行走路径减少至少 60%。

(2)图书仓复杂的作业方法。图书仓采用的是加强版监控，会使那些相似品尽量不放在同一个货位。批量图书的进货量很大，因为它的需求很大。亚马逊通过对数据的分析发现，图书穿插摆放，就可以保证每个员工出去拣货的任务比较平均。

(3)畅销品的运营策略。比如奶粉，有些是放在货架上的，有些是放在托拍位上的。亚马逊根据后台的大数据，知道它的需求量比较高，它进来的时候都是整批整批地进，就会把它放在离发货区比较近的地方，这样可以减少员工的负重行走路程。

5. 随机存储

随机存储的运营原则。随机存储是亚马逊运营的重要技术，但要说明的是，亚马逊的随机存储不是随便存储，是有一定的原则性的，特别是畅销商品与非畅销商品，要考虑先进先出的原则，同时随机存储还与最佳路径有重要关系。

(1)随机存储与系统管理。亚马逊的随机存储核心是系统 Bin，将货品、货位、数量绑定关系发挥到极致。收货：把订单看成一个货位，运货车是另一个货位，收货即货位移动。上架：Bin 绑定货位与货品后随意存放。盘点：与 Bin 同步，不影响作业。拣货：Bin 生成批次，指定库位，给出作业路径。出货：订单生成包裹。

(2)随机存储运营特色。亚马逊的运营中心有两大特色，第一个特色就是随机上架，实现的是见缝插针的最佳存储方式。看似杂乱，实则乱中有序。实际上这个乱不是真正的乱，而是指可以打破品类之间的界线，可以把不同类的货物放在一起。有序是说，库位的标签就是它的 GPS，然后这个货位里面所有的商品其实在系统里面都是各就其位，非常精准地被记录在系统中。

6. 智能分仓和智能调拨

亚马逊作为全球云仓平台，智能分仓和智能调拨有独特的技术含量。在亚马逊中国，全国 10 多个平行仓的调拨完全是在精准的供应链计划的驱动下进行的。

(1)通过亚马逊独特的供应链智能大数据管理体系，亚马逊实现了智能分仓、就近备货和预测式调拨。这不仅仅是用在自营电商平台，在开放的“亚马逊物流＋”平台中应用得更加有效果。

(2)智能化调拨库存。全国各个省市包括各大运营中心之间有干线的运输调配，以确保库存已经提前调拨到离客户最近的运营中心。智能化全国调拨运输网络很好地支持了平行仓的概念，全国范围内只要有货就可以下单购买，这是大数据体系支持全国运输调拨网络的充分表现。

7. 精准预测、二维码精准定位技术

(1)精准的库存信息。亚马逊的智能仓储管理技术能够实现连续动态盘点，库存精准率达到99.99%。

(2)精准预测库存，分配库存。在业务高峰期，亚马逊通过大数据分析可以做到对库存需求精准预测，从配货规划、运力调配，以及末端配送等方面做好准备，平衡了订单运营能力，大大降低爆仓的风险。

(3)亚马逊全球运营中心中，每一个库位都一个独特的编码。二维码是每一个货位的身份证，就是一个GPS，可以在系统里查出商品定位。亚马逊精准的库位管理可以实现全球库存精准定位。

8. 可视化订单作业、包裹追踪

跨境电商方面：2015年8月13日，亚马逊发布了海外购闪购，这是依托保税区/自贸区发货的创新模式。亚马逊海外购的商品非常有价格优势，同质同价。全球云仓库存共享：在中国就能看到来自大洋彼岸库存，亚马逊实现全球百货直供中国，这是全球电商供应链可视化中亚马逊独特的运营能力。在中国独一无二地实现了全球可视化的供应链管理。

国内运作方面：亚马逊平台可以让消费者、合作商和亚马逊的工作人员全程监控货物、包裹位置和订单状态。比如：昆山运营中心品类包罗万象，客户的订单执行，从前端的预约到收货、内部存储管理、库存调拨、拣货、包装，以及配送发货、送到客户手中，整个过程环环相扣，每个流程都有数据的支持，并通过系统实现全订单的可视化管理。

正是借助于上述技术，亚马逊在2015年“双11”中的数据尤为可观。根据来自亚马逊中国的最新消息显示，亚马逊“双11”当日全国订单100%按计划完成出库和发货，正点送达率超过98.4%，实现了与平时同样的时效和质量承诺。其中在24个城市，顾客当天上午下单，99%已在当日完成上门配送。

思考

简述亚马逊物流信息技术的优点。

第十章

物流成本与控制

学习要点及目标

物流成本管理是现代物流管理的重要组成部分，也是物流管理的基础。通过本章的学习，学生能够做到以下几点。

(1)掌握物流成本的概念、特点及类别。

(2)掌握物流成本核算的方法。

(3)掌握物流成本控制的基本方法。

引导案例

连锁企业物流成本控制方法分析

物流成本是连锁企业的物流系统为实现商品在空间、时间上的转移而发生的各种耗费的货币表现，具体包括订货费用，订货处理及信息费用，运输费用，包装费，搬运装卸费，进出库费用，储存费用，库存占用资金的利息，商品损耗、分拣、配货费用以及由于交货延误造成的缺货损失等。物流成本的高低，直接关系到连锁企业利润的多少。因此，如何以最少的物流成本“在适当的时间将适当的产品送到适当的地方”，是摆在连锁企业面前的一个重要问题。解决这个问题的根本出路在于加强对物流系统即商品采购、储存、配送三个主要环节的成本控制。

1. 采购成本的控制

采购成本的高低对物流总成本的高低有重要的影响。因此，采购部门应该想方设法降低商品采购过程中的各项费用支出，主要措施如下：

(1)加强集中采购，发挥规模优势。连锁企业的兴起就在于它能充分发挥集中采购、统一进货的优势。总部应当集各连锁分店的零星要货为较大批量的要货，争取供应商在价格上给予尽可能地优惠，从而降低进货价格，降低销售价格，提高商品的竞争力。

(2)确定适当的采购时机与合理的采购批量。采购时机与采购批量是影响物流总成本的重要因素。采购过早，会使库存量增加，加大库存费用；采购过晚，库存不足，又会带来缺货损失。采购批量太大，有可能造成积压；反之，又增加了采购次数，增大采购固定费用。因此，企业应根据各方面的情况，采用科学的方法确定适当的采购时机与合理的采购批量，以降低采购成本。

(3)根据市场状态，确定采购对象，建立稳定的供应商合作伙伴关系。社会化的大生产、大流通决定了企业不能把供求关系建立在“吃零食”的基础上。连锁商业作为一种社会化程度较高的组织形式，建立相对稳定的供货关系，既有可能，也有必要。目前，假冒伪劣商品充斥市场，连锁企业若有稳定的供货渠道，与诚实可信、资信良好的供应商合作，就可减少假冒伪劣商品混入的可能性，有利于降低订货费用和缺货损失，提高自己在社会上的信誉。

(4)尽量降低采购风险。采购风险是在采购过程中由于存在不确定因素而造成的损失。当商品供不应求而生产周期又长时，由于不确定因素增多，应增大保险储备量；当购买新产品时，如果事先不了解市场反应，应减少购买量。

2. 存货成本的控制

商品存货成本，包括库存商品占用资金应支付的利息，贮藏中的损耗，保险费，以及库房建筑物和仓库机械设备的折旧费、修理费、通风照明费，仓库职工工资及办公费等。确定存货最优水平的关键在于如何做到既能满足连锁分店的销售需要，又能满足现代库存控制的要求，即库存费用与采购费用的总和最低。在实际工作中，可采用如下两种方法：

(1)定量订货控制法。定量订货控制法以库存费用与采购费用总和最低为原则，事先确定相对固定的经济订货批量和订货点，每当库存量降到订货点，即按预定的经济订货批量组织订货。这种方法通过“经济订货批量”和“订货点”两个量控制库存。订货点＝日平均需求量×订货期(发出订单到商品入库的时间)。定量订货控制法事先确定了经济订货批量和订货点，适用于常年销售且销售量比较稳定的商品。

(2)定期订货控制法。这种方法同样以存货费用与采购费用总和最低为原则，与定量订货控制法不同的是，采购为定期采购，采购批量为订货水准(订货后应达到的库存量)与盘存量(实际库存量)之差。这种方法通过“订货周期”“订货水准”和“每次订货量”控制库存。定期订货控制法用于销售量不稳定的商品，它只预测较短时期内的需求量，根据盘存量来确定订货数量，可以保持经营的灵活性，降低采购风险。

如果企业经营的商品品种很多，对每类商品都实行精确的库存控制，库存管理费用就会大大增加，这与实行库存控制的目的是相违背的。所以应该采用 ABC 分类法，只对价值大的商品进行重点管理。

3. 配送成本的控制

配送成本是指连锁企业的配送中心在进行分货、配货、送货过程中所发生的各项费用总和，包括包装费用、装卸费用及有关工作人员的工资等。配送成本的控制应从以下几方面进行：

(1)加强配送的计划性。在配送活动中，临时配送、紧急配送或无计划的随时配送都会大幅度增加配送成本，因为这些配送会使车辆不满载，浪费里程，为了加强配送的计划性，需要建立分店的配送申报制度，在实际工作中，应针对商品的特性，制定不同的配送申请和配送制度。①对鲜活商品，应定时定量申请、定时定量配送。分店一般一天申请一次，商品的采购量应以控制在当天全部售完为宜。②对普通商品，应定期向配送中心订货，订货量为两次订货的预计需求量。实行定期申请，分店要预测订货周期内的需求量，以降低经营风险。

(2)确定合理的配送路线。采用科学的方法确定合理的配送路线，是配送活动中的一项重要工作。确定配送路线的方法很多，既可采用方案评价法，拟订多种方案，以使用的车辆数、司机数、油量、行车的难易度、装卸车的难易度及送货的准时性等为评价指标，对各个方案进行比较，从中选出最佳方案；又可以采用数学模型进行定量分析。无论采用何种方法，都必须考虑以下条件：满足所有分店对商品品种、规格和数量的要求，满足所有分店对货物到达时间范围的要求，在交通管理部门允许通行的时间内送货，各配送路线的商品量不得超过车辆容积及载重量，在配送中心现有运力的范围之内配送。

(3)进行合理的车辆配载。各分店的销售情况不同，订货也就不大一致，一次配送的货物可能有多个品种，这些商品不仅包装形态、储运性质不一，而且密度差别较大。密度大的商品往往达到了车辆的载重量，但体积空余很大；密度小的商品虽达到车辆的最大体积，但达不到载重量。实行轻重配装，既能使车辆满载，又能充分利用车辆的有效体积，会大大降低运输费用。

(4)量力而行建立计算机管理系统。在物流作业中，分拣、配货要占全部劳动的60%，而且容易发生差错。如果在拣货、配货中运用计算机管理系统，应用条形码，就可使拣货快速、准确，配货简单、高效，从而提高生产效率，节省劳动力，降低物流成本。

第一节　物流成本的相关概念

在物流管理过程中，无论采用什么样的物流技术与管理模式，最终目的都不在于这种模式与技术本身，而是为了实现企业物流的合理化，也就是通过对物流系统目标、物流设施和物流活动组织等进行改进与调整，实现物流系统的整体最优化，其最终目标都是要在保证一定物流服务水平的前提下，实现物流成本的降低。可以说，整个物流管理和物流技术的发展过程，就是不断追求物流成本降低的过程。

一、物流成本的概念

物流成本是指为组织、实施、管理物流活动所发生的各种费用及其物资消耗的货币表现，也就是物品在包装、装卸、运输、储存、流通加工、配送等实体流动过程中所支出的人力、财力和物力的总和。由于物流活动不仅存在于商品销售领域，而且也存在于原材料的采购和产品制造领域，因此，各类企业以及生产经营的各个阶段都存在着大量的物流活动，消耗着大量的物流资源，从而形成规模可观的物流成本，使物流成本成为影响商品价格的重要因素。当然，企业类型不同，经营内容不同，物流活动的规模与难易程度也不同，进而所消耗的物流资源和产生的物流成本也不同。但是，从总体上看，物流成本无疑是商品或服务价格的重要组成部分。国外有学者曾对不同零售商品的物流成本进行过调查研究，结果发现：在商品的零售价格中，物流成本占20%到30%，而生鲜商品零售价格中物流成本所占比例更高。显然，不论对经营者还是对消费者来说，物流成本都具有重要意义。

从全社会来看，物流成本也是国民经济总成本的重要组成部分，对国民经济的运行绩效有着重要影响。当然，经济发展水平不同，物流成本占国内总产值(GDP)的比重也不同。一般来说，经济发展水平越高，全社会的物流管理水平也就越高且越有效率，全社会的物流成本占GDP的比重也就越低，从而意味着物流活动所消耗的资源也就越节约，国民经济运行绩效也就越高。

反之亦然。从世界范围来看，不同国家的物流成本占GDP的比重不尽相同；同一国家或地区在不同时期，其物流成本占GDP的比重也不同。通常来说，随着经济发展水平的提高，物流成本占GDP的比重不断下降。

从销售方面看，物流成本并没有区分多余的服务和标准服务的不同，如很多企业将促销费用都算在物流成本中。物流成本之间存在效益背反规律。某些项目成本的削减，可能引起其他项目成本的增加。因为各种费用的互相关联，必须考虑整体的最佳成本。物流成本研究的目的是要将混入其他费用科目的物流成本分离出来，使人们能够清晰地看到潜藏的物流成本，以便挖掘并降低成本。

二、物流成本的特点

尽管在20世纪50年代人们就已经意识到在物流领域存在着巨大的降低成本的空间，但时至今日，许多企业仍然很难对物流成本进行有效控制，更难以在不影响企业经营目标的前提下降低物流成本。这显然与物流成本本身的特性有关。

(一)核算难

由于传统的企业财务会计制度中没有单独的物流成本项目，物流成本包含在制造费用、销售费用、管理费用等项目中，难以对物流总成本进行全面、准确地核算。在一般情况下，企业较容易对外购或委托物流成本，如向专业运输、仓储或第三方物流企业支付的运费、保管费及管理费等进行核算，而对企业内部所发生的物流成本则很难核算。实际上，企业的外购或委托物流成本仅占企业实际发生的物流成本的较少部分，特别是对物流服务内部化程度较高的我国企业来说，外购或委托物流成本所占比例更小。

(二)可比性差

由于没有行业公认的物流成本核算标准，各企业只能根据各自对物流成本范围的理解来核算物流成本，从而使企业间物流成本水平缺乏可比性，这就为物流成本控制与管理带来了不小的困难。例如，在现代企业管理方法体系中，标杆法得到了广泛应用。所谓标杆法，就是将行业内的先进企业作为比较标准，以它们为榜样，找出差距与问题并努力解决。物流成本核算范围、标准不同，导致无法真实比较各企业的物流成本水平，不利于企业有效控制物流成本。

(三)成本项目间的“二律背反”现象多

物流成本各项目间存在着许多“二律背反”现象，如包装成本的降低，可能导致运输、装卸成本的上升；运输成本的下降，可能导致仓储或保管成本的上升等。这使得传统的目标管理中目标分解等做法效果不佳，而需要从系统的角度来控制物流成本。

(四)成本原因难以区分

例如，在许多企业中，过量服务所产生的成本与标准服务所产生的成本是混同在一起的，难以区分。此外，许多企业还将过量进货、过量生产以及紧急运输等产生的费用也计算在正常的物流成本之中，从而难以对正常情况下的物流成本进行准确的把握。再如，有些企业还将促销费用也计算在物流成本之中，从而不利于区分成本的属性，明确成本责任。

(五)综合性

由于物流是一个系统，不仅包括运输、包装、装卸、储存、流通加工、配送、物流信息等多个职能环节，而且涉及供应、生产、销售、退货和废弃物回收等多个部门领域，因此，物流成本是一个综合、系统的数据信息，企业经营的各环节、各部门都对物流成本的高低产生影响。

三、物流成本的类别

对于流通型和生产型企业在物流活动中发生的上述物流成本，可按一定的标准进行分类，以便正确认识和分析物流成本的构成，加强企业物流成本的管理，落实企业降低物流成本的方法和措施。

(一)按物品流通的环节分类

物流成本按流通环节可分为运输成本、流通加工成本、配送成本、包装成本、装卸搬运成本和仓储成本。

1. 运输成本

(1)营运费用，如营运车辆的燃料费、轮胎费、折旧费、维修费、租赁费、车辆牌照检查费、车辆清理费、过路费、保险费、公路运输管理费等。

(2)人工费用，如工资、福利费、奖金、津贴和补贴等。

(3)其他费用，如差旅费、事故损失、相关税金等。

2. 流通加工成本

(1)流通加工的设备费用。这类费用主要是指在流通加工过程中，由于流通加工设备的使用而发生的实体损耗和价值转移。流通加工设备因流通加工的形式不同而不同，如木材加工需要电锯，剪板加工需要剪板机等。购置这些设备所支出的费用以流通加工费的形式转移到了被加工的产品中。

(2)流通加工的材料费用。这类费用是指在流通加工过程中投入到加工过程中的一些材料消耗的费用。

(3)流通加工的劳务费用。这类费用是指在流通加工过程中支付给从事加工活动的工人及有关人员的工资、奖金等费用。

(4)流通加工的其他费用。这类费用是指除上述费用外，在流通加工中耗用的电力燃料、油料以及管理费用等。

3. 配送成本

(1)流通加工费用。这类费用主要包括配送环节发生的设备使用费、折旧费、材料费及人工费用。

(2)分拣费用。这类费用主要包括配送分拣过程中发生的分拣人工费用及分拣设备费用。

(3)配装费用。这类费用主要包括配装环节发生的材料费用、人工费用。

(4)配送运输费用。这类费用主要包括配送运输过程中发生的车辆费用和营运间接费用。

4. 包装成本

(1)包装材料费用。常见的包装材料有多种，由于包装材料的功能不同，成本差异也较大。

(2)包装机械费用。包装机械不仅可以极大地提高包装的劳动效率，也可以大幅度地提高包装水平。包装机械费用主要包括设备折旧费、低值易耗品摊销、维修费等。

(3)包装技术费用。为了使包装充分发挥功能，达到最佳的包装效果，需要采用一定的包装技术，如实施缓冲包装、防潮包装、防伪包装等。这些技术的设计、实施所支出的费用就是包装技术费用。

(4)包装的人工费用。这类费用是指从事包装工作的工人与其他有关人员的工资、奖金、福利费等。

(5)包装辅助费用。这些费用包括包装标记、标志的设计费用，印刷费用，辅助材料费用，赠品费以及相关的能源消耗费用等。

5. 装卸与搬运成本

(1)人工费用，如装卸与搬运环节中工人的工资、福利费、奖金、津贴、补贴等。

(2)营运费用，如装卸与搬运环节中固定资产折旧费、维修费、能源消耗费、材料费等。

(3)装卸搬运合理损耗费用，如装卸搬运中发生的货物破损、散失、损耗、混合等费用。

(4)其他费用，如办公费、差旅费、保险费、相关税金等。

6. 仓储成本

(1)仓储持有成本。仓储持有成本是指企业为保持适当的库存而发生的成本，如仓储设备的折旧费、维修费，仓库员工工资，仓库的挑选整理费，仓储商品的损毁和变质损失等。

(2)缺货成本。缺货成本是指由于库存供应中断而造成的损失，包括原材料供应中断造成的停工损失、产成品库存缺货造成的延迟发货损失和丧失销售机会损失等。

(3)在途库存持有成本。如果企业以目的地交货价销售商品，就意味着企业要负责将运达客户，当客户收到订购的商品时，商品的所有权才转移。从理财的角度来看，这种在途商品在交给客户之前仍然属于企业所有，运货方式及所需的时间是储存成本的一部分，企业应该对运输成本与在途存货持有成本进行分析。在途库存持有成本一般包括库存的资金占用成本、保险费用、仓储风险成本等。

(二)按物流成本的性态分类

按物流成本的性态分类，可将物流成本分为变动成本和固定成本。在企业的物流活动中，企业发生的资源耗费与物流业务量之间的关系可以分为两类：一是随物流业务量的变化而近似成比例变化的成本，如包装材料的消耗、工人的工资、能源消耗等；二是在一定业务量范围内，与业务量的增减变化无关的成本，如物流设备折旧费、管理部门的办公费等。对于这两类不同性质的成本，前者称为变动成本，后者称为固定成本。在企业的物流活动中，还存在一些不随物流业务量的变化成正比变化也非保持不变，而是随着物流业务量的增减变动而适当变动的成本，这种成本称为混合成本，如物流设备的日常维修费、辅助费用等。对于混合成本，可按一定方法将其分解成变动和固定两部分，并分别划归变动成本与固定成本。

(三)按物流成本是否具有可控性分类

按物流成本是否具有可控性，可将物流成本分为可控成本与不可控成本。可控成本是指考核对象对成本的发生能够控制的成本。例如，包装部门的经营管理水平与包装材料的耗用量相关，而与包装设备的折旧费无关，所以，包装材料费是包装部门的可控成本，而包装设备折旧费则是不可控成本。由于可控成本是可以控制的，因而各责任部门必须对其负责。不可控成本是指考核对象对成本的发生不能予以控制，因而也不予负责的成本，如上述包装设备的折旧费。可控成本与不可控成本都是相对的，而不是绝对的。对于一个部门来说是可控的，而对其他部门来说可能是不可控的。但从整个企业来考察，一切费用都是可控的，只是这种可控需要分解落实到相应的责任部门。除此之外，物流成本还存在一些其他的分类方式，如按物流成本支付形态分为材料费工费、公益费、维护费、一般经费、特殊经费和委托物流费用。按物流活动范围可分为供物流费、企业内物流费、销售物流费、退货物流费和废弃物流费等。

四、物流成本管理的内容

(一)物流成本管理的概念

物流成本管理是指有关物流成本方面的一切管理工作的总称，即对物流成本所进行的计划、组织、指挥、监督和调控。

物流成本管理是现代物流管理的重要组成部分，也是物流管理的基础。物流成本的高低直接关系到企业提供产品或服务的质量与价格，从而影响到企业对客户的价值贡献，进而影响到企业的经济效益与竞争力。从这个意义上讲，物流成本也是衡量企业物流有效性的重要标准之一，企业提供的物流服务只有在成本上是可接受的，其提供的物流服务才是有效的。当然，理想的境界是，在满足客户需要的条件下，使物流成本最小化。因此，加强物流成本管理对企业有效组织物流活动、提高物流效率，具有重要意义。

应该说明的是，物流成本管理的直接目的是通过物流成本信息来检验物流系统是否存在问题，进而促进物流活动的合理化，并通过物流成本分析与物流成本控制来降低物流成本。然而，物流成本信息并不是检验物流系统是否合理的唯一标准，片面地谋求物流成本的降低有可能牺牲企业物流活动的系统有效性。例如，出于物流系统目标或企业竞争战略的需要，有时要以较高水平的物流服务来满足客户的需求，从而导致物流成本的提高。在这种情况下，物流成本的最小化就不是企业的合理选择。由此可见，物流成本管理的最终目的并不是管理物流成本，而是通过物流成本来管理物流。这是企业经营者或物流管理者必须坚持的物流成本管理理念。

(二)物流成本管理的内容

物流成本管理的具体内容包括物流成本核算、物流成本预测、物流成本计划、物流成本决策、物流成本分析和物流成本控制等。

(1)物流成本核算。物流成本核算是根据企业确定的物流成本计算对象，采用相应的成本计算方法，按规定的成本项目，通过一系列的物流费用汇集与分配，从而计算出各物流活动成本计算对象的实际总成本和单位成本。物流成本计算可以如实地反映物流过程中的实际耗费，同时，也是对各种物流活动费用实际支出的控制过程。

(2)物流成本预测。物流成本预测是根据有关物流成本数据和企业物流活动的具体情况，运用一定的技术方法，对未来的物流成本水平及其变动趋势做出科学的估计。物流成本预测是物流成本决策、物流成本计划和物流成本控制的基础，可以提高物流成本管理的科学性和预见性。在物流成本管理的许多环节都存在成本预测问题，如仓储环节的库存预测、流通环节的加工预测和运输环节的货物周转量预测等。

(3)物流成本计划。物流成本计划是根据物流成本决策所确定的方案、计划期的物流任务、降低物流成本的要求以及有关资料，通过一定的程序，运用一定的方法，以货币形式规定计划期物流各环节的耗费水平和成本水平，并提出保证物流成本计划顺利实现所采取的措施。通过物流成本计划管理，可以明确企业降低物流成本的目标，强化企业物流成本管理责任，增强企业的成本意识，挖掘降低物流成本的潜力，以保证企业降低物流成本目标的实现。

(4)物流成本决策。物流成本决策是在物流成本预测的基础上，结合其他有关资料，运用一定的科学方法，从若干个方案中选择一个满意的方案的过程。从整个物流过程来看，有配送中心新建、改建、扩建的决策，装卸搬运设备、设施的决策，流通加工合理下料的决策等。进行物流成本决策、确定目标成本是编制物流成本计划的前提，也是实现物流成本的事前控制、提高经济效益的重要途径。

(5)物流成本分析。物流成本分析是在物流成本核算及其他有关资料的基础上，运用一定的方法揭示物流成本水平的变动原因，进一步查明影响物流成本变动的各种因素。通过物流成本分析，可以提出积极的建议，采取有效的措施，合理地控制物流成本。

(6)物流成本控制。物流成本控制是根据计划目标，对物流成本发生和形成过程以及影响物流成本的各种因素和条件施加主动的影响，以保证物流成本计划的实现。物流成本控制包括物流成本的事前控制、事中控制和事后控制。物流成本的事前控制是整个物流成本控制活动中最重要的环节，它直接影响以后各作业流程成本的高低。事前成本控制活动主要有物流配送中心的建设控制，物流设施、设备的配备控制，物流作业过程改进控制等。物流成本的事中控制是对物流作业过程中劳动耗费的控制，包括设备耗费的控制、人工耗费的控制、劳动工具耗费和其他费用支出的控制等方面。物流成本的事后控制是通过定期对过去某一段时间成本控制的总结、反馈来控制物流成本。通过物流成本控制，可以及时发现存在的问题，采取纠正措施，保证物流成本目标的实现。

上述各项成本管理活动的内容是互相配合、相互依存的一个有机整体。物流成本核算是物流成本分析与控制的前提，也是物流成本管理的基础。物流成本预测是物流成本决策的前提，物流成本计划是物流成本决策所确定目标的具体化。物流成本控制是对物流成本计划的实施进行监督，以保证目标的实现。物流成本核算与分析是对物流成本目标是否实现的检验。

第二节　物流成本的核算

一、物流成本的核算对象

物流成本核算对象是指企业物流管理部门或成本管理部门为核算物流成本而确定的，以一定期间和空间范围为条件而存在的成本计算实体。物流成本核算对象的选择是物流成本核算的前提。物流成本核算对象不同，物流成本核算的结果也就不同，对物流系统的评价结果也不同，进而导致不同的物流管理决策。因此，正确选择物流成本核算对象，对科学的物流成本核算与物流成本管理具有重要意义，企业的物流活动都是在一定的时空范围内进行的，从物流过程的各个环节来看，时间上具有连续性和继起性，空间上具有并存性。因此，各项物流费用的发生，需要从发生期间、发生地点和承担实体三个方面进行合理划分，这就形成了成本核算对象的三个基本构成要素。

（一）成本费用承担实体

成本费用承担实体是指产生成本费用并应合理承担各项成本费用的特定经营成果的表现形式，包括有形的各种产品和无形的各种服务作业。对物流成本核算而言，成本费用承担实体主要是各种类型的物流活动或物流作业。

（二）成本计算期

成本计算期是指汇集生产经营费用、计算生产经营成本的时间范围。从理论上讲，物流成本计算期是指某一物流活动从开始到完成这一周期。但是，在企业物流活动连续进行的情况下，难以对某一项物流活动确定经营期和单独计算成本，因此，一般根据权责发生制原则，以月份作为物流成本计算期，但对于一些特殊的物流活动，也可以经营周期作为成本计算期。

（三）成本计算范围

成本计算范围是指成本费用发生并能组织企业成本计算的地点或区域（部门、单位、生产或劳务作业环节等）。例如，工业企业的成本计算范围可按全厂、车间、分厂、某个生产环节划分，服务性企业可以按部门、分支机构或班组等单位确定各个成本计算范围。物流成本计算范围一般按物流活动范围、物流功能范围，以及物流成本控制的重点进行划分。

二、物流成本计算流程

物流成本核算的一般流程是指对企业在生产经营过程中发生的各项物流费用，按照成本核算的要求，逐步进行归集和分配，最后计算出各项期间费用、物流总成本和各种成本对象的物流成本的基本过程。根据上述的物流成本计算原则、要求和费用的分类，可将物流成本计算的一般流程归纳如下。

（一）明确物流范围

物流范围作为成本的计算领域，是指物流的起点到终点的长度。人们通常所说的物流有：原材料物流，即原材料从供应商转移到工厂时的物流；工厂内物流，即原材料、半成品、产成品在企业的不同工序、不同环节之间的转移和存储；从工厂到仓库的物流；从仓库到客户的物流等。所以，将不同的物流范围作为物流成本的计算对象，会引起物流成本发生很大的变化。

（二）确定物流功能范围

物流功能范围是指在运输、保管、配送、包装、装卸、信息管理等众多的物流功能中把哪种物流功能作为计算对象。可以想见，把所有的物流功能作为计算对象的成本与只把运输、保管这两项功能作为计算对象所得到的成本会相差悬殊。

(三)审核原始记录

成本核算是以有关的原始记录为依据的，如计算材料费用的领料单或领料登记表，计算工资费用的考勤记录和业务量记录等。为了保证成本核算的真实、正确和合法，成本核算人员必须严格审核有关的原始记录，审核其内容是否填写齐全，数字计算是否正确，签章是否齐全，费用应不应该开支，所耗费用的种类和用途是否符合规定，用量有无超过定额或计划等。

(四)确定成本计算对象

成本计算的过程，就是按照一定的成本计算对象分配、归集物流费用的过程。成本计算对象是指成本计算过程中归集、分配物流费用的对象，即物流费用的承担者。成本计算对象不是由人们主观随意规定的，不同的生产经营类型从客观上决定了不同的成本计算对象。企业可以根据自己生产经营的特点和管理要求的不同，选择不同的成本计算对象来归集、分配物流费用。

(五)确定成本项目

为了正确反映成本的构成，必须合理地规定成本项目。成本项目要根据具体情况与需要设置，既要有利于加强成本管理，又要便于正确核算物流成本。企业一般应设置直接材料、燃料及动力、直接人工费用和间接费用等成本项目。在实际工作中，为了使成本项目更好地适应企业的生产经营特点和管理要求，企业可以对上述成本项目进行适当的调整。

(六)处理跨期费用的摊提工作

跨期费用是指按照权责发生制原则，虽在本期支付但应由本期和以后各期共同负担的物流费用，以及本期尚未支付但应由本期负担的物流费用。对于这类物流费用，在会计核算上采用待摊或预提的办法处理。将在本期开支的成本和费用中应该留待以后各期摊销的费用，计为待摊费用；将在前期开支的待摊费用中本期应摊销的成本和费用，摊入本期成本和费用；将本期尚未开支但应由本期负担的成本和费用，预提计入本期的成本和费用。

(七)进行成本归集和分配

将应计入本期物流成本的各项物流费用，在各种成本对象之间按照成本项目进行分配和归集，计算出按成本项目反映的各种成本对象的成本，这是本期物流费用在各种成本对象之间进行的横向分配和归集。

(八)设置和登记成本明细账

为了使成本核算结果真实、可靠、有据可查，成本计算的过程必须要有完整的记录，即通过有关的明细账或计算表来完成计算的全过程。要正确计算各种对象的成本，必须正确编制各种费用分配表和归集的计算表，并且登记各类有关的明细账，这样才能将各种费用最后分配、归集到成本的明细账中，算出各种对象的成本。

物流成本核算程序是指从物流费用发生开始，到计算出物流总成本和单位成本对象的成本为止的整个成本计算的步骤。

三、物流成本核算的方法

常用的物流成本核算的方法主要有三种，即会计方法、统计方法及会计与统计相结合的方法。

(一)会计方法

会计方法就是通过凭证、账户、报表对物流费用予以连续、系统、全面地记录、计算和报告的方法。会计方法包括两种形式：一是双轨制，二是单轨制。所谓双轨制，就是把物流成本核算与其他成本核算截然分开，单独建立物流成本核算的凭证、账户、报表体系。在双轨制核算方法下，物流成本信息在传统成本核算和物流成本核算中可以得到双重反映。所谓单轨制，就是把物流成本核算与企业现行的其他成本核算，如产品成本核算、责任成本核算、变动成本核算等结合进行，建立一套能提供多种成本信息的共同的凭证、账户、报表体系，在这种情况下，要对现有的凭证、账户、报表体系进行较大的改革，需要对某些凭证、账户、报表的内容进行调整，同时还需要增加一些凭证、账户和报表。这种结合当然是比较困难的，但并不是不可能的，因为企业物流成本的大部分内容包含在产品成本中．责任物流成本是责任中心成本的一部分，变动物流成本则是企业变动成本的一部分。

利用会计方法进行物流成本核算，提供的成本信息比较系统、全面、连续，且准确、真实。但是，这种方法比较复杂，或者需要重新设计凭证、账户、报表体系，或者需要对现有体系进行较大的调整。

(二)统计方法

统计方法不要求设置完整的凭证、账户和报表体系，而主要是通过对企业现行成本核算资料的分析，从中抽出与物流活动有关的成本数据，再加上一部分现行成本核算没有包括在内、但要归入物流成本的费用(如物流信息、外单位支付的物流费等)，然后再按物流管理的要求对上述费用重新归类、分配、汇总，加工成物流管理所需要的成本信息。具体做法是：

(1)通过对材料采购、管理费用账户的分析，抽出供应物流成本部分，如材料采购账户中的外地运输、管理费用账户中的市内运杂费、原材料仓库中的折旧维修费、保管人员的工资等，并按功能类别、形态类别进行分类核算。

(2)从生产成本、制造费用、辅助生产、管理费用等账户中抽出生产物流成本，并按功能类别和形态类别进行分类核算。例如，人工费部分按物流人员的人数比例或物流活动工时比例确定，折旧修理费用按物流固定资产占用资金比例确定。

(3)从销售费用中抽出销售物流成本部分，包括直接销售过程中发生的运输、包装、装卸、保管、流通加工等费用。委托物流费按直接发生额计算。

(4)对采购供应阶段外企业支付物流费用的核算，可根据在本企业交货的采购数量及单位物流费率进行；对销售阶段外企业支付物流费用的核算，可根据在本企业交货的销售数量及单位物流费率进行；单位物流费率可参考企业物资供应、销售给对方企业交货时的实际费用水平确定。

(5)物流利息可按企业物流资产占用额乘以内部利率进行计算。

(6)从管理费用账户中抽出退货物流费。

(7)单独计算废弃物流费用。

(8)委托物流费的计算比较简单，它等于企业对外支付的物流费用。

统计方法的物流成本核算比较简单、方便，但核算准确程度要低于会计方法的物流成本核算。因此，通常也可以将会计方法与统计方法相结合进行物流成本核算。

(三)会计与统计相结合的方法

会计与统计相结合的方法，就是将物流费用的一部分内容通过统计方法来核算，另一部分内容通过会计方法来核算。运用这种方法，也需要设置一些物流成本账户，但不像会计方法那么全面、系统，而且这些物流成本账户不纳入现行成本核算的账户体系，对现行成本核算体系来说，它是一种账外核算，具有辅助账户记录的性质。其具体做法如下。

(1)设置辅助账户。一般来说，企业应设置物流成本总账，核算企业发生的全部物流成本；同时按物流范围设置供应、生产、销售、退货、废弃物流成本二级账；在各二级账下按物流功能设置运输费、保管费、装卸费、包装费、流通加工费、物流管理费三级账，并按费用的支付形态设置专栏。

(2)对于现行成本核算已经反映，但分散于各科目的物流费用，在按会计制度的要求编制凭证、登记账簿、进行正常成本核算的同时，据此凭证登记相关的物流成本辅助账户，进行账外的物流成本核算。

(3)对于现行成本核算没有包括，但属于物流成本应该包括的费用，其计算方法与统计方式下的计算方法相同。

(4)月末根据各物流成本辅助账户所提供的资料编制范围类别、功能类别、支付形态类别等各种形式的物流成本报表。

第三节　物流成本的控制与分析

一、物流成本分析的含义

物流成本分析就是利用物流成本核算结果及其他有关资料，分析物流成本水平与构成的变动情况，研究影响物流成本升降的各种因素及其变动原因，寻找降低物流成本的途径，物流成本分析的主要目的是：

通过对物流成本水平与构成的分析，正确评价企业物流成本计划的执行结果，找出差距，发现问题，提高企业全体员工对物流重要性的认识。

揭示物流成本升降的原因，正确查明影响物流成本的各种因素，进一步提高物流管理水平。

寻求进一步降低物流成本的途径和方法，并为制订新的物流成本计划提供重要依据。

二、物流成本分析的原则

要进行科学的物流成本分析，必须坚持以下几个基本原则。

定性分析与定量分析相结合。物流成本水平及其变动，既有质的特征，又有量的特征，因此，物流成本分析也包括定性与定量两个方面。定性分析就是对物流成本变动性质的分析，其目的是揭示物流成本影响因素的性质、内在联系及其变动趋势；定量分析则是对物流成本变动数量的分析，其目的是确定物流成本指标变动幅度及各因素的影响程度。定性分析是定量分析的基础，定量分析是定性分析的深化。二者互为补充，缺一不可。

物流成本分析与技术经济指标的变动相结合。技术经济指标是反映企业物流技术经济状况与企业物流技术、流程、作业特点密切相关的一系列指标。企业各项技术经济指标完成情况，直接或间接地影响到物流成本的高低。因此，只有结合技术经济指标的变动对物流成本进行分析，才能使物流成本分析的结果更真实、更准确。

物流成本分析与经济责任制相结合，建立健全经济责任制，将物流成本分析工作与物流部门的绩效评价相结合，才能保证物流成本分析工作深入、持久，同时，也才能将物流成本分析的结果应用到具体的工作改进过程中，使物流成本分析取得实绩。

三、物流成本定量分析的方法

常用的物流成本定量分析方法主要有对比分析法和连锁替代法。

对比分析法。对比分析法是通过成本指标在不同时期或不同情况的数据对比，揭示成本变动的原因。对比分析法的具体形式有绝对数对比、增减数对比和指数(相对数)对比。

连锁替代法：连锁替代法也称连锁置换法、连环替代法，它是确定引起某种经济指标变动的各个因素影响程度的一种计算方法。在几个相互联系的因素共同影响某一指标的情况下，可用这一方法来计算各个因素对经济指标变动的影响程度。其计算过程是：首先，假定只有一个因素变动而其他因素不变，并计算该因素的变动对某一经济指标变动的影响程度；然后，依次计算其他因素的变动对某一经济指标变动的影响程度(同样假定只有一个因素变动，而其他因素不变)；最后，将各因素对某一经济指标变动的影响程度相加，就可得到各个因素的变动对某一经济指标变动的总的影响程度。

四、物流成本分析的指标体系

产值或销售额物流成本率。产值或销售额物流成本率是指在一定时期内企业物流成本占企业销售额或营业额的比率。其计算公式如下：

产值或销售额物流成本率＝物流成本÷销售额或营业额×100％

这里所说的物流成本是指完成特定物流活动所发生的真实成本，该指标越高，说明企业单位销售额或营业额所支出的物流成本就越高，即企业的物流成本水平越高；反之，则说明企业的物流成本水平越低。该指标是进行物流成本分析最基本的指标，它大体上可以反映企业在一定时期内物流成本水平的高低。但是，该指标在很大程度上要受到价格变动和交易条件(物流服务水平)的影响，因此，利用该指标进行考核或评价时要充分考虑价格与交易条件的影响。

总成本物流成本率。总成本物流成本率是指在一定时期内企业的物流成本占企业总成本的比率。该指标是考核企业物流合理化程度的基本指标，同时也是衡量企业物流成本水平的重要指标。如果该指标很高，说明企业的物流成本占企业总成本的比重较大，应分析原因，找出改进的方法。

营业费用物流成本率。营业费用物流成本率是指在一定时期内企业物流成本占营业费用的比率。其计算公式如下：

营业费用物流成本率＝物流成本÷营业费用×100％
＝物流成本÷(销售费用＋一般管理费)×100％

该指标用来分析物流成本占营业费用的比重。由于该指标不受进货成本变动的影响，所以，更能准确地反映企业物流成本水平，从而可以作为考核评价物流合理化程度的指标。

物流功能成本率。物流功能成本率是指在一定时期内各物流功能成本占物流总成本的比率。其计算公式如下：

物流功能成本率＝物流功能成本/物流总成本×100％

该指标可以准确反映运输费、保管费、包装费、装卸费、流通加工费、物流信息费、物流管理费等各物流功能成本占物流总成本的比率，为有效控制各物流功能成本提供重要信息。该指标又可进一步细分为运输成本率、保管成本率、包装成本率、装卸成本率、流通加工成本率、物流信息成本率和物流管理成本率等，其计算方法同上。显然，该指标可以用来分析物流成本的功能构成，为实现各物流功能的合理化提供重要依据。

物流成本效用系数是指在一定时期内物流成本变化率与企业销售额或利润额变化率的比值，其计算公式如下：

物流成本效用系数＝物流成本变化率÷企业销售额或利润额变化率

该指标用来分析企业物流成本变化与企业销售额或利润额变化的关系。如果该系数等于1，则说明企业的物流成本随着企业销售额或利润额的变化而等比例的变化；如果该系数小于1，则说明企业的物流成本随企业销售额或利润额的增长而下降，物流成本效用水平提高；如果该系数大于1，则说明企业物流成本的增长速度超过销售额的增长速度，物流成本效用水平下降，应引起企业的重视。

五、物流成本控制的目标定位与工作程序

(一)物流成本控制的目标定位

为了进行有效的物流成本控制，先应对物流成本控制目标进行定位。因为只有明确物流成本控制的目标，才能实施有效的物流成本控制手段，进而才能使物流成本控制为企业经营管理服务，实现物流成本控制的最终目的。一般来讲，在定位物流成本控制目标时应着重考虑以下几个问题。

物流成本控制目标要服从于企业的竞争战略。在企业经营中，战略的选择与实施是决定企业生存与发展的关键，战略的需要高于一切。在确定物流成本控制的目标时，首先要符合企业为取得竞争优势所进行的战略选择，要满足企业实施的各种战略对物流成本控制的需要，在企业竞争战略许可的范围内，谋求物流成本的最低化。

物流成本控制目标要服从于企业最大限度地取得利润的目标。在既定的战略模式下，利用物流成本、质量、价格、销量等因素之间的联动关系，以物流成本支持质量、价格与销量，进而最大限度地实现利润。

物流成本控制目标要满足降低物流成本的需要。降低物流成本可以通过两种基本方式实现：一是在既定的经济规模、技术与质量标准的条件下，通过降低消耗、提高劳动生产率、合理地组织管理等手段来降低物流成本；二是改变物流成本发生的基础条件，即改变企业生产要素与物流资源的配置，提高技术装备水平，使物流成本降低。

综上所述，物流成本控制的目标是一个体系，具体包含三个层次：一是物流成本控制要服从于企业的战略选择与实施，使物流优势转化为企业的竞争优势；二是利用资源、物流成本、质量、价格与销量之间的联动关系，使物流成本控制为企业最大限度地取得利润服务；三是通过物流成本控制、改变物流成本发生的基础条件，降低物流成本。三个层次之间的主要差别在于考虑物流成本问题的视角不同。第一层次以企业外部为视角，以企业的长期发展和竞争优势为重点；第二层次以企业内部为视角，考虑到价格、供求等市场因素，以利润为取向；第三层次以企业内部为视角，以降低物流成本为核心。第一层次的目标更多地带有战略性，第二层次、第三层次目标更多地带有战术性和业务性。

(二)物流成本控制的基本工作程序

物流成本控制可以按以下程序进行。

1. 制定物流成本控制标准

物流成本控制标准主要以物流成本计划中规定的各项指标为依据，但应根据物流成本控制工作的需要，对物流成本计划中的有关指标作进一步的细化或补充，以确定物流成本控制的具体标准。确定这些标准的方法大致有三种：

(1)计划指标分解法，即将大指标分解为小指标，具体可按部门、单位分解，也可按物流功能分解。

(2)预算法，就是用制定预算的办法来规定控制标准。例如，有些企业通常根据年度生产销售计划来制定成本预算，并把它作为物流成本控制的标准。采用这种方法要特别注意从实际出发来制定预算。

(3)定额法，就是建立定额或费用开支限额，并将这些定额或限额作为物流成本控制的标准。实行定额控制的办法有利于物流成本控制的具体化和经常化。

2. 监督物流成本的形成

根据物流成本控制标准，对物流成本形成的各个环节、项目，经常进行检查、评比和监督。不仅要检查指标本身的执行情况，还要检查和监督影响指标的各种条件，如设备、工作环境等，做到物流成本日常控制与生产作业、物流作业控制相结合。日常控制不仅要有专人负责和监督，而且还要使费用发生。这就要求工作人员自我控制，并在责任制度中加以规定。这样才能调动全体员工控制物流成本的主动性与积极性，使物流成本的日常控制有群众基础。

3. 及时纠正偏差

针对实际发生的物流成本与物流成本控制标准之间的差异，分析原因，查明责任，提出改进措施。对重要差异的纠正，应按下列程序进行：

(1)提出课题。通过对各种物流成本超支原因的分析，提出降低物流成本的课题。提出的课题首先应是那些成本降低潜力大、各方普遍关心且具有可实施性的项目。提出的课题应包括课题的目标、内容、理由、根据和预期达到的效果。

(2)讨论与决策。课题确定之后，应发动有关部门和人员进行广泛的研究和讨论，提出解决方案；对重大课题，还要提出多种解决方案，并对各种方案进行对比分析，从中选出最优方案。

(3)确定方案实施的方法与步骤以及执行部门与人员。

(4)贯彻执行确定的方案。在方案执行过程中要及时进行监督和检查，方案实施后还要检查方案实施后的效果，衡量是否达到了预期的目标。

六、物流成本控制的基本方法

(一)弹性预算法与零基预算法

1. 弹性预算法

所谓弹性预算，是指在编制成本预算时，预先估计到计划期内业务量可能发生的变动，编制出一套能适应多种业务量的成本预算，以便分别反映在各种业务量情况下费用支出水平的一种预算。由于这种预算随着业务量的变化而变化，本身具有弹性，所以被称为弹性预算。弹性预算的基本原理是，把成本费用按成本习性分为变动费用与固定费用两大部分。由于固定费用在相关范围内的总额一般不随业务量的增减而变动，因此，在按照实际业务量对预算进行调整时，只需调整变动费用即可。弹性预算的特点是，可根据各种不同的业务量水平进行编制，也可随时按实际业务量进行调整，具有伸缩性。弹性预算的编制是以成本可划分为变动费用与固定费用为前提的。

2. 零基预算法

零基预算，也称以零为基础编制计划和预算。在编制间接费用或固定费用预算时，传统的方法是，以以往的各种费用项目的实际开支数为基础，考虑到预算期业务变化，对以往的开支数做适当的增减调整后加以确定。这种方法的不足之处在于，以往的开支中势必有不合理的费用支出，如果仅仅笼统地在此基数上增减，很有可能使这些不合理的费用开支继续存在下去，无法使预算发挥其应有的作用。为解决这个问题，人们提出了零基预算的预算编制方法。零基预算方法不同于传统的预算编制方法，对于任何一项预算支出，它不是以过去或现有费用水平为基础，而是一切都以零为起点，从根本上考虑它们的必要性及数额的多少。所以，这种预算编制方法更切合实际情况，进而使预算充分发挥其控制实际支出的作用。零基预算的编制步骤与方法如下：

(1)列出企业或本部门计划期的目标和任务，以及在计划期内需要发生哪些费用项目，并说明费用开支的目的性，以及需要开支的具体数额。

(2)将每项费用项目的所得与所费进行对比，权衡利害得失，并区分轻重缓急，按先后顺序排列，并把其分出等级。一般以必不可少的业务及其发生的费用为第一层次，必须保证；然后依据业务内容和费用多少，依次列为第二层次、第三层次等，作为领导人决策的依据。

(3)按照上一步骤所确定的层次和顺序，结合可动用的资金，分配资金，落实预算。零基预算对每一项费用都是从零开始考虑的，因此工作量必然繁重，但带来的效益和效果也是十分可观的。

(二)目标成本控制法

1. 目标成本控制法的基本思想

目标成本控制是以实现目标利润为目的，以物流目标成本为依据，运用价值工程等方法，对企业物流活动过程中所发生的各种支出进行全面管理，以不断降低物流成本，增强竞争能力的一种成本管理和控制方法。与传统成本法相比，目标成本法具有以下几个鲜明的特点：一是具有战略性的成本管理理念，追求的是在不损害企业竞争地位前提下降低物流成本的途径；二是以市场为导向，目标成本法所确定的各个层次的目标成本都直接或间接地来源于激烈竞争的市场；三是注重全过程管理，目标成本法将企业的全部物流经营活动作为一个系统，从事前的物流成本预测到事中物流成本的形成，再到事后的物流成本分析，将其全部纳入物流成本管理的控制范畴，尤其注重事前物流成本的管理和控制；四是实行分解归口管理，目标成本法将物流成本指标按不同的要求进行责任分解，有利于明确各责任部门的责任。

2. 物流目标成本控制的程序和方法

物流目标成本控制的程序和方法因企业物流活动内容的不同而不同。概括起来，核心环节主要有以下几个。

(1)物流目标成本的设定。目标成本设定往往要求确定一个在目标售价前提下能达成目标利润的目标成本额，所以物流目标成本可以根据预计物流业务收入减去物流目标利润后的差额来确定。其中物流目标利润，可以采用目标利润率法、上年利润基数法等方法确定。物流目标成本初步确定后，可以通过调研、分析等方法，对影响物流目标成本的相关因素，包括预计物流业务收入、物流目标利润等进行可行性分析，以提高物流目标成本的科学性和合理性。

(2)物流目标成本的分解。物流目标成本的分解是将物流目标成本按照管理要求或一定方式逐级进行分解，以明确责任和促成物流目标成本的形成。物流目标成本的分解通常不是一次完成的，需要不断进行修订，有时甚至需要修改原来设定的目标。物流目标成本的分解有很多种：一是对于多品种作业的企业，应首先将物流目标成本分解为各产品的目标成本；二是按照不同部门进行分解，直至落实到个人；三是按照物流成本项目进行分解，将其分为运输成本、仓储成本、包装成本、装卸搬运成本、流通加工成本、物流信息成本、物流管理成本以及存货相关成本等；四是按物流成本支付形态进行分解，将其分为材料费、人工费、维护费、一般经费和特别经费等；五是按物流范围进行分解，将其分为供应物流成本、企业内物流成本、销售物流成本、回收物流成本和废弃物物流成本等。

(3)物流目标成本的实施、考核和修订。物流目标成本分解后，在具体的实施过程中，首先要计算企业物流实际成本与目标成本之间的差异，对于出现不利差异即实际成本超过目标成本的，应运用价值工程、成本分析等方法寻求最佳的物流设计，以期不断降低物流成本。另外，还要对目标成本的执行情况进行检查考核，调动企业各方面降低物流成本的积极性。特别是对那些占物流成本比重大、经常发生波动且控制比较困难的目标成本进行经常性的检查，在检查的基础上进行分析，对比差异，查找原因，充分挖掘企业内部潜力，为今后修订目标成本提供依据。

(三)责任成本控制法

1. 责任成本和责任成本控制

责任成本是指责任单位能对其进行预测、计量和控制的各项可控成本之和。确定责任成本的前提是划分成本责任单位。责任单位的划分不在于单位的大小，凡在物流成本管理上需要、责任可以分清、物流成本管理业绩可以单独考核的单位都可划分为责任单位。例如，可以将企业内设部门作为责任单位，包括供应部门、生产部门、设计部门、销售部门、质量管理部门等，也可以将各部门内部下属的平行职能单位作为责任单位，如供应部门内部的采购部门、仓储部门等，还可以将具有隶属关系的部门或单位作为责任单位，包括公司总部、分公司、车队等。

2. 物流责任成本控制的基本程序

运用责任成本法控制物流成本的基本程序主要包括：一是划分责任层次，建立责任中心，明确各责任中心的成本责任和权限；二是根据可控性原则将物流责任成本目标分解到各成本中心；三是建立一套完善的物流责任成本的计量、记录和报告体系。计算各责任中心的责任成本时，应在该责任中心发生的全部成本的基础上，扣除该责任中心不可控成本，加上其他责任中心转来的责任成本，在计量、记录的基础上，定期编制物流报告，通过责任成本实际发生数和控制标准的对比和报告，检查和考核各责任层次和责任中心的业绩。

(四)定额成本控制法

1. 定额成本控制法的基本思想

定额成本控制法是根据制定的定额成本来控制实际成本的发生，以降低物流成本的一种控制方法。在实施过程中，首先确定物流定额成本；其次，当物流成本实际发生时，将其分为定额成本与定额差异两部分来归集，同时分析产生差异的原因，及时反馈至物流管理部门。实行定额物流成本控制制度，能在有关耗费发生的当时，随时揭示实际成本脱离定额的差异，有利于考核物流活动各个环节成本控制的成效。

2. 物流定额成本的制定

物流定额成本是以现行消耗定额为依据计算出来的，是企业在现有物流经营条件和技术水平下应达到的成本水平。和物流标准成本一样，物流定额成本主要包括物流直接材料定额成本、物流直接人工定额成本和物流相关费用定额成本。

(1)物流直接材料定额成本的制定。物流直接材料定额成本是材料的用量定额和计划价格的乘积。直接材料定额成本常见于物流活动中的包装成本和流通加工成本。

(2)物流直接人工定额成本的制定。物流直接人工定额成本是直接人工定额工时和计划工资率或计件工资单价的乘积。直接人工定额成本涉及企业物流活动中的各个成本项目，包括运输成本、仓储成本、包装成本、装卸搬运成本、流通加工成本、物流信息成本和物流管理成本等。

(3)物流相关费用定额成本的制定。物流相关费用定额成本分为变动物流费用定额成本和固定物流费用定额成本，无论变动费用还是固定费用，其物流相关费用定额成本都是相关费用数量定额和有关计划价格的乘积。为计算简便，通常将物流相关费用预算数按一定比例直接分摊到相关物流成本项目，作为相关成本项目的物流间接定额成本。

3. 脱离定额差异的计算和分析

计算和分析脱离定额成本差异是物流定额成本法的核心内容，具体包括直接材料脱离定额差异的计算和分析，直接人工脱离定额差异的计算和分析，以及物流相关费用脱离定额差异的计算和分析。对于不利差异即实际成本超过定额成本，应深入分析原因，明确责任部门，及时纠偏。

本章小结

物流成本是指为组织、实施、管理物流活动所发生的各种费用及其物资消耗的货币表现，即物品在包装、装卸、运输、储存、流通加工、配送等实体流动过程中所支出的人力、财力和物力的总和。

物流成本具有核算难、可比性差、成本项目间的“二律背反”现象多、成本原因难以区分和综合性等特性。

物流成本管理是现代物流管理的重要组成部分，也是物流管理的基础。它是一切有关物流成本方面的管理工作的总称，即对物流成本所进行的计划、组织、指挥、监督和调控，包括物流成本核算、物流成本预测、物流成本计划、物流成本决策、物流成本分析、物流成本控制等具体内容。

物流成本核算的前提是物流成本核算对象的选择。成本费用承担实体、成本计算期和成本计算范围构成物流成本核算对象的三个基本要素。会计方法、统计方法及会计与统计相结合的方法是物流成本核算的主要方法。

物流成本分析要坚持定性分析与定量分析相结合、物流成本分析与技术经济指标的变动相结合、物流成本分析与经济责任制相结合等原则。

产值或销售额物流成本率、总成本物流成本率、营业费用物流成本率、物流功能成本率、物流成本效用系数等指标构成完整的物流成本分析体系。

物流成本控制目标要服从于企业的竞争战略，要服从于企业最大限度地取得利润的目标，要满足降低物流成本的需要。物流成本控制可以按以下程序进行：制定物流成本控制标准，监督物流成本的形成，及时纠正偏差。物流成本控制有弹性预算法、零基预算法、目标成本控制法和责任成本控制法等基本方法。

复习思考题

1. 什么是物流成本？如何对物流成本进行分类？
2. 何谓物流成本管理？物流成本管理的主要内容是什么？
3. 物流成本核算的基本类型有哪些？
4. 简要说明物流成本核算的基本方法。
5. 简述物流成本控制的基本方法。

案例分析

斯美特物流成本的控制

长春斯美特食品有限公司作为制面行业的一颗新星，已受到广泛关注。如今，控制物流成本必然会促使其更快速地向前发展。

在实际工作中，物流成本的控制可以以物流成本的形成过程为控制对象，即从物流系统(或企业)投资建立、产品设计(包括包装设计)、物资采购存储和销售，直到售后服务，凡是发生物流成本费用的环节，都要通过各种物流技术和物流管理方法实施有效的成本控制。这种成本控制就是物流成本的纵向控制。

1. 投资阶段的物流成本控制

投资阶段的物流成本控制主要是指企业在厂址选择、物流系统布局规划、设备购置等过程中对物流成本进行的控制。其内容包括：

(1)合理选择厂址。厂址选择合理与否，往往在很大程度上决定了以后物流成本的高低，斯美特把廉价的土地使用费、廉价的劳动力和良好的外部环境作为选择厂址的第一要素，在远离原料(面粉、纸箱、棕榈油等)地点选点建厂，这造成物流(配送、采购、设备维护等)成本的上升。同时其竞争对手(四平的白象、长春的康师傅等)同一竞争要素的存在，使斯美特在此方面物流成本上的优势显得很暗淡。

(2)合理设计物流系统格局。如何选择物流中心和配送中心(分公司)的位置，如何规划运输和配送系统，如何设计物流运营流程等，对于整个系统投入运营后的成本耗费有着决定性影响。斯美特公司既是物流中心又是配送中心，配送运输辐射东北三省及内蒙古，公司已设计出较完备的运营流程，逐渐形成了自己独特的以资本为纽带的第三方运输配送和以业务推进为基础的流程机制。

(3)优化物流设备的购置。物流设备投资是为了提高物流工作效率和降低物流成本。企业发展到一定阶段往往需要购置一些物流设备，采用一些机械化、自动化的措施(叉车、自动流程传送、托盘等)。但在进行设备投资时，一定要注意投资的经济性，要研究机械化、自动化的经济临界点。斯美特在成立初期，因其规模和生产能力的限制，没有购进必要的物流设备，随着企业的进一步发展，公司配置了与其规模和生产能力相匹配的叉车、托盘、网络仓库等物流设备，避免了过多的设备持有成本，降低了物流成本。

2. 产品设计阶段的物流成本控制

物流过程中发生的成本，与物流系统中所服务产品的形状、体积和重量等密切相关，同时还与这些产品的组合、包装形式、重量及大小有关。尤其对制造业来说，产品设计对物流成本的重要性尤为明显。具体地说，产品设计阶段的物流成本控制主要包括以下几个方面的内容。

(1)产品体积和形态的优化组合。产品体积和形态对物流成本有着直接的影响，如方便面规格和包数的不同，直接影响了纸箱成本的核算，改变了生产的批量，同时对运输工具也提出了较大的要求，进而影响到物流成本的控制。因此，在设计产品的形态和体积时，还必须考虑如何降低纸箱的成本，如何扩大生产批量，如何减小运输成本等后续影响。

(2)产品批量的合理化。当把数个产品集合成一个批量保管或发货时，就要考虑物流过程中比较优化的容器容量，例如斯美特根据产品的批量化要求，设计出适合公司要求的托盘(1.2 米×1.2 米)，组织了适合公司要求的集装货车(7.2 米、9.6 米的高栏车和 12 米的集装车)。

(3)成品损耗率。企业在设计产品时，还必须考虑产品的包装材料、耐压力、搬运、装卸、运输途中的损耗对产品设计的影响。

3. 供应阶段的物流成本控制

供应与销售阶段是物流费用发生的直接阶段，也是物流成本控制的重要环节。供应阶段的物流成本控制主要包括以下内容。

(1)优化供应商。企业进货和采购的对象很多，每个供应商的供货价格、服务水平、供货地点、运输距离等都会有所区别，其物流成本也就会受到影响。企业应该在考虑供货质量、服务水平和供货价格的基础上，充分考虑各供应商的供货方式、运输距离等对企业物流成本的综合影响，从多个供货对象中选取综合成本较低的供货商，以有效地降低企业的物流成本。

(2)运营现代化的采购管理方式。即时制采购和供应是一种有效地降低物流成本方式。它可以减少供应库存量，降低库存的持有成本，而库存持有成本是供应物流成本的一个重要组成部分。另外，MRP 采购、供应链采购、招标采购、全球采购等采购管理方式的运用，也可以有效地加强采购供应管理工作。对于斯美特来说，集中采购是一种有效的采购管理模式。例如，有些体积和重量小的物品可以通过总公司的规模化采购来降低成本，进而实现分公司的批量低成本调拨。

(3)控制采购批量和再订货点。每次采购批量的大小，对订货成本与库存持有成本有着重要的影响。采购批量大，则采购次数减少，总的订货成本就可以降低，但会引起库存成本的增加，反之亦然。因此，在采购管理中，对订货批量的控制是很重要的。企业可以通过相关数据的分析，计算其主要采购物资的最佳经济订货批量点和再订货点，从而使订货成本与库存持有成本之和最小。

(4)供应物流作业的效率化。企业进货采购对象及其品种很多，接货设施和业务处理讲求效率。例如，斯美特公司的各分公司须购买多种不同的物料时，可以分别购买、各自取货，也可由总公司根据各分公司的进货要求，由总公司统一负责采购和仓储的集中管理，在各分公司有用料需求时，由总公司仓储部门按照固定的线路，把货物集中配送到各分公司。这种有组织的采购、库存管理和配送管理，可使公司物流批量化，减少繁杂的采购流程，提高配送车辆和各分公司进货的工作效率。

(5)采购损耗的最小化。供应采购过程中往往会发生一些途中损耗，简称运输途耗。运输途耗也是企业供应物流成本的一个组成部分。运输中应采取严格的预防保护措施尽量少途中损耗，避免损失、浪费，降低物流成本。

(6)销售、供应物流互补化。销售和供应物流经常发生交叉，可以采取共同装货、集中发货的方式，把销售商品的运输与外地采购的物流结合起来，利用回程车辆运输的方法提高货物运输车辆的使用效率，降低运输成本。同时，还有利于解决交通混乱，促使发货、接货业务集中化、简单化，促进搬运工具、物流设施和物流业务的效率化。

4. 生产阶段的物流成本控制

生产物流的组织与企业生产的产品类型、生产业务流程以及生产组织方式等密切相关，因此生产物流成本的控制与企业的生产管理方式是不可分割的。在生产过程中有效控制物流成本的方法主要包括：

(1)生产工艺流程的合理布局。企业生产工艺流程的合理布局对生产起着非常重要的作用，布局的合理与否直接关系到产品成本的高低，同时对减少工作环节、提高工作效率、增强员工的责任心等方面有重要的作用。对于斯美特公司来说，必须按照产品的工艺流程来工作。

(2)合理安排生产进度。企业的生产进度与采购、销售、仓库、消费、成品率等息息相关，生产进度加快，原材料的采购进度就要提速，成品率就会降低，仓库持有成本就会上升，同时预示着销售周期的缩短，消费数量的增加，减少半成品和产品库存。产品库存量的大小会直接影响库存持有成本的高低，同时影响产品的销售风险。

(3)实施物料领用控制。对于斯美特来说，必须严格地实施物料领用的控制，生产的批量与领用物料的批量相对称，多领用的原材料必须在第一时间内回归仓库，这样可以降低原料的损耗，使生产与采购、调拨、销售的信息对应，减少库存，盘活公司的流动资金。

(4)节约物料使用。勤俭节约是中华民族的传统美德，也应是我们每一个人的优良作风。勤俭节约不仅是斯美特公司的企业文化，更是斯美特人的立家之本。

5. 销售阶段的物流成本控制

销售物流活动作为企业市场销售战略的重要组成部分，不仅要考虑提高物流效率、降低物流成本，而且要考虑企业的销售政策和服务水平。在保证客户服务质量的前提下，通过有效的措施推行销售物流的合理化，以降低销售阶段的物流成本。主要措施包括：

(1)加强订单管理，与物流相协调。订单的重要特征表现在订单的大小、订单的完成效率等要素上。订单的大小和完成效率往往会有很大的区别，在有的企业中，很多小批量、多次数订单(自提订单)往往会在数量上占订单总数的大部分，它们对物流和整个物流系统的影响有时会很大。因此，为了提高物流效率、降低物流成本，在订单管理上必须充分考虑商品的特征和订单周期及其他经营管理要素的需要。

(2)销售物流的大量化。这主要通过延长备货时间，以增加运输量、提高运输效率减少运输总成本。例如，斯美特公司把产品销售配送从“一日配送”改为“三日配送”或“周指定配送”就属于这一类。这样可以更好地掌握货物配送的数量，大幅度提高配货满载率。为了鼓励运输大量化，在满足货物需求可持续的前提下，可以采取订购批量折扣或其他促销办法，促进销售，降低小批量手续费，节约的成本由双方分享。

(3)商流与物流相分离。现在，商流与物流分离的做法已经被越来越多的企业所采纳。其具体做法是订货活动与配送活动分离，由销售系统负责订单的签约，由物流系统负责货物的运输和配送。运输和配送的具体作业可以由自备车队完成，也可以通过委托运输的方式实现，这样可以提高运输效率，节省运输费用。此外，还可以把销售设施与物流设施分离开来，如把企业所属的各销售网点(分公司)的库存实行集中统一管理，在最理想的物流地点设立仓库，集中发货，以压缩物流库存，解决交叉运输，减少中转环节。这种“商物分流”的做法把企业的商品交易从大量的物流活动中分离出来，有利于销售部门集中精力搞销售。而物流部门也可以实现专业化的物流管理，甚至面向社会提供物流服务。

(4)增强销售物流的计划性。以销售计划为基础，通过一定的渠道把一定量的货物送到指定地点。斯美特的方便面属季节性消费品，随着季节的变化可能会出现运输车辆过剩或不足，或装载效率下降等情况。为了调整这种波动，可事先同客户商定时间和数量，制订出运输和配送计划，使公司按计划供货。

(5)物流共同化。物流已是一个社会化的行业，它的规模效应已初见端倪，企业的单个物流必须融入社会物流之中，从而享受社会物流带来的规模效益。

思考

长春斯美特食品有限公司采取了哪些方法进行成本控制？

第十一章

物流与供应链管理绩效评价

学习要点及目标

通过本章节的学习，学生能够做到以下几点。

(1)掌握物流绩效评价的概念、意义及原则。

(2)掌握供应链管理绩效的目的及内容。

(3)理解供应链标杆管理的相关内容。

引导案例

英国航空公司的供应链绩效改进

英国航空公司(BA)是世界上最大的国际客运航空公司，每年有293架飞机运送3160万乘客到达175个终点站。100多年来，这个私有化的国家航空公司通过追求优质和创新的顾客服务，建立和维持着"全球最受欢迎的航空公司"的地位。服务导向的战略在BA颇有成效，1997年5月，公司宣布又创下了另一个利润纪录。它们没有满足于现有的荣誉，公司的首席执行官艾林宣布他的意图是扩大BA的全球经营范围，同时通过实施增长客运收入、改进资产利用率和降低运营成本的五年计划，逐步提高利润。此决策是有针对性的，因为公司认识到，以往提供完美的顾客服务的最高目标没有根据对成本的现实性理解加以调整。

英国航空餐饮公司，是BA客户服务部门的一部分，它力图通过供应链管理的即期和远期改进为新的公司目标做出重大贡献。BA餐饮公司每年负责运送由基地设在伦敦希思罗机场和盖特威克机场的第三方餐饮承办商或其他分布在世界各地的150家由第三方运营的小型的BA供应站提供的4 400万件的食物。它的经营规模是相当大的，单单伦敦食品加工厂每年就需要约250吨肉鸡、73吨鸡蛋和38 000箱酒。BA餐饮公司并不负责向食品加工厂供应这些易腐物品，它负责管理“向上”运送完工的食品和许多其他的“非食用物品”，包括盘子、玻璃杯、塑料纸、垫布和不易腐烂的“干食品”，还有用于途中移送和盛载食物的设备。当每架喷气式飞机起飞时，约有4 000件物品通过这个供应链。

一份外部咨询公司对此供应链的调查表明，世界各地共有250家供应商为它供应1 400种物品。绝大多数是通过希思罗配送中心发送，经调查希思罗配送中心持有的缓冲库存的价值约达1 500万英镑。持有存货根源于季节波动，可是进一步的调查揭示，在小型供应中心的网络中普遍也保持着相当数量的缓冲库存(总价值差不多)。在需求拉动的基础上，物品可以自由地从配送中心调派到供应基地，但是在餐饮承办商合同中缺少对库存管理的核算责任，导致了习惯性的存货过剩，反而产生了大量的逆向后勤活动(主要指过期物品)。

餐饮承办商持有缓冲库存以预防不可靠的供给系统的波动，偶尔会有较长的运送提前期。问题的根本在于早期的带有良好初衷的降低成本运动虽然实现了即期的目标，但是它的实施并没有考虑到更大范围的供应链效益。例如，为使向海外基地供应的运送成本最小化，BA利用了BA货机的剩余能力——如果有可能的话——当然费用很优惠。这就意味着运送的时间安排是以货机的可用性为依据，而不是以顾客为依据。类似地，把配送中心活动外包使得以成本为中心的经营者通过餐饮承办合同卸下存货包袱，从而降低自身的库存成本。但是综合地考虑一下这些问题，配送中心上游的劣质采购会造成进场运送的不及时和不合格。

为逐步改变BA餐饮公司的绩效，需要建立新的存货管理系统，但是执行和安装要花费大量的时间。同时设计一个三点计划，以求在短期内提高运作效率，为更根本性的改革铺平道路。这个计划旨在重新调整BA餐饮公司中服务与成本之间的不平衡，同时缩短供应链的时间并提高经营伙伴之间的协作水平。

提前期的缩短成为起点。通过提高运送的频度、准确度和可靠度，餐饮承办商被说服同意降低缓冲库存，腾出昂贵的存储空间给那些食品准备活动。在三个月内，在服务水平提高的同时，由于使用了过剩的库存而使配送中心下游的需求减少，从而节省了100万英镑。最重要的是从长期来看这种做法向BA自己的物料管理团队展示了供应链提前期、准确性和成本之间的联系。同时也说明了不必以牺牲服务水平为代价来获取成本的降低，从而鼓舞了团队的自信心，为实行更复杂的新供应链管理系统做好准备。

新的支持系统的安装始于1997年，采用了软件供应商麦特迈克的ESS系统。新的系统是BA餐饮公司供应链项目中至关重要的一个环节，这个项目在五年之内总共将会节省5 000万英镑。而且，这个系统在满足职能化需求进而不断提高效率之外还可以带来更大的价值。ESS系统能够平衡两者的力量。通过把关键的供应商集成入库系统，并依据乘客簿通盘监测库存水平，BA餐饮公司就能够随时调整它的存货至最佳水平，并能按照终点站、航班和最终顾客来跟踪存货。随着系统进一步扩展至所有的非食用物品，它将会提供完善顾客服务的机会，提高对独立顾客的偏好的反应能力。也许，乘客俱乐部“金卡”会员会在旅途中收到一杯他最喜欢的饮料，更重要的是，这个系统使BA能够准确地计算它提供这种或其他服务的真实成本，从而更周密地计划如何管理未来服务变革的方向和要求。

第一节　物流绩效评价

任何企业在经营运作的过程中都需要耗费大量的人力、物力和财力，承受来自管理、组织和产品的风险，因此，有效的绩效评价是企业经营管理程序中不可分割的重要组成部分，它通过定期或不定期地对企业的生产经营活动进行评估，以事实为依据，通过对该活动所产生的效果进行度量和评估，帮助发现企业经营管理中的薄弱环节，提出改进措施和目标，帮助管理者做出有效决策，从而使企业取得长足进步。

一、物流绩效评价的概念

绩效是一个多义的概念，在不同的情景之下有不同的解释。从管理实践的历程看，人们对于绩效的认识是不断发展的，不论是组织还是个人，都应该以系统和发展的眼光来认识和理解绩效的概念。

我们一般认为绩效指的是那些经过评价的工作行为、方式及其结果。从这个概念中可以看出，绩效包括了工作行为、方式以及工作行为的结果。另外，绩效必须是经过评价的工作行为、方式及其结果，没有经过评价的工作行为及其结果在这里不被视为绩效。绩效评价是对人或事物的价值做出判断的一种观念性的活动。绩效评价活动一般包括四个环节：第一是确定评价的目的，选择评价对象；第二是建立评价的参照系统，确定评价主体、评价指标、评价标准和评价方法；第三是收集相关信息；第四是形成价值判断。

二、物流绩效评价的意义和原则

(一)绩效评价的意义

绩效评价是企业管理者对企业经营运作情况的一个判断过程。这一过程是管理过程中不可缺少的，只有进行科学、合理的绩效评估工作，才能保证企业的经营运作按既定的要求进行，才能保证企业未来的发展方向。具体地说，绩效评估的施行有以下四个方面的好处。

1. 支持更好的决策制定

绩效衡量活动使得绩效和成果更具可见性，公司能够据此制定更好的决策。如果不清楚哪些领域的绩效达不到标准，开发绩效改善计划将是十分困难的。衡量标准提供了一定时间内采购绩效的追踪记录并直接支持管理层的决策制定。

2. 支持更好地沟通

绩效衡量活动可使供应链成员间更好地进行沟通，包括在采购部门内部、在部门之间、与供应商以及与行政管理层之间。

3. 提供绩效反馈

绩效衡量活动提供了绩效反馈的机会，可以在绩效衡量过程中防止或改正可能出现的问题。反馈也可提供买方、部门、团队或者是供应商在一段时间内为满足绩效目标所进行的努力。

4. 激励和指导行为

绩效衡量活动激励和引导行为向所要求的结果方向发展。一个衡量体系将以多种方式完成这一任务。首先，绩效种类和目标的选择暗示管理人员哪些活动是公司看重的；其次，管理层通过将绩效目标的完成与公司的奖励相联系来激励和影响员工行为。

(二)绩效评价的原则

要想客观准确地评价物流系统的运行绩效，必须遵守一些基本原则，这些原则主要包含以下几个方面。

1. 系统性原则

物流绩效评价的主要对象是物流经营活动的经济成果。进行物流绩效分析，既要分析经营成果，又要分析经营过程；既要看到内部系统的影响，又要看到外部系统的变化。要在充分掌握信息资料的基础上对物流系统进行全面、系统的分析，评价指标体系应涵盖实现物流系统目标所涉及的一切方面，以保证不出现片面的评价。

2. 科学性原则

物流绩效评价必须采用科学的方法和手段，做到定量分析与定性分析、静态分析与动态分析相结合，从而科学、全面、准确地评价和反映物流系统绩效和存在的问题。

3. 客观性原则

物流绩效评价的目标是为决策者提供有效的决策依据，评价的质量影响着决策的正确性，评价的客观性、全面性、可靠性和正确性是进行评价的基本要求。为保证达到上述要求，有必要防止评价人员的倾向性，同时谨慎地考虑评价人员的组成(人员的组成应具有代表性)。只有作为旁观者站在中立或局外的立场上，才能没有顾虑、不带偏见，客观、科学地对被评价者的物流绩效作出公正的评价。

4. 真实性原则

物流绩效评价应树立实事求是、一切从实际出发的观念。评价所用的资料必须准确可靠，能真实地反映企业物流系统的实绩。其真实性有两方面的要求：一是评价资料和评价结论能真实反映被评价者的客观实际情况；二是被评价者所提供的各种数据资料的数量要合理，反映物流经营活动的数据资料要准确、误差要小，这样才能得出客观准确的评价结论。

5. 可操作性原则

在进行物流绩效评价时，由于很多数据涉及企业的商业机密，所以常常会面临数据获取的问题。应从实际出发，尽量选择能够得到并且计算方式相同的数据，注重所选择的指标数据具有可得性和可比性；同时，抓住核心问题，解决关键矛盾，防止面面俱到。

三、现代物流绩效评价的目标选取

从 20 世纪 60 年代一直到今天，绩效目标体系中往往都包括各类财务方面的指标，但是，财务指标绝不是唯一的绩效指标。在确定一家特定企业的绩效情况时，目前较多采用的是财务指标为主、非财务指标为辅的绩效评价指标体系。但从绩效评价的发展来看，越来越多的企业越来越重视非财务指标的情况，出现了以综合平衡记分卡为代表的综合各种软硬指标的新型的目标。

目前，许多企业都已意识到，确定企业的绩效目标时应该从企业的战略出发，并考虑评价中的各种现实因素。具体的因素包括：

(一)所选的目标是否具有战略一致性

绩效目标应该主要针对能够增强企业竞争优势的方面制定，与企业的发展战略一致。通常我们所说的战略一致性包括绩效目标与重大业务战略及目标(包括长期目标和短期目标)之间的一致性。绩效目标应该明确表达公司对各方面绩效的重视程度，并能够反映企业文化的变化。另外，绩效目标之间的协调一致也十分重要，只有这样才能让员工齐心协力地为实现企业战略而努力。

(二)该目标是否便于进行评价

公司在选择绩效目标时要考虑自己在搜集、分析与评价有关信息中的能力。许多企业对现有绩效目标进行调整时，往往由于信息技术及人员的能力有限，无法最终得到新的绩效目标的相关信息。有专家指出，企业应该事先判断自己是否有能力跟踪和报告有关绩效目标的各类信息，之后才决定是否将该目标确定为绩效目标，如果该目标对于企业的战略实现非常必要，就必须首先发展本公司在评价该目标上的能力。

(三)员工对绩效目标的看法

包括员工对绩效目标的了解程度和员工是否有信心达到所确定的绩效目标。如果员工对绩效目标缺乏了解或了解有偏差，绩效目标就无法得到充分的实现，甚至会影响整个公司战略的实现。另外，如果所确定的目标不能得到员工的认可，被认为是不可实现的，恐怕不仅不能激励员工为实现目标而努力，反而会发生消极怠工的行为。因此被评价方(子公司、部门乃至员工)能够在一定程度上影响目标的实现。员工对自己的行为与绩效目标之间的联系的看法在很大程度上决定员工对于绩效目标的看法和在实现目标过程中的投入程度。

四、现代物流企业绩效评价的指标分类

物流企业绩效评价体系属于企业管理控制系统的一部分，绩效评价的过程和结果都是按照指标体系各项要素逐项进行的。谈到绩效评价时，遇到的第一个问题就是如何选择评价指标。物流企业绩效评价指标的选取，经过了从单一指标到多维指标的发展过程。对物

流企业进行绩效评估必须设置若干具体的评价指标，可按照以下标准分类：

(一)根据物流企业的内外部情况分类

可以分为内部综合评价指标和外部综合评价指标两大类。

(1)内部综合评价指标：主要包括成本、利润、管理费用、股本收益率、工资等指标。

(2)外部综合评价指标：主要包括市场信息、供应商的意见、客户的反映、企业的公众形象以及与其他厂商相对比的竞争能力等指标。

(二)根据物流企业绩效评价指标的量化程度分类

可以划分为定量和定性两大类。

(1)定量指标：主要包括成本、利润、管理费用、股本收益率、工资等指标。

(2)定性指标：主要包括服务、信息、机制作用效果、业务流程及衔接情况等指标。

(三)根据评价的关联对比分类

主要分为纵向对比、横向对比和关联指标。

(1)纵向对比指标：即以企业前几年的绩效为标准，进行自身的比较，判断企业是处于成长阶段还是衰退阶段。

(2)横向对比指标：即将企业与行业中其他企业的绩效水平进行比较，从比较的结果中可以判断出企业的竞争能力。

(3)关联指标：现代物流企业为了提高顾客的满意程度，必须与顾客建立良好的伙伴关系，努力使为客户服务的水平达到顾客要求的标准。

(四)按照指标的层次性可以分为一级指标、二级指标、三级指标等

(1)一级指标：即指根据物流系统的主要流程和功能设置的最主要的指标。

(2)二级指标：即指在一级指标项下设置的考核一级指标的次级指标。

(3)三级指标：二级指标下设三级指标。根据需要可以相应设置四级、五级指标等。

物流绩效评价指标的类型很多，但是理想的评价指标应满足以下几项原则：能够反映顾客和企业自身的需求，易于理解和接受，具有代表性和全面性，与企业的发展目标和战略规划相一致等。

第二节 供应链管理绩效评价

一、供应链绩效评价概述

(一)供应链绩效评价的目的

(1)对整个供应链的运行效果做出评价，就是通过绩效评价而获得对整个供应链的运

行状况的了解，找出供应链运作方面的不足，及时采取措施予以纠正，为供应链在市场中的存在、组建、运行或撤销的决策提供必要的客观依据。

(2)对供应链内各企业做出评价，主要考虑供应链对其成员企业的激励，吸引企业加盟，剔除不良企业。

(3)对供应链内企业与企业之间的合作关系做出评价，主要考察供应链的上游企业(如供应商)对下游企业(如制造商)提供的产品和服务的质量，从用户满意度的角度评价上、下游企业之间的合作伙伴关系的好坏。

(4)对企业起到激励作用，除对供应链企业运作绩效的评价外，这些指标还可起到对企业的激励的作用，包括核心企业对非核心企业的激励，也包括供应商、制造商和销售商之间的相互激励。

(二)供应链绩效评价的内容

为了达到这些目的，供应链的绩效评价一般从三个方面进行考虑，即供应链绩效评价内容包括以下三个部分：一是内部绩效衡量，二是外部绩效衡量，三是供应链综合绩效衡量。

1. 内部绩效的衡量

内部绩效的衡量主要对供应链上的企业内部绩效进行评价，着重将企业的供应链活动和过程同以前的作业或目标进行比较。常见的评价指标可分类如下：

(1)成本。绩效评价的最直接的指标是完成特定运营目标所发生的真实成本。绩效成本代表的是以金额表示的销售量百分比或每个单位数量的成本。

(2)顾客服务。顾客服务指标是考察供应链内部企业满足用户或下游企业需要的相对能力。

(3)生产率。生产率是衡量组织绩效的一个指标。用于评价生产某种产品的投入与产出之间的相对关系，通常用比率或指数表示。生产率指标有三种基本类型，静态、动态和替代性。如果在一个系统里所投入的产、出都包括在生产率公式中，由于这个比率是建立在只有一个衡量指标的基础上的，所以是静态的。动态指标是跨时间完成的。如果一个系统的投入和产出以一个时期的静态生产比率与另一个时期的静态生产比率比较，其结果就是动态生产率指数。

另外，还有一种是替代性生产率指标，这些指标并不包括在生产率概念内，但它们之间有着密切的相关关系，通常使用的替代性生产率指标有顾客满意程度、利润、效益、质量、效率等。

(4)资产的衡量。资产衡量的焦点是为了实现供应链的目标对该设施和设备的资产及流动资本的使用进行评价。设施、设备和存货是一个企业资产的重要组成部分。资产衡量指标着重对诸如存货等流动资本如何能快速周转，以及固定资产如何能产生投资回报率等方面进行衡量。

(5)质量。质量指标是全过程评价的最主要指标，它可以确定一系列活动的效率。然而由于质量范围广阔，很难加以衡量，目前人们最感兴趣的是“完美订货”，它是物流运作质量的最终评价标准，完美订货关注的是总体的物流绩效，并非单一功能。它用于评价一张订单是否顺利地通过了订货管理程序过程，接受订单、信用结算、库存、分拣、配货、票据处理等，每一个环节都不能出差错，快速而无人为干扰。

完美订货代表着理想的绩效。供应链实现完美订货必须符合下列标准：①圆满完成所有的配送；②订发货周期短，发货偏差控制在最小范围之内；③精确无误地完成所有文件、票据，包括标签、提货单及发票等；④状态良好，例如安装无误、外形无损等。

2. 外部绩效衡量

外部绩效衡量主要是对供应链上的企业之间运行状况的评价。外部绩效衡量的主要指标有：用户满意程度，最佳实施基准等。

(1)用户满意程度。用户满意程度的评价可以使物流绩效评价迈向最高层。这种评价可以由公司或行会组织调查或者系统的订货跟踪。主要是询问关于供应链企业与竞争者的绩效，例如可靠性，订发货周期，信息的可用性，问题的解决和产品的支撑等。

(2)最佳实施基准。基准是综合绩效评价的一个重要方面，最佳的实施基准集中在对比组织指标上的实施和程序上。越来越多的供应链企业应用最佳的实施基准，将它作为企业运行与相关行业或非相关行业的竞争对手或最佳企业相比较的一种技术。特别是一些核心企业常在重要的战略领域将基准作为检验供应链运作的工具。

3. 综合供应链绩效衡量

供应链之间的竞争引起人们对供应链总体绩效的日益重视，要求提供能够透视总体的衡量方法，这种透视方法必须是可以比较的，并且既能适用于企业承包的功能部门，又能适用于分销渠道，如果缺乏总体的绩效衡量，就可能出现制造商对用户服务的看法和决策与零售商的想法完全背道而驰的现象。综合供应链绩效的衡量主要是从顾客服务、时间、成本、资产等方面展开的。

(1)顾客服务。顾客服务的衡量包括完美的订货、用户满意程度和产品质量。它衡量供应链企业所能提供的总的客户满意程度。

(2)时间。时间衡量主要测量企业对用户要求的反应能力。也就是从顾客订货开始到顾客用到产品为止需要多少时间。包括装运时间、送达客户的运输时间和顾客接受时间。

(3)成本。供应链总的成本包括订货完成成本、原材料取得成本、总的库存运输成本、与物流有关的财务和管理信息系统成本、制造劳动力和库存的间接成本等。

(4)资产。物流管理是对包括库存、设施及设备等相当大的资产负责，资产评价基本上集中在特定资产水平支持下的销售量水平。主要测定资金周转时间、库存周转天数、销售额与总资产的比率等资产绩效。

二、建立供应链绩效评价指标体系应遵循的原则

为了科学、客观地反映供应链的运营情况，应该考虑建立与之相适应的供应链绩效评价方法，并确定相应的绩效评价指标体系。反映供应链绩效的评价指标有其自身的特点，其内容比现行的企业评价指标更为广泛，它不仅仅代替会计数据，同时还提出一些方法来

测定供应链的上游企业是否有能力及时满足下游企业或市场的需求。在实际操作上，为了建立有效评价供应链绩效的指标体系，应遵循如下原则：

(1)应突出重点，要对关键绩效指标进行重点分析。

(2)应采用能反映供应链业务流程的绩效指标体系。

(3)评价指标要能反映整个供应链的运营情况，而不是仅仅反映单个节点企业的运营情况。

(4)应尽可能采用实时分析与评价的方法，要把绩效度量范围扩大到能反映供应链实时运营的信息上去，因为这要比仅做事后分析要有价值得多。

(5)在衡量供应链绩效时，要采用能反映供应商、制造商及用户之间关系的绩效评价指标，把评价的对象扩大到供应链上的相关企业。

(6)定量指标与定性指标相结合的原则。

(7)绝对指标与相对指标相结合的原则。

第三节 供应链的杠杆管理

一、标杆的内涵和分类

标杆的内涵可以概括为：以那些出类拔萃的企业为基准，将本企业的产品、服务和管理措施等方面的实际状况与这些基准进行定量评价和比较，分析这些基准企业的绩效达到优秀水平的原因，在此基础上选取改进的最优策略。这种程序不断地反复进行，利用所获得的信息作为制定企业绩效目标、战略和行动计划的基准。绩效标杆一般分为以下三种：

第一种是战略性标杆，它包含一个企业的市场战略与其他企业的市场战略的比较。战略性标杆通常包括如下几个方面的问题。

(1)竞争对手强调什么样的市场？

(2)竞争对手是什么样的市场战略？

(3)支持竞争对手市场战略的资源水平？

(4)竞争对手的竞争优势集中于哪些方面？

战略性标杆可以使一个企业获得优秀企业的市场战略。

第二种是操作性标杆。操作性标杆以职能性活动的各个方面为重点，找出有效的方法，以便在各种职能上都能取得最好成绩。为了解决主要矛盾，一般选择对标杆职能有重要影响的有关职能和活动，以便企业能够获得最大的收益。

第三种是支持活动性标杆。企业内的支持功能应该显示出比竞争对手更好的成本效益，通过支持活动性标杆控制内部间接费用和防止费用的上升。

二、标杆法简介

定量分析自己公司现状与其他公司现状，并加以比较，标杆法就是将那些出类拔萃的企业作为企业测定基准，以它们为学习的对象，迎头赶上，并进而超过之。一般地说，标杆法除要求测量相对于最好公司的企业的绩效外，还要发现这些优秀公司是如何取得这些成就的，利用这些信息作为制定企业绩效目标、战略和行动计划的基准。值得指出的是，这里的优秀公司并不局限于同行业中的佼佼者，可以是在各种业务流程的活动中，那些已取得出色成绩的企业。

绩效标杆法认为传统的建立绩效目标的方法是不全面的。利用过去的标准或者与企业内部标准比较的方法，都不能对引导企业了解竞争对手，为企业制定提高绩效能力的计划提供充分的信息。当然，标杆法也并不总是一定要与竞争对手比较。有些企业也经常与非竞争对手比较。作为一种信息来源，特别是建立标杆的过程或者不同企业(如供应商管理)的功能活动具有共用性时，从合作伙伴获得标杆信息往往比从竞争对手那里更容易。标杆法对那些没有处于领先地位的企业是非常有用的。例如，一个企业发现竞争对手推出一种新产品，然后赶紧分析为什么它的产品那么有竞争力。这就是一种反应性的标杆法，一旦通过标杆的实施过程找到了竞争对手的优势，企业就可以利用在标杆过程中获得的知识，创造各种方法，超过竞争对手。

行业领先者企业也应该经常性地开展标杆活动。一个企业如果不注意其竞争对手的发展，虽有可能在一时一事占据一定的优势，但不可能在市场上始终处于领先地位。大量曾红火一时的企业走向衰退就是很好的例证。

三、标杆管理制度

标杆法最早是由美国施乐公司确立的经营分析手法。20 世纪 70 年代末，施乐公司在复印机市场失去领导地位，1979 年开始对制造成本施行标杆制度，并对制造质量及特性进行改进。标杆制度在制造活动中获得成功后，便被运用于各企业单位，其小型复印机在市场上占据优势。目前，在日本和欧美国家的企业中，标杆制度已在计算机、医院、银行及物流企业中得到广泛的应用。

(一)基本构成

标杆管理制度的基本构成可以概括为两部分，即最佳实践和衡量标准。所谓最佳实践，即是指行业中的领先企业在经营管理中所推行的最有效的措施和方法。所谓衡量标准则，是指真实客观地反映经营管理者绩效的一套评价指标体系以及与此相应的作为标杆的基准数据，如顾客满意程度、单位成本、周转时间以及资产计量指标。

(二)基本程序

开展标杆管理制度包括以下 3 个基本程序。

(1)掌握本企业在经营中需要解决的问题，制定工作措施，建立绩效评价指标。

(2)调查同行业中领先企业或竞争对手的绩效水平，掌握其关键性优势。

(3)调查这些领先企业的最佳实践，即了解这些企业获取优秀绩效的原因，并树立目标努力效仿。

能够成功开展标杆活动的关键是要在组织内部形成一种要求改变现状的共识和目标一致的行动，而且需要组织成员之间的沟通以及其他管理措施的支持。

标杆活动的应用范围十分广泛，它可以应用到企业外部顾客的最终产品和服务，也可以应用于企业内部顾客的产品，即每道工艺流程的产出，还可以应用于各种经营职能，甚至某个具体的经营程序和措施。标杆企业可以是同行业的竞争对手，也可以是跨行业的优秀企业。现在标杆活动已经超过了企业的范围。

(二)标杆管理制度的原则

标杆管理涉及诸多影响因素，所以在执行时应遵循以下几点原则。

1. 设定具体标杆目标

全方位、全过程、多层面进行标杆管理。标杆管理的应用范围很广，从策略规划到质量活动，都可以利用标杆管理方式，企业在运用时，一方面要全方位、全过程、多层面进行标杆管理，另一方面要将具体目标界定清楚。需先检查所有的作业流程，检查与顾客期望是否有差距，而后选定最迫切需要改善的项目进行标杆管理。

2. 挑选最佳的标杆对象

最佳的标杆对象可能是特定产业、竞争者、不同产业中的佼佼者、熟悉的供应商，甚至关系企业等，只要有卓越的地方就可以成为标杆。企业在某一方面的对象可能是一个，但就企业总体而言，标杆对象则可能是多个，只要是最佳的，不论局部还是整体，都可作为标杆对象。美国的福特汽车公司选择日本的本田公司作为标杆进行管理，虽然本田公司的规模不及福特，但工作效率高于福特。

3. 有效收集标杆信息

选定标杆对象后，应多阅读相关资料，然后进行实地考察，尽力网罗所有信息，以及对结果的评价。

4. 不断发掘问题，持续标杆管理

不断发掘问题，追踪标杆对象，持续标杆管理，勇于创新进取。找出和标杆对象的差异，并从中归纳阻碍企业进步的各种关键影响因素，然后拟定详细的规划步骤并付诸实施。应将标杆作为一项制度固定下来。不断发掘问题，追踪标杆对象，持续进行标杆管理，勇于创新进取是标杆管理的精髓。

四、影响标杆管理制度成功的关键因素

标杆管理是否能够取得成功，在实施中受到多种因素的影响，其中主要的关键性影响因素如下。

(1)高层领导的支持。绩效标杆必须成为企业全体人员所接受的实实在在的制度，而

不能搞形而上学或者其他形式主义。全体人员必须把绩效标杆看作建立企业竞争战略的长久措施，企业高层领导的支持是十分关键的因素。

(2)注意收集有关数据。首先要了解哪些企业是第一流的，然后要分析为什么这些企业能够成为第一流的企业，最后确定标杆实施效果的定量分析方法。标杆管理的成功依赖于细致的、准确的数据和信息处理，这是整个标杆实施过程的一个重要组成部分。

(3)必须认识到标杆管理的作用。管理人员必须将标杆管理实施过程看作向其他企业学习和改进本企业工作的一个有效途径。在一些经营还过得去的企业里，有些人不愿承认竞争对手的优势而认为标杆过程不必要，这种思想是十分有害的。所谓"人无远虑，必有近忧"，尽管目前日子好过，但市场是千变万化的，稍有放松就会落后。因此，从思想深处认识到标杆的作用是影响成功的关键因素之一。

五、标杆的信息和数据来源

详细而准确收集数据的能力是标杆实施成功的关键因素之一。标杆过程的一个主要任务就是确定数据来源。一个较为常用的方法是从商业期刊或者图书馆的资料库获得相关数据和信息。商业期刊及其他出版物经常报道一些经营或管理出色的企业，其中就有关于该企业的绩效评价等内容。

学术研讨会和工商业界的交流会也是很好的信息来源，特别是对具体的操作层。这些会议通常就不同的主题进行讨论，交换思想。一些处于领先地位的企业经常被邀请做报告，通过这些会议可以获得优秀企业的线索，因此，企业管理人员要经常参加各种学术会议或研讨会之类的活动。

企业的供应商是另一种重要的信息源。企业的采购人员可以向供应商询问哪些企业是标杆的最好对象。企业也可以依靠专业咨询机构或者其他专家选择标杆目标。

互联网是一个资源庞大的信息库，可以通过它进行认真筛选，获得大量有益的信息。但要对这些数据和信息的质量也要给予充分注意。企业要努力收集那些有用的信息，而不是看方便与否。

六、标杆管理的实施步骤与实施过程

(一)标杆管理实施步骤

1. 明确标杆的内容

标杆管理的第一步是从改进和提高绩效的角度出发，明确本企业和本部门的任务是什么，这些任务实际上是企业成功的关键因素，它是标杆管理首先考虑的目标。接着应对这些任务进行具体分解，以便对诸如成本等问题进行量化分析和检查。最后确定标杆管理的具体内容，可以采用因果分析法，针对各项任务，提出问题、分析原因，将企业面临的问题、挑战和机遇作为主要内容。关键是深刻理解，正确把握影响企业成功的问题和症结所在。这些问题和症结才是主要内容。

2. 选择标杆企业(或部门)

选择标杆企业应遵循两个原则，一是应具有卓越的业绩与经济效益，应是行业中具有最佳实践的领先企业；二是标杆企业应与本企业或部门有相似的特点。选择标杆可以在同行中选择有潜力的企业，也可以在跨行业企业中相近的部门选择，还可以在企业内部相似的部门选择，选择的标准是具有可比性的，不要遗漏任何一个极有可能在管理实践中绩效优秀的企业或部门。

3. 收集资料和数据

它是开展标杆活动的基础。资料和数据可分为两大类：一类是标杆企业的资料和数据，主要包括标杆企业的绩效数据和它们的最佳实践，即标杆企业优良的绩效管理方法、措施和管理诀窍。这类数据资料是标杆的基准线，也是学习追求的目标；另一类资料数据是开展标杆管理活动的企业或部门，反映他们目前的绩效及管理现状。

作为基准线的资料数据可以来自单个的标杆企业和部门，也可以来自行业、全国乃至全球的某些样本。通过同这类数据比较，可以了解企业(部门)在行业及国内外同行中所处的相对位置，明确努力方向。

资料数据来源主要有：政府统计部门、资讯部门、各种协会、顾客、在标杆企业工作过的雇员等。可以通过访问、座谈、问卷调查及实地考察等方法获取。

4. 分析差距

对收集的数据进行分析比较，即可找出本企业与目标企业在绩效水平上的差距，以及在管理措施和方法上的差异。

5. 制定绩效目标

在分析的基础上，可确定追赶绩效目标，明确应该学习的标杆企业的最佳实践。在制定绩效目标时，必须考虑以下四个方面的客观条件的差异。

(1)经营规模的差异及由于规模经济而造成的效率差异。

(2)管理哲学及管理观念上的不同，例如：对经营职能的集权程度、资源分享程度以及内部控制程度的不同观点；

(3)产品特性及生产过程的差异；

(4)经营环境中存在的不同条件。

6. 综合与交流

将上述各项活动中取得的各项进展同全体员工反复交流、征询意见，并将标杆管理所要达到的目标前景向全体职员通报。根据全体职员的意见，修正已制定的绩效目标，改进计划方案。全体职员的目标一致、行动一致，是标杆管理活动取得成功的关键。

(1)制定具体的行动方案。对包括计划、安排、实施方法和技术以及阶段性的成绩评估等制定出一整套行动方案。

(2)专人负责，专家指导。标杆管理工作应有专门的人员负责，必要时可聘用标杆管理专家进行指导。除专职人员外，与标杆管理内容密切相关的人员也需要参与。

(3)标杆管理方法的连续进行。前一次标杆管理工作完成之后，要及时总结，并对新的情况、新的发现进一步分析，提出新的基准目标，以便进行下一轮的标杆管理，这样可以使企业始终保持不断变化和进取的态势。

七、标杆管理的实施过程

1. 计划阶段

计划是第一个，也是最关键的一个阶段。在此阶段中，企业要提出哪些产品或者职能需要实施标杆法，选择哪一企业作为标杆目标，需要什么样的数据和信息来源等。标杆计划应该集中精力解决标杆实施的过程和方法问题，而不是追求某些数据指标。

2. 分析阶段

本阶段的主要工作是数据和信息的收集与分析。企业必须分析为什么被定为标杆的企业更好一些，它在哪些方面真正是优秀的，标杆企业与本企业的差距到底有多大，怎样把标杆企业的成功经验用于本企业的改进上来等问题。这一阶段是很关键的，因为若目标定位不准，将导致后续工作偏离预定目标。

3. 整合阶段

整合(Integration)是将标杆实施中的新发现，在组织内进行沟通，使有关人员了解和接受这些新的发现。然后基于新发现建立企业的运作目标和操作目标。

4. 行动阶段

确定项目、子项目负责人，具体落实绩效标杆计划和目标，建立一套报告系统，能够对计划和目标进行修改和更新。

5. 正常运作阶段

当企业的标杆能成为制定绩效计划、绩效目标的方法时，就进入了正常运作阶段。根据标杆法的特征，赫格斯(Jon Hughes)等人总结出了一套标杆实施的程序。

八、标杆管理的成熟运用

标杆管理活动成功开展以后，应被作为企业经营的一项职能活动融入日常工作中去。标杆管理活动最终成果应具备以下两个特点。

(1)企业标杆管理应获得与领先企业相同甚至超越领先企业的竞争实力。

(2)单独进行的各项标杆管理活动应融合到企业日常经营活动的整体中。

本章小结

本章主要从物流绩效评价、供应链管理的绩效评价等方面进行了详细阐述，尤其是对标杆管理制度进行了一系列的分析。标杆管理不仅仅在传统企业，在供应链的构建或再建中的作用也日趋明显，可以说供应链的标杆管理是一种新型的标杆管理方法。它是将标杆管理的思想、工作方法贯穿于从供应商、制造商、分销商到第三方物流及最终用户的整个供应链过程。

复习思考题

1. 如何理解绩效评价的含义？
2. 企业为什么要施行绩效评价？
3. 构成绩效评价指标体系时需注意哪些事项？
4. 简述物流企业绩效评价的指标分类。
5. 物流企业的绩效评价从哪些方面进行？
6. 供应链绩效评价指标体系的组成部分有哪些？
7. 简述供应链标杆管理的实施步骤和过程。

案例分析

弗莱克斯特罗尼克斯的供应链绩效控制

电子制造服务(EMS)提供商弗莱克斯特罗尼克斯国际公司两年前便面临着一个既充满机遇又充满挑战的市场环境。惠普、3COM、诺基亚等高科技原始设备制造商(OEM)出现外包趋势，来自电子制造服务业的订单却在减少，同时，弗莱克斯特罗尼克斯受到来自制造成本和直接材料成本大幅度缩减的压力。弗莱克斯特罗尼克斯公司面临的境况不是罕见的。事实上，许多其他行业的公司都在它们的供应链中面临着同样的问题。很多问题存在于供应链的方方面面——采购、制造、分销、物流、设计、融资等。供应链绩效控制变得日益重要。

控制绩效的两种传统的方法是指标项目和平衡计分卡。在指标项目中，功能性组织和工作小组建立并跟踪那些被认为是与度量绩效最相关的指标。不幸的是，指标项目这种方法存在很大的局限性。为了克服某些局限性，许多公司采取了平衡计分卡项目。虽然概念上具有强制性，绝大多数平衡计分卡作为静态管理"操作面板"实施，不能驱动行为或绩效的改进。弗莱克斯特罗尼克斯也被供应链绩效控制的缺陷苦苦折磨着。

弗莱克斯特罗尼克斯使用了供应链绩效管理的方法，采取行动更换供应商、缩减过度成本、利用谈判的力量。绩效管理的方法包括实施基于 Web 的软件系统加速供应链绩效管理的周期。弗莱克斯特罗尼克斯在 8 个月的"实施存活期"中节约了几百亿美元，最终在第一年产生了巨大的投资回报。供应链绩效管理周期使弗莱克斯特罗尼克斯获得这样的结果。

弗莱克斯特罗尼克斯公司认为，定义关键绩效指标、异常条件和当环境发生变化时更新这些定义的能力是供应链绩效管理系统令人满意的一大特征。一旦异常情况被确认，使用者需要知道潜在的根本原因，可采取的行动选择路线，以及这种可选择行为的影响。以正确的行动对异常的绩效做出快速的响应是必要的。但是，响应一旦确定，只有无缝地、及时地实施这些响应，公司才能取得绩效的提高。这些响应应该是备有文件证明的，系统根据数据和信息发生以及异常绩效的解决不断地做出更新、调整。响应性行动导致了对异常、企业规则、业务流程的重新定义。因此，周期中连续地确认和更新流程是必要的。

弗莱克斯特罗尼克斯管理人员随后使用系统了解问题和选择方案。他们评价异常情况并且决定是否重新谈判价格，考虑备选资源或者调整基于业务需求的不一致。同样，采购经理分析市场状况、计算费用，然后通过商品和卖主区分成本解决的优先次序。在供应链绩效管理周期开始之前或者周期进行中，弗莱克斯特罗尼克斯确认数据、流程和行动的有效性。当实施它们的绩效系统时，弗莱克斯特罗尼克斯建立指标和界限，并且也保证数据的质量和合时性。使用绩效管理系统，弗莱克斯特罗尼克斯已经能通过资本化各种机会节约成本并获得竞争优势。

思考

结合案例分析弗莱克斯特罗尼克斯实施供应链绩效管理带给其他公司的启示。

第十二章

物流与供应链管理的未来发展趋势

学习要点及目标

随着经济全球化与科学技术的不断发展，随着现代物流的发展，物流活动涉及运输、仓储、邮政、包装、信息技术等多个行业的资源整合，物流业务的开展方式也正在向着绿色化、协作化、服务化和全球化方向发展。人们不仅关注物流的效率，以后将更加关注物流与环境的共生关系。因此未来物流与供应链的发展也将明显地呈现出网络化、标准化、协作化、服务化和绿色化的趋势。

本章介绍绿色物流、信息协作物流、一流服务化物流、冷链物流、全球化物流等的基本概念，重点阐述物流与供应链的未来发展趋势和特点等相关内容。

通过本章的学习，学生能够做到以下几点。

(1)了解绿色物流的概念。

(2)掌握信息协作物流的一般步骤。

(3)了解冷链物流的概念。

(4)理解全球化物流的发展趋势。

引导案例

地下物流技术在相对人口集中、国土狭小的日本得到了广泛的关注。2000 年，日本将地下物流技术列为未来 10 年政府重点研发的高新技术领域之一，主要致力于研究开通物流专用隧道并实现网络化，建立集散中心，形成地下物流系统。

日本建设厅的公共设施研究院对东京的地下物流系统进行了二十多年的研究，研究内容涉及了东京地区地下物流系统的交通模拟、经济环境因素的作用分析以及地下物流系统的构建方式等诸多方面。拟建系统地下通道总长度达到 201 km，设有 106 个仓储设施，通过这些设施可以将地下物流系统与地上物流系统连接起来。系统建成之后能承担整个东京地区将近 36%的货运，地面车辆运行速度提高 30%左右；运输网络分析结果显示每天将会有超过 32 万辆的车辆使用该系统，成本效益分析预计系统每年的总收益能达到 12 亿日元，其中包括降低车辆运行成本、行驶时间和事故发生率以及减少二氧化碳和氮化物的排放量带来的综合效益。它的优点在于综合运用各学科知识，并与地理信息系统(GIS)紧密结合，前期研究深入、透彻，保证了地下物流系统的高效率、高质量、高经济效益以及高社会效益。

第一节 绿色物流

自然资源和环境是人类赖以生存的物质基础。随着人类对自然资源和环境干涉能力的增强，人类在追求经济利益和社会财富的同时，也极大地破坏了人类自己赖以生存的生态系统。我国正逐步开展资源节约型和环境友好型社会建设，在环境、资源压力增大的情况下开展物流发展新模式成为一种趋势。绿色物流的提出要求现代物流具备绿色发展的理念，实现人与环境、人与资源的可持续协调发展。建设绿色物流系统对维护地球环境有很大的作用，而且可以实现物流全过程的良性循环。

一、绿色物流的相关概念解析

(一)绿色物流产生的理论基础

1. 可持续发展理论

在社会文明程度日益提高的今天，经济的发展必须建立在维护地球环境的基础上。当代对资源的开发和利用必须有利于下一代环境的维护以及资源的持续利用，因此，为了实现长期、持续的发展，就必须采取各种措施来维护我们的自然环境，可持续性发展就成为社会经济发展的必然选择。

可持续发展理论指既满足当代人的需要，又不对后代人满足其需要的能力构成危害。可持续发展的基本内容包括以下五点：①平均发展是重点；②发展经济与环保，使之构成一个有机整体；③应建立一个合理有效的经济和政治运行机制；④人们的自身发展需要与资源、环境的发展相适应，人们应放弃传统的生产方式与生活方式；⑤树立全新的现代文化观念。可持续发展的原则之一，就是使今天的商品生产、流通和消费不至于影响未来商品的生产、流通和消费的环境及资源条件。将这一原则应用于现代物流管理活动中，就是要求从环境保护的角度对现代物流体系进行研究，形成一种与环境共生的综合物流系统，改变原来经济发展与物流之间的单向作用关系，抑制物流对环境造成危害，同时又要形成一种能促进经济和消费生活健康发展的现代物流系统。这就产生了“绿色物流”这一全新的概念。绿色物流是可持续发展的一个重要环节，它与绿色制造、绿色消费共同构成了一个节约资源、保护环境的绿色经济循环系统。绿色制造(亦称清洁制造)是制造领域的研究热点，是指以节约资源和减少污染的方式制造绿色产品，是一种生产行为；绿色消费是以消费者为主体的消费行为。绿色物流与绿色制造和绿色消费之间是相互渗透、相互作用的。绿色制造是实现绿色物流和绿色消费的前提，绿色物流可以通过流通对生产的反作用来促进绿色制造，通过绿色物流管理来满足和促进绿色消费。

2. 生态经济学理论

所谓生态经济学是指研究再生产过程中，经济系统与生态系统之间的物流循环、能量转化和价值增值规律及其应用的科学。物流是社会再生产过程中的重要一环，物流过程中不仅有物质循环利用、能源转化，而且有价值的转移和价值的实现。因此，物流涉及了经济与生态环境两大系统，理所当然地架起了经济效益与生态环境效益之间彼此联系的桥梁。经济效益涉及目前和局部的更密切相关的利益，而环境效益则关系更宏观和长远的利益。经济效益与环境效益是对立统一的。后者是前者的自然基础和物质源泉，而前者是后者的经济表现形式。环保物流以经济学的一般原理为指导，以生态学为基础，对物流中的经济行为、经济关系和规律与生态系统之间的相互关系进行研究，以谋求在生态平衡、经济合理、技术先进条件下的生态与经济的最佳结合以及协调发展。

3. 生态伦理学理论

人类所面临的生态危机，迫使人们不得不反思自己的行为，不得不承担人类对于生态环境的道德责任。这就促使了生态伦理学的产生和发展。生态伦理学是从道德角度研究人与自然关系的交叉学科，它根据生态学提示的自然与人相互作用的规律性，以道德为手段，从整体上协调人与自然环境的关系。生态伦理迫使人们对物流中的环境问题进行深刻反思，从而产生一种强烈的责任心和义务感。为了子孙后代的切身利益，为了人类更健康和安全地生存与发展，人类应当维护生态平衡。

(二)绿色物流的内涵

20 世纪 90 年代初期，西方国家的企业界及物流学术界的学者们就提出了绿色物流的概念，绿色物流很快就得到了政府、学术界和企业界的高度重视。一方面，政府通过立法限制物流过程中的环境影响，如欧盟、美国和日本等国家和地区都制定了严格的法规限制机动车尾气排放和废弃物污染；另一方面，发达国家提出了发展循环型经济的目标，积极扶持绿色物流的发展。很多跨国公司都积极响应这一行动，施乐、柯达、美辛、惠普等大型跨国公司都实施了绿色物流的项目，并且收益显著。

绿色物流(Environmental Logistics)是指以降低对环境的污染、减少资源消耗为目的，利用先进的物流技术规划和实施运输、储存、包装、装卸、流通加工等物流活动。绿色物流是一个多层次的概念，它既包括企业的绿色物流活动，又包括社会对绿色物流活动的管理、规范和控制。从绿色物流活动的范围来看，它既包括各个单项的绿色物流作业，还包括为实现资源再利用而进行的废弃物循环物流。绿色物流的活动范围涵盖了产品的整个生命周期。产品在从原料获取到使用消费直至报废的整个生命周期，都会对环境有影响。而绿色物流既包括对从原材料的获取、产品生产包装、运输、分销，直至送达最终用户手中的正向物流过程的绿色化，也包括对退货品和废物回收逆向物流过程的生态管理与规划。因此，其活动范围包括了产品从产生到报废处置的整个生命周期。可以从以下几个层面对绿色物流的概念进行解析。

(1)绿色物流是循环型物流。传统物流只重视从资源开采到生产、消费的正向物流，而忽视废旧物品、可再生资源的回收利用所形成的逆向物流。循环型物流包括原材料副产品再循环、包装废弃物再循环、废旧物品再循环、资源垃圾的收集和再资源化等。

(2)绿色物流是共生型物流。传统物流往往是以对环境与生态的破坏为代价，实现物流的效率。而绿色物流则注重从环境保护与可持续发展的角度，求得环境与经济发展共存，通过物流革新与进步减少和消除物流对环境的负面影响。

(3)绿色物流是资源节约型物流。绿色物流不仅注重物流过程对环境的影响，而且强调对资源的节约。在实际工作中，资源浪费现象是普遍存在的，它不仅存在于生产领域、消费领域，也存在于流通领域。例如，过量储存产品会造成产品陈旧、老化、变质，运输过程中商品的破损，流通加工过程余料的浪费等。在计划经济时期，原物资部提出了“管供、管用、管节约”的方针，这一方针在今天仍然适用于绿色物流，是经济可持续发展的必然结果，对社会经济的不断发展和人类生活质量的提高具有重要意义。绿色物流虽然代表着物流发展的方向，但并不是所有企业都能认识到这一点。开展绿色物流，不仅要依靠企业家，也要依靠政府、行业协会等民间团体及消费者的共同努力。

(三)绿色供应链管理的概念

绿色供应链管理的概念和内涵还在不断发展和完善，至今尚无一个权威、统一的定义。首次提出“绿色供应链”这个概念的是密歇根州立大学的制造研究协会，他们认为“绿色供应链是环境意识、资源能源的有效利用和供应链的各个环节的交叉融合，是实现绿色制造和企业可持续发展的重要手段，其目的是使整个供应链的资源利用效率最高、对环境的负面影响最小”。国内学者在参照供应链和绿色制造的定义的基础上，将绿色供应链定义为“一种在整个供应链中综合考虑环境影响和资源利用率的现代管理模式，它以绿色制造理论和供应链管理技术为基础，涉及供应商、制造商、销售商和用户，其目的是使产品从原料获取、加工、包装、仓储、运输、使用到报废处理的整个过程中，对环境的影响(副作用)最小，资源利用效率最高”。绿色供应链管理具有区别于传统供应链管理的特征，要求设计、材料、工艺、包装、处理等产品的各个阶段的绿色化。

二、绿色物流的管理

1. 绿色供应商管理

供应商的原材料、半成品质量的好坏优劣直接决定着最终产品的性能，所以要实施绿色物流还得从源头上加以控制。由于政府对企业的环境行为严格管制，并且供应商的成本绩效和运行状况对企业经济活动构成了直接影响，所以在绿色供应物流中，有必要增加供应商选择和评价的环境指标，即要对供应商的环境绩效进行考察。

2. 绿色生产管理

绿色生产又包括绿色原材料的供应、绿色设计与制造以及绿色包装。绿色产品的生产首先要求构成产品的原材料具有绿色特性。绿色原材料应符合以下要求：环境友好型；废弃后能自然分解并能为自然界吸收；易加工且加工过程中无污染或污染很小；易回收、易处理、可重复利用，并尽量减少材料的种类，这样有利于原材料的循环使用。

绿色制造追求两个目标，即通过可再生资源、二次能源的利用及节能降耗措施缓解资源枯竭，实施持续利用；减少废料和污染物的生成排放，提高工业品在生产过程和消费过程中与环境的相容程度，降低整个生产活动给人类和环境带来的风险，最终实现经济和环境效益的最优化。

绿色包装是指采用节约资源、保护环境的包装。其特点是材料最省、废弃最少且节约资源和能源，易于回收利用和再循环；包装材料可自然降解并且降解周期短，对人的身体和生态无害。

3. 绿色运输管理

交通运输工具对能源的大量消耗，运输过程中排放大量的有害气体、产生的噪声污染，运输易燃、易爆、化学品等危险原材料或产品可能引起的爆炸、泄漏等事故，都会对环境造成很大的影响。因此，构建企业绿色物流体系就显得至关重要。绿色运输管理包括：合理配置配送中心，制订配送计划，提高运输效率以降低货损量和货运量；实施联合一贯制运输；评价运输者的环境绩效，有专门的运输企业使用专门的运输工具负责危险品的运输，并制定应急保护措施等。

4. 绿色储存管理

储存在物流系统中起着缓冲、调节和平衡的作用，是物流的一个中心环节。储存的主要设施是仓库。优化的仓库是促进绿色物流运转的物资集散中心。绿色仓储要求仓库合理布局以节约运输成本。

5. 绿色流通加工管理

绿色流通加工是指在流通过程中继续对流通中的商品进行生产性加工，使其成为更加适合消费者需求的最终产品。流通加工具有较强的生产性，也是流通部门可对环境保护大有作为的领域。

绿色流通加工的途径主要分两个方面：一方面变消费者分散加工为专业集中加工，以规模作业的方式提高资源利用效率，减少环境污染，如餐饮服务业对食品的集中加工；另一方面是集中处理消费品加工中产生的边角废料，减少消费者分散加工所造成的废弃物污染，如流通部门对蔬菜的集中加工减少了居民分散的垃圾丢放及相应的环境治理问题。

6. 绿色装卸管理

实施绿色装卸要求企业在装卸过程中进行正当装卸，避免商品的损坏，从而避免资源浪费以及废弃物对环境造成污染。另外，绿色装卸还要求企业消除无效搬运，提高搬运的灵活性，合理利用现代化机械，保持物流的均衡顺畅。

7. 产品绿色设计、绿色包装和标识

绿色物流建设应该始于产品设计阶段，以产品生命周期分析等技术提高产品整个生命周期的环境绩效，在推动绿色物流建设上发挥先锋作用。包装是绿色物流管理的一个重要方面，如白色塑料的污染已经引起社会的广泛关注，同时过度包装也造成资源浪费。

三、绿色物流发展的做法

绿色物流是经济可持续发展的必然结果，对社会经济的不断发展和人类生活质量的提高具有重要意义。要实施和有效发展绿色物流，必须从政府政策的角度出发，对现有物流体制进行管理，构建绿色物流的发展框架。

1. 进一步解放思想、提高认识，树立现代绿色物流的全新运作观念

绿色物流刚刚兴起，人们对它的认识还非常有限。政府、企业、消费者基本上还处于仅有物流思想而没有绿色化概念的阶段，甚至存在着“环保不经济，绿色等于花费”“对环境的污染主要来自生产企业，与流通企业的关系不大”等思想。也有人认为，物流只要能适应生产和消费的要求，为其提供相适应的服务便是尽职尽责。其实这只是对物流运行的最基本要求，仅仅如此是不能满足现代社会可持续发展的需要的。现代物流不仅要树立服务观念，更应自始至终贯彻绿色理念。良好的物流服务离不开高效节能和安全优质。如果没有绿色物流的建立和发展，生产和消费就难以有效衔接，“绿色革命”和“绿色经济”就是一句空话。因此，在发展现代物流的同时，要加强绿色物流教育，在全社会树立绿色物流理念，把绿色物流作为全方位“绿色化”的重要组成部分，面向绿色物流的未来。

2. 加快立法建设

要严格实施《中华人民共和国环境保护法》《中华人民共和国固体废物污染环境防治法》和《中华人民共和国环境噪声污染防治法》等，并借鉴发达国家的实践经验，不断完善有关环境法律法规。政府可以从以下三个方面制定政策法规，对物流体制进行宏观控制。

(1)控制物流活动中的污染发生源。政府应该采取有效措施，从源头上控制物流企业发展造成的环境污染。

(2)限制交通量。通过政策的指导作用促进企业选择合适的运输方式，通过有限的交通量提高物流效率。

(3)控制交通流。通过道路与铁路的立体交叉，建设都市中心环状道路，制定道路停车规则以及实现交通管制系统的现代化等措施，减少交通堵塞，提高配送效率。

3. 加强对物流绿色化的研究和对物流人才的培养

我国物流较发达国家落后，尤其与“绿色”的理念相悖，除了认识有限和科技水平落后外，还与相关人才的缺乏有关。绿色物流作为新生事物，对营运筹划人员和各专业人员的要求面广，要求层次高，各大专院校和科研机构必须有针对性地开展专业培训，才能为绿色物流业输送更多的合格人才；也只有这样，现代物流才能在绿色的轨道上健康发展。

4. 加强物流产业的标准化和信息化建设

随着通信技术和网络技术的发展，应将全球定位系统引入物流活动，结合公路、铁路、海运和空运信息，合理安排物流的路线和车辆，实现物流快速准确运行。我国物流作业环节所使用的设备以及包装、运输、装卸等流通环节都缺少必要的行业标准和规范，导致物流效率普遍不高，要实现绿色物流，这方面的建设是必不可少的。

5. 从系统构筑的角度，建立废弃物的回收再利用系统

企业不仅仅要考虑自身的物流效率，还必须与供应链上的其他关联者协同起来，从整个供应链的视野来组织物流，最终在整个经济社会建立起包括生产商、批发商、零售商和消费者在内的循环物流系统。绿色物流作为一种新的物流管理方式，符合时代发展的要求和人类生存发展的利益，因而必然成为未来物流管理发展的方向和趋势。

课堂案例

Tesco 乐购的绿色物流之路

Tesco 是英国领先的零售商，也是全球三大零售企业之一，“Tesco 乐购”是其在中国市场上使用的品牌。近年来，Tesco 乐购在物流体系的构建中，考虑的不仅仅是满足各地门店的业务发展需求，还将绿色环保理念融入其中。2011 年 3 月 2 日，Tesco 乐购在中国首个购地自建的绿色物流中心在浙江嘉善投入使用，这是一项将物流与绿色环保融合发展的重要举措，为行业树立了先进典范。

Tesco 乐购的嘉善绿色物流中心是一个按照国际标准打造的区域性物流中心，与其在英国的物流中心是同样档次。在 Tesco 乐购嘉善绿色物流中心总经理彭妍祯看来，地理位置优越、规模庞大、设备先进、无处不在的“绿色”环保因素，是这座物流中心最显著的特点。Tesco 乐购嘉善绿色物流中心采用了一系列先进的环保节能技术，在这方面投资超过 2 000 万元人民币，主要应用了太阳能光伏、运动传感器、灰水系统、太阳能热水系统等诸多节能设施，以降低碳排量，减轻对当地环境的影响。

具体来说，地热泵系统可以利用地下水热源来实现集中供暖和降温，使仓库内达到冬暖夏凉的效果。经过改良的仓库屋顶保温层，可降低空调的能源消耗并维持一个更稳定的温度环境。屋顶保温层在减少仓库热度流失方面也扮演着重要角色，节省了采暖通风与空调的能耗。另外，所有仓库的墙体都装有 PIR 保温材料，阻止仓库内部与外部的热传导。在灯光照明方面，物流中心应用了 T5 荧光照明，比传统的 T8 灯在几乎相同的瓦特数情况下有更高的每瓦流明，使得照明能源成本更低；使用勒克斯单位衡量照明度，通过确保每个活动区域有最适宜的亮度避免了过度照明，也相应地降低了能耗。在仓库的理配、装货和卸货区顶部，安装有直径 7.5 米的巨型节能风扇，使空气吹向地面，从而提供更平均的温度分配，防止热量在屋顶积聚，加速室内空气流通，降低对传统取暖和降温设备的需求。物流中心还通过高能效热交换器将公用蒸汽的热量转换，为理配、装货和卸货区供暖，使仓库在冬季保持室温不低于 14℃。Tesco 乐购还购买使用了省油环保车辆用于配

送，同时研究改善车辆空气动力学以减少油耗。据介绍，与同等规模的传统物流中心相比，嘉善绿色物流中心预计能够节电45%、节水40%。而Tesco乐购打造环保供应链的努力，并不止于物流中心的建设，还体现在日常运营当中。

除了集中配送，Tesco乐购还实现了送货车辆回程运货，以实现绿色运输。彭妍祯举例说，以往将一批货物由嘉善物流中心送到位于宁波的门店后，通常会空车返回嘉善。现在，送货车辆要顺便到宁波的供应商处装货后再返回嘉善，使供应商、配送中心、门店之间的运输路线和行程安排得以优化，减少了空车行驶里程。

第二节 信息协作物流

一、协作物流概述

近年来，由于客户多变的需求，企业物流运作越来越表现出个性化的服务特征，越来越多的企业与客户结成了战略联盟，以至于要改变物流渠道的成本变得巨大。早在1998年美国物流管理协会已经把物流定义成供应链中的一部分，这实际上不仅把物流纳入了企业互动协作关系的管理范畴，而且要考虑自己的供应商。不仅要考虑到客户的客户，而且要考虑到供应商的供应商。不仅要致力于降低某项具体物流的成本，而且要考虑使供应链运作的总成本最低。一句话，就是所有供应链成员企业为了共同的客户服务目标协调他们的行动，直至建立稳定的合作伙伴关系。同时，美国物流管理协会2001年年会的主题为“在多变经济环境中的协作关系”，开辟了物流运作从供应链物流向协作物流，向社会物流转变的先河。

协作物流反映了通过改变物流方式和物流途径挖掘物流新利润、新源泉的趋势，它通过综合供应者到消费者的供应链运作，使物流、信息流和资金流的流动达到最优化，并追求全面的、系统的综合效果。

二、协作物流的特点

从协作物流实施的案例可以看到，协作物流经营方式就是指当已有的物流资源难以满足生产经营活动的需要时，公司与供应商、其他企业以及相关客户联合起来为有效解决物流需求而开展物流服务协作的基本方式。

总体上讲，协作物流的显著特点有以下几个方面。

(一)管理高度信息化

协作物流各参与方主要依靠先进的信息技术进行信息沟通。由于有了互联网，信息的实时性得到了有效的保证，所以参与方自身管理的信息化程度很高。

（二）信息共享

高度信息化是协作物流的基础条件，信息传递的目的是信息共享，通过分享物流流动方向、流动数量的信息，参与企业可以有效地进行调度和分配资源。

（三）资源协同调度

从信息共享到资源协同，这是协作物流的更高一个层次。各个企业所拥有的优势资源是不一样的，信息共享传递了物流服务的供求情况，通过包括车辆、仓库、人员、设备等资源的协同调度，提高了物流服务的弹性。比如在服务路线，物流数量上进行搭配，可以降低车辆空载率，提高仓储空间的使用率。同时，通过网络和扩展的供应链集成平台，协作物流把物流管理战略业务拓展到了单一企业组织以外，企业可以看到它的货物的整个物流过程，并与新旧贸易伙伴联合获得最大化的物流资源的利用率，这样就可以与供应商、贸易伙伴组成的整条供应链上的所有成员共同分享效率的提高和成本的节约。

（四）协作共进

以管理高度信息化为保障，以信息共享，物流资源的协同调度为手段，协作物流通过优势互补使各参与方协作共进。如今，社会的专业化程度越来越高，一个企业不可能做所有的业务，必须通过协作在竞争中获胜。

三、构建协作物流网络

协作物流是通过高效贯通的协作物流网络实现的。那么关于如何建立起协作物流网络的问题，需要考虑协作伙伴的要求、参与方能构成协作物流网络的条件、协作网络的结构和功能以及技术保障等因素。

（一）协作物流网络的协作伙伴

1. 协作物流网络中协作伙伴的多样性和数量

协作物流以管理高度信息化为保障，以信息共享、物流资源的协同调度为手段，通过优势互补，各参与方协作共进。那么，组成协作物流网络的协作伙伴不仅包括一条供应链中的上下游合作企业，也会包括竞争对手。实际上，同业竞争对手之间的协作物流很早就已经在实践中出现了，如福特公司和戴姆勒-克莱斯勒公司早在1998年就试点分享Exel物流公司的服务，向各自的经销商配送零配件以降低分销成本。这种供应链和竞争对手之间的协作构成了纵横交错的协作物流网。

根据网络的Metcalfe准则，网络带来的效益与网络用户的节点数目平方成正比。协作物流网络用户达到一定数量的时候，随着用户数量的增加，其效益也会指数增长，逐渐形成跨地区、跨行业、跨平台的网络，所提供的物流服务也就变得更加丰富。

2. 协作伙伴之间构成协作物流网络的前提条件

（1）有共同利益和清晰远景。所有的参与方对协作都要保证长期遵守承诺，所有参与方都要理解对自己和其他人的合理期望，建立信任。参与方必须能坦诚地交流他们的实践和进度，有时候还需要以传统的方式分享信息。

(2)协作伙伴要知道什么是最重要的。一个协作物流网可以把供应链中的所有伙伴都连接起来，但不是所有的伙伴和供应过程都同样重要，企业需要选择那些能给它带来最大利益的伙伴。

(3)要有领导者和推动者。没有拥护者在推动，协作物流网络就不会有任何效果，同样，没有领导者，协作网络关系就难以持续稳定地发展。领导者的主要作用是监督物流网络活动，确保协作物流网络中所有的操作都在可控制范围内。

(4)合作不是惩罚。在真正的合作关系中，各合作方应该合作起来解决问题。

(5)分享利益。在真正的合作关系中，各合作方应该能共担困难和分享收益，使所有的参与方都能得到切实的利益，这也是各方参与到协作物流网络的目的。在协作物流网络中，需要设立明确的分享机制，以保证所有的参与方都能得到切实的利益。

(二)协作网络体系结构

传统的客户机、服务器模式的计算机系统设计并不是以企业协作为目的的。一般的物流信息系统，比如运输管理系统，都是在一个企业内部运行的。大多数应用软件需要用户在客户端安装大量的应用程序，这种方式显然已经不适应今天这种用户分散且流动性大的情形，更迎合不了基于无线通信的蜂窝电话取代传统电子计算机的潮流。今天，随着企业不断寻找贸易伙伴并建立合作关系，这些传统的 C/S 应用方式已经不再流行了。我们发现，在过去几年中许多软件开发商已经把目光转移到了基于 Internet 模式软件的开发。因此，协作物流网络体系的物理结构必须采用基于 Internet 的 B/S 结构。

1. 协作物流网络的功能和性能要求

除了具有深度协作、可优化、可操作性强和快速的特点以外，协作物流网络还应该具备以下几个特点。

(1)网络柔性。突发性的事件是经常会发生的，协作物流网络需要具备处理这种事件的能力。所以在协作物流运作过程中适应管理是非常重要的，特别是要在全球化的环境中开展物流服务。协作物流网络应该提供交易伙伴关系网，优化客户关系管理，参与方可以随意地添加、评价和筛选合作伙伴。建设一个公用的数据平台，这样可以使交易伙伴之间实现无缝地共享数据，并提高对供应链中的突发事件的应急反应能力。

(2)系统开发性。协作物流网络中，托运人、承运人、第三方物流、电子商场以及垂直的行业电子贸易中心都可以看到所有的产品、合作伙伴及其在供应链中的活动，这样就形成了一个开放的合作伙伴联盟生态系统。这个系统中的每一个成员都有一个共同目标：通过优秀的物流服务赢得竞争优势。并且，新用户的不断加入提高了网络服务能力，增强了端对端供应链的优化过程。

(3)可视化。协作物流网络所有的物流活动都呈现在桌面上，因而能很好地进行管理。通过可视化，供应链中每个参与方的行为都可见，物流管理达到新的高度。供应链的可视化是协作物流的基石，这样交易各方都能最大化地利用物流活动适时采购，也可以提高物流资源的使用率，比如优化运输线路等。

2. 协作物流网络的技术保障

构建协作物流网络是一项非常复杂的工程。考虑到当前应用环境和未来的发展需求，在构建网络时需要注意应用以下几种技术。

(1)无线应用程序协议(WAP)。近年来，人们已经体会到了没有空间限制的移动通信和丰富多彩的互联网络带来的好处。WAP是在互联网和无线设备之间搭建的全球统一的开放标准，它使客户端和服务端之间的交互成为可能，也将成为未来无线信息技术发展的主流。WAP的应用将实现多种终端的服务共享和信息交流，包容目前广泛的和新兴的终端类型，如手机、呼机、PAD等设备。

(2)全球卫星定位系统(GPS)。GPS是随着现代科学技术的发展而建立起来的一个高精度、全天候和全球性的无线电导航定位、授时的多功能系统。在协作物流网络中利用GPS技术有助于实时地检测和监控运输载体、货物的状态。

(3)全球移动通信系统(GSM)。GSM是国家投资建设的公众网络，是目前我国国内覆盖范围最广、系统可靠性最高、话音清晰度最好的移动蜂窝通信系统，建立车载终端与GSM网络的联系将能够支撑起强大的地网系统。

(4)地理信息系统(GIS)。GIS是近些年来迅速发展起来的一门新兴技术。作为制图学、计算机技术、地理、遥感、统计、测绘、通信、规划和管理学科交叉运用的产物，GIS广泛地运用在各个领域。GIS中的地理信息，包括目标建筑、道路信息等，可以辅助协作物流网规划物流路径。

(5)工作流管理。协作物流网涉及许多企业的许多工作环节，涉及不同级别的商业合作集成。工作流管理实现了人与电子计算机共同工作的自动化协调、控制和通信，在信息化业务的处理上，可使所有命令的执行都处于受控状态。也就是说，在工作流管理下，工作量可以被监督，并被分派到不同的用户以达成平衡。这是提高协作物流网络效率的有效途径。

(6)XML技术。为满足人们工作环境频繁移动的需要，协作物流网络应该采用基于互联网的B/S体系结构，但是，目前流行的HTML语言虽然有结构化和可描述性等优点，也存在着很多缺陷，比如它只能使用固定的有限的标记，而且只侧重于对内容的显示。简单的HTML语言几乎无法满足协作物流网络高度复杂、高度柔性以及与其他服务之间的开放性、安全性和灵活性的要求。因此，在协作物流网络中采用XML技术进行文档交换是必然的趋势。达尔文说过，能够生存下来的物种不是最强壮的，也不是智力最高的，而是那些能够迅速适应环境变化的。协作物流是当前国际上提高应对客户需求反应能力的十分有效的手段，是物流企业获得竞争优势，得以生存和发展的新型商业模式。

第三节 一流服务化物流

在电子商务环境下，物流企业是介于买卖双方之间的第三方，以服务作为第一宗旨。客户对于物流企业所提供服务的要求是多方面的，因此，如何更好地满足客户不断提出的服务要求始终是物流企业管理的中心问题。如物流配送中心，开始时可能提供的只是区域性物流服务，以后应客户的要求发展到提供长距离服务，再后来可提供越来越多的服务项目，包括到客户企业“驻点”，直接为客户发货；有些生产企业把所有物流工作全部委托给配送中心，使配送中心的工作延伸到生产企业的内部。最终，物流企业所提供的优质和系统的服务使之与客户企业结成双赢的战略伙伴关系：一方面，由于物流企业的服务使客户企业的产品迅速进入市场，提高了竞争力；另一方面物流企业本身也有了稳定的资源和效益。美、日等国物流企业成功的要诀，就在于它们都十分重视客户的服务研究。

一、一流服务化物流的内涵

一流服务化物流就是以满足消费者的需求为目标，组织货物的合理流动。具体而言就是把商品的采购、运输、仓储、加工、整理、配送、销售和信息等方面有机结合起来，选择最佳的方式与路径，以最低的费用和最小的风险，保质、保量、适时地将货物从供方运到需方，为消费者提供多功能、一体化的综合性服务。

具体而言，在服务化物流的趋势下，企业的物流活动主要包括以下两种。

(1)物流方案选择。识别与评价原材料采购方案，选择物流服务供应商、制造与仓储地点以及战略联盟，估计需要投入的人力、物力、财力以及时间，并评价与防范有关的风险。

(2)信息收集。通过收集与物流活动相关的信息，物流活动得以有效进行。针对各个目标市场的需求与物流信息化的趋势，考虑各个市场在物流单证、包装、港口、定价、作业程序等方面的物流系统目标，提高向消费者和用户供应商品的效率，而对物流系统进行计划、组织、指挥和调节活动。把所有市场看成一盘棋，把营销、物流、信息系统有机结合起来，并由一个决策中心，根据实际市场情况权衡利弊进行最优化的决策。

二、一流服务化物流发展的动力

(一)消费者物流机能的扩大

在通常的商品消费物流中，日用品、食品等商品的物流机能是由消费者自己承担的，除此以外，其他商品，特别是大宗商品一般是由零售商通过直接配送到消费者指定地点的形式来承担物流机能。但是随着近几年来经济服务化的发展，某些外部环境发生了巨大的改变，与之相对应消费者的生活时尚有了较大变化，其中最大的变化是小轿车在家庭中的普及使得利用汽车购物逐渐成为当今消费生活的主流。在这种背景下，通过消费者物流机能的提高，零售业与消费者之间物流机能的分担呈现多样化的趋势，并且展现出物流机能的替代化发展。具体的表现形式之一是随着消费者物流机能的提高，呈现出替代零售业物流机能（如输送、保管等）的倾向；消费者在扩大行动范围的同时，一次购买回家的商品数量增加，甚至以前需要零售配送到家的家电等大型商品也能实现消费者自行承担物体流动。另外，消费者利用汽车购物成为可能，也对零售业产生较大的影响，这表现在消费者一次大量购物的实现，使零售店铺的设立出现新的转移：一方面如仓储式商店、量贩店等新型的零售业开始大规模发展，另外一方面，促成了大型购物中心向郊外发展。这些都对物流管理产生了深远的影响。

（二）零售业物流机能的扩大

在消费者物流机能替代化发展的同时，作为商品销售者的零售商，其物流机能不仅没有被削弱，物流活动的范围反而扩大了，这一点突出反映在食品产业中。从当今的情况看，在食品产业已经出现按菜单配送商品或蔬菜配送到家等新型的物流活动。这种配送活动原来是由当地的饮食店或菜店通过商品的直接销售进行的，现在却统一纳入到了大型零售商的物流战略中。此外，应当看到这种战略中的物流商品不仅仅是物质产品，而且可以预想还包括大量的服务性产品，诸如，原来无法拿到服务中心进行修理的商品如今可以通过宅配实现修理服务、检查等活动。更值得关注的是，这种物质流、服务流会向社会传递大量的顾客信息，而且这种反馈不仅是面向销售点，也面向最终的生产点。显然，这种反馈对合理控制物流成本、设计管理物流活动具有积极的意义。

（三）提供多样化的物流服务

应当看到，随着近年来社会经济的发展以及消费者生活时尚的改变，在流通各主体形成高度化物流机能的同时，消费者物流机能得到进一步的扩大。从整个社会的角度来看，无论在物流机能的担当上还是在物流手段上，存在着各种各样的组合，迎来了多样化物流服务的时代，并且各流通主体和消费者可以自由选择各种形式的物流服务，增大了物流需求的空间，也提高了物流管理的难度。从另一个方面来讲，物流业者在这种变化的环境中，必须正确把握市场需求，灵活应对各种物流变化，开展新的物流业务，例如宅急便就是因企业行动和消费者行动变化而产生的新型物流活动。总之，在经济服务化发展的时代，各流通主体应以物流革新为契机树立追求市场创造的经营导向。

（四）国际供应链一体化

20 世纪 90 年代以来，随着全球制造、敏捷制造、虚拟制造等先进制造模式的出现和市场竞争环境的快速变化，以动态联盟为特征的新的企业组织形式的出现，使原有的企业生产组织和资源配置方式发生了质的变化。企业的生存必须更多的利用外部资源，供应链一体化已从企业内部的采购获取、制造支持和实物配送，向后延伸到顾客，向前延伸到供应商。越来越多的企业认识到与顾客和供应商合作的重要性，有效地实现了供应链的整合，并通过自愿互利的安排，取得市场竞争力。在这些合作生产的过程中，大量的物资和信息在很广泛的地域间转移、储存和交换，因此有必要对企业整个原材料、零部件和最终产品的供应、储存和销售系统进行总体规划、重组、协调、控制和优化，加快物料的流动，减少库存，加速信息传递，时刻了解并有效满足顾客需求。这使服务化物流的发展成为当务之急。

(五)消除物流信息化的真空

单凭 PLS、EOS、ED 等现代信息系统并不能完全把握消费者需求变化，因此产生了物流信息真空的情况。

从信息真空产生的原因来看：一是与信息系统的运行问题相关，亦即信息的提供与信息的进入在精度和密度上可能产生非均衡；二是作为结果的信息与在特定情况下展示的场景信息可能出现非协调。例如，某些商品虽然销售额有了很大的增长，但是如果没有掌握它在哪种状况下才有可能出现增长，那么仅仅了解单品销售信息，显然大大降低了信息的价值，进而出现信息的真空。应当看到，今后随着消费者需求多样化的发展，经济服务化的发展，尤其是高龄化市场的扩大等，更容易产生信息的真空，在这种情况下，企业要真正将物流管理与经营战略融合在一起，就不仅需要追求信息系统的高度化，还需要经常对系统收集、分析的信息进行质的监控，及早发现信息的真空地带，努力做出应对，使物流活动真正产生高效的管理效益和经济效益。

三、一流服务化物流对企业管理产生的影响

一流服务化物流的纵深化发展对原有的企业管理模式带来了挑战，随着经济服务化的进一步推进以及企业物流活动的普及化、高效化和多样化，企业整体的管理思想和方法必然产生新的变革，否则将无法充分适应现代社会经济服务化的发展，这一点已经从服务化经济条件下物流的特点以及日本先进企业的服务化物流实践中得到印证。应当讲，这种因经济服务化发展而产生的管理模式的变革，不仅仅反映为组织规划或结构上的再创新，更反映为企业自上而下的经营思想的变革。通过我们对现代物流与供应链管理的全面阐释，可以看出，服务化物流对企业管理产生的影响集中反映在如下几点。

(一)企业管理从职能管理转向过程管理

一流服务化物流的一个核心是商品的流动连接着各个不同的经济主体，即供应商、经销商和市场，因而物流管理应当是一种企业活动的整体管理，这种观念显然对传统的管理理念产生了巨大的挑战，即对业务的管理不能仅停留在职能层次上，而是要求从整个供应链的全过程来进行综合管理，这样就必然跨领域、跨职能部门对物流进行统一规划，并形成一些跨职能分割综合经营诀窍，只有这样才能更好地对应服务化物流的纵深发展。目前，我国很多优秀企业也已经认识到服务化物流对企业管理所产生的这种影响，例如，海尔集团就曾指出，“海尔所实行的是国际化战略，物流设计面临着全球物流壁垒的挑战，即 4D——距离、需求、多样化和单证。这种全球化的作业，使得海尔必须站在供应链管理的观点上去系统管理由大量的不同国家的供应商及经销商所组成的复杂供应链”。很显

然，现代企业为实现企业总体的经营战略，开展服务化物流，就需要清楚地了解不同领域、部门之间的联系与区别，在此基础上进行综合协调管理，真正从职能管理转向过程管理。

(二)从重视利润管理转向重视利润率管理

传统的利润观念十分重视边际性，即商品销售的边际利润。服务化物流的发展使我们看到，在寻求投资回报和效益增长的过程中，尽管商品销售的边际利润仍然很重要，但是，现代企业还必须充分关注资源管理以及资财的利用对效益所产生的影响。从投资回报的计算中我们也可以看出利润不仅来源于利润的边际性，也取决于资产的流转，所以，未来的物流管理者必须清楚地认识到，对资源、资产利用的有效管理以及相应的成本控制是推动服务化物流的关键。

(三)从产品管理转向顾客管理

服务化物流发展的一个显著的效应是，物流作为一项顾客服务项目在企业战略中发挥了举足轻重的作用，即服务化物流不仅在创造价值，甚至决定了整个商品价值的实现，因为从市场营销的角度来看，商品的质量是一种大质量的观念，即不仅指物质商品的品质，而且还包括营销服务质量以及顾客服务质量，而服务化物流直接构成了顾客服务质量的重要组成部分。与此同时，由于生产过程以及市场营销过程都是由物流过程开始的，所以，它也间接地决定了物质产品以及营销活动的效率。特别是伴随着物流信息系统化的发展，有效的顾客信息管理对生产和经营活动具有相当大的影响力，正是因为如此，未来的企业管理将更加重视顾客管理，这种重视反映在日常的活动中表现为对物流服务的水准经常进行界定、监测和按市场需求灵活地进行调整，使其成为整个企业经营管理的核心。

(四)从企业间的交易性管理转向关系性管理

一流服务化物流的发展对企业间的管理方式也将产生较大的影响，这是因为一流服务化物流要求企业能从生产经营的全过程，即整个供应链的角度对物流活动进行有效的管理，而任何局部的物流管理不足以形成整体的效率。但是这种目标显然非单个企业所能实现，它必然要求企业之间通过一种战略联盟的形式来沟通协调相互的物流管理系统，或者说只有企业间结成伙伴关系，才能够在物流管理系统上达成一致，并做到统一综合管理。日资背景的伊藤洋华堂在进入我国北京市场后，其在日本的物流配送伙伴伊藤忠株式会社也跟随而至，并承担了其配送服务，这种由制造企业或流通企业结盟进行物流配送的形式在日本相当普遍，几乎占到社会总物流量的80%。但是，要形成战略上的联合，结成供应链，企业之间就必须进行各种组织上正式或非正式的接触，相互沟通与协调，并且能深入了解不同企业的经营状况与理念。也就是说，要实现供应链管理，就必须对合作方所能做出的贡献、环境条件、各种促进方法以及合作所产生的效应等进行全方位的评估与控制，同时必须克服由于资金、权利等的差异而产生不平等的交易关系，真正实现创造性的合作伙伴关系。总之，服务化物流的推进也对企业间关系的管理提供了不断发展、创造的空间。

（五）从物资管理转向信息管理

一流服务化物流纵深发展的一个前提条件是随着现代信息技术的革命，企业管理层在掌握全面信息的基础上，能适时、有效地实施各种物流活动并加以管理和控制，这样通过全过程监控流通渠道中的物质活动，有效地消除信息真空，进而降低商品库存。这是因为库存常常是抵御不确定性和风险的一种手段，如果这类不确定性和风险能降低，那么库存也将下降，所以，现代的企业物流主管部门，已不仅仅是物流商品管理者，更是流通信息的管理者，它对企业管理人员掌握现代信息系统和信息技术以及分析信息的能力有相当高的要求。

第四节 冷链物流

随着我国社会经济的发展和人民生活水平的快速提升，冷链物流逐步受到重视。大力发展冷链物流有利于减少我国食品、药品等在流通过程中的损失，也有利于提高食品、药品的消费安全。

一、冷链物流概述

冷链物流是指以冷冻工艺为基础、以制冷技术和蓄冷技术为手段，使冷链物品(易腐食品、药品等)从生产、流通、销售到消费者的各个环节中始终处于规定的温度环境下以保证冷链物品质量，减少冷链物品损耗的物流活动。冷链物流的实施注重供应链管理思想的指导，要求综合考虑生产、运输、销售、经济和技术性等各要素，协调相互间的关系，以确保冷链物品在整个供应链过程中的保值增值，是物流体系中不可缺少的组成部分。与一般的物流系统相比，冷链物流的实施对设施设备和运行环境有着特殊的要求，如要求冷链产品的原材料质量好，处理工艺品质高，包装符合物品的特性等。

随着经济发展和生活水平的提高，人们更加关注生活质量，更加关注食品的新鲜度和多样化。以冷鲜肉为例，在制作过程中，要求在畜体屠宰后的 24 小时内将宰体温度降至 0～4℃，然后在此温度下进行分割、剔骨、包装，并在储藏、运输直至到达最终消费者的冷藏箱或厨房的过程中，温度要始终保持在 0～4℃。这种肉在嫩度、口感、风味、营养、多汁性和安全性等方面，都优于无任何冷却条件下加工的热鲜肉。冷链物流能够大大改善传统物流运作的环境，确保物品在生产、仓储、运输、销售、消费等供应链所有环节上处于所需的温度环境。冷链物流是生鲜物品在加工、运输与配送、储存销售等整个链条中保持物品鲜度和营养价值的重要基础。冷链物流可以降低由于商品鲜度下降、变色、变质、腐烂等带来的损耗，降低经营成本，显著提高生鲜食品的附加值。作为保障产品质量安全链条中的重要一环，冷链物流已成为衡量一个国家经济发展水平和物流业发展水平的重要标志。发展冷链物流，一方面可以提升产业竞争力；另一方面能提高民众的生活质量，保障物品品质。

二、冷链物流的基本特点

冷链物流是以保证食品和药品等物品品质为目的，以保持低温环境为核心要求的供应链系统，与一般常温物流相比，冷链物流有其自身的特点。

(1)冷链物流的运作设施投资比常温物流大得多。例如，建设冷库和购买冷藏车往往需要投入较大的资金，其投入资金额是一般库房和干货车辆的3～5倍。

(2)易腐食品、药品的时效性要求冷链物流各环节具有更高的组织协调性。由于冷链物流需要封闭式运行，因此，加强冷链物流各环节的全程控制与协调十分必要。

(3)冷链物流的运作成本很高。在冷链物流的运作过程中，由于物流企业需要使用持续的电源以保证货品处于冷藏或冷冻的状态，断电意味着冷链的断裂，因此，物流企业需要较高的能耗成本以保证冷链的正常运行。

(4)冷链物流管理需要更多的专业技术。冷链物流管理是一项包含诸多专业技术的管理工作。制冷技术、保温技术、产品质量变化检测技术、温度控制与监测技术是支撑冷链物流的主要技术。

三、发展冷链物流的意义

发展冷链物流具有积极的社会意义和经济效益。首先，有利于减少我国食品、药品等在流通过程中的损失。以鲜活农产品物流为例，我国水果蔬菜等农副产品在采摘、运输、储存等物流环节上的损失率为25%～30%，全国每年果品腐烂损失近1200万吨，蔬菜损失1.3亿吨，按每公斤1元的价格计算，经济损失达上千亿元，而发达国家的果蔬损失率控制在5%以下，美国的水果和蔬菜在物流环节的损耗率仅为1%～2%。大力发展冷链物流，将有效减少鲜活农产品在流通过程中的腐烂和损失，提高农产品的经济效益。其次，发展冷链物流有利于提高食品、药品的消费安全性。随着国民经济的发展和人民生活水平的提高，人们对食品新鲜度、食品营养价值和食品安全的要求逐渐提高。低温冷藏能使食品原有的风味、色泽、营养保持得更好，同时提高食用安全性。由于储存和运输过程中的温度条件关系到药品质量的优劣，所以，医药冷藏物流十分特殊，冷藏的药品对物流有很高的要求。从物流运作的角度来看，大力发展冷链物流，可以有效减少从生产领域进入到消费领域的变质食品和药品，保障食品和药品的安全，减少经济损失。

四、冷链物流的适用范围与运作条件

(一)冷链物流的适用范围

冷链物流的适用范围主要包括食品和药品，具体来说包括以下内容。

(1)初级农产品，包括蔬菜、水果、肉、禽、蛋、水产品、花卉产品等。

(2)加工食品，包括速冻食品，禽、肉、水产等包装熟食，冰激凌和奶制品，快餐原料等。

(3)医药冷藏品。一般而言，凡是要求在低温条件下(2～8℃)储存的药品(如冻干粉针剂、生物制品、疫苗等)都属于医药冷藏物流的范畴。

(二)冷链物流的运作条件

冷链物流运作必须满足一定的条件，以食品冷链物流为例，这些运作条件包括以下内容。

(1)“3C”条件是指在整个冷链物流运作中，需要保持清洁卫生(clean)、低温(cold)的环境和对食品的爱护(care)。这是保证食品流通质量的基本要求。

(2)“3T”条件，即著名的“TTT”理论：时间(time)、温度(temperature)、耐藏性(tolerance)。该理论表明，对每种冷冻食品而言，在一定的温度下，食品所发生的质量下降与所经历的时间存在着确定的关系，大多数冷冻食品的品质稳定性随着食品温度的降低而呈指数增长。

(3)“3Q”条件，即在冷链中设备数量(quantity)的协调、设备质量(quality)标准的统一，以及快速的(quick)作业组织。其中，设备数量的协调和设备质量标准的统一有利于保证食品处在适宜的环境(温度、湿度、气体成分、卫生、包装)之中。快速的作业组织是指对加工部门的生产过程、经营者的货源组织、运输部门的车辆准备与途中服务和换装作业的衔接以及销售部门的库容准备等进行快速的协调和管理。

五、冷链物流的构成

冷链物流是在供应链管理思想指导下进行的，其效率和质量取决于各节点的有效衔接。冷链物流的主要节点：上游为养殖或种植基地、冷藏仓库、生产加工基地、冷冻冷藏食品生产加工企业等，中游为冷藏仓库、产地批发市场和销地批发市场、配送中心、分销商等，下游为农贸市场、超市、便利店、餐饮、家庭等。这些节点连接构成冷链物流网络。主要的冷链物流环节有以下几个。

(一)原材料的获取及冷却环节

获取质量完好的原材料并进行快速冷却是冷链物流的第一个环节。该环节的质量高低直接决定了整个冷链物流的质量。低温储藏可以有效地控制环境温度的变化对产品新鲜度和质量的影响，是物品在整个冷链链条上质量和新鲜度的保证。获取质量有保证的原材料，及时、快速地进行冷却和保鲜，对于确保产品从加工到销售各环节的原有品质具有非常重要的意义。

(二)冷藏加工环节

冷藏加工环节包括产品的预冷和处于一定温度控制的加工过程。加工过程要经历一系列的加工工艺，对温度进行有效控制是不容易的，但该环节又是产品价值增值的重要一环，是整个冷链中必不可少的环节。因此，这个环节的温度控制非常重要。通常在这个过程中会涉及各类冷藏库、冷藏柜以及最终消费者所使用的冰箱等。

(三)冷冻储藏环节

冷藏实际上是指冻藏，即经过快速冷却，将产品温度控制到恰当的温度范围再进行储藏，可以大幅降低产品质量变化的速度。目前我国的储藏技术主要可以分为四类：气调储藏技术、冰温储藏技术、减压储藏技术和气调包装(MAP)储藏技术。

(四)冷藏运输与配送环节

在冷藏运输与配送环节中，温度的波动极易造成产品质量的下降，这就需要运输工具具有性能良好的温控技术。运输与配送环节将不同的冷链环节衔接起来，贯穿于整个冷链过程。冷链运输有多种形式，如公路冷藏运输、铁路冷藏运输、水路冷藏运输和航空冷藏运输等，用到的运输工具主要有冷藏车、冷藏集装箱以及其他保温运输工具。

(五)冷藏销售环节

冷藏销售环节主要包括批发和零售环节，是消费前的最后一个环节。大中城市各类连锁超市的快速发展，使其逐渐成为冷链产品的主要销售渠道，冷藏库、冷冻陈列柜以及冷冻库成为整个冷链中越来越重要的不可缺少的冷藏设备。

课堂案例

江西冷链物流发展情况分析报告

江西省委、省政府高度关注食品安全，积极发展农产品流通，满足人民生活需求。但农产品具有保存期短、极易损腐、运输要求较高等特点，这给冷链物流带来了巨大的发展空间和广阔的市场。

虽然冷链物流发展具有巨大的潜力，但是由于相关冷链物流标准和基础设施的严重滞后，江西冷链物流发展尚处于初级阶段。发展冷链物流显得尤为迫切，有助于降低农产品损耗和提高农产品质量。

1. 江西省冷链物流发展现状

江西是农业大省，农业自然资源丰富，特别是优质农产品全国闻名，享有“江南鱼米之乡”美誉。著名农产品有赣州的脐橙、南丰的蜜橘、广昌的白莲、鄱阳湖的水产、南安的板鸭、上饶的大米等。江西每年还承担着国家生猪供港、战备肉储备等战略物资保障任务。

(1)农产品冷链物流需求迫切。统计显示，2015 年江西水果产量 450.3 万吨，增长 8.6%。蔬菜产量 1359.1 万吨，增长 3.6%。肉类总产量 355.1 万吨。其中，猪肉产量 253.5 万吨，牛肉产量 13.6 万吨，羊肉产量 1.2 万吨。禽蛋产量 49.3 万吨。牛奶产量 13.0 万吨。水产品产量 264.2 万吨，增长 4.2%。农产品产重持续增长，不仅可以满足人民生活需要，还可以有力带动冷链物流快速发展。随着人民生活对高品质农产品需求和对冷链物流提供服务的要求越来越高，冷链对物流时效性和食品安全起到了重要保证作用。

(2)冷链物流基础设施发展较快。据不完全统计，江西目前有冷链物流企业 113 家，冷库容量达70万吨，冷藏车辆近800台。近年来，我省农产品冷链物流发展较快，涌现出如江西玉丰、九江派拉蒙、宜春赣西农批市场等冷链物流龙头企业。九江新雪域物流园成为我省专业冷链物流园区，南昌肉联厂作为国有企业，在冷链物流方面仍发挥重要作用。赣州利友食品有限公司为赣南地区专业的第三方冷链物流企业。南昌煌上煌、双汇集团、国鸿集团等是我省重要的肉制品冷链企业。江西九洲通药业有限公司是我省药品冷链仓储配送企业，为全省提供药品冷链配送服务。

(3)冷链物流发展政策支持持续发力。近年来，江西农产品冷链物流得到了国家政策支持。通过开展西果东送和农产品现代流通综合试点，累计安排中央财政扶持资金达1.5亿元，带动社会投资近20亿元，支持以赣南脐橙流通企业为主的农产品流通企业建设产地集配中心52个，新(扩)建标准厂房15万平方米，果品分拣包装生产线43条，新增农产品保鲜储存库容(含冷库)20余万吨，农产品检测中心48个。全省农产品冷库仓储库容约70万吨。2015年，我省跨区域农产品流通基础设施建设获得中央财政资金2亿元，支持一批具有集中采购和跨区域配送能力的农产品冷链物流集散中心、加工配送中心、产地集配中心和交易中心项目，培育一批以冷链物流、电子商务等现代技术为支撑，联通重要产地和销地的跨区域产销衔接体系的骨干流通企业，在减少流通环节、降低流通成本和推进流通创新等方面发挥综合示范作用。通过开展跨区域农产品流通基础设施建设，农产品冷链物流集散中心、综合性加工配送中心、产地集配中心等冷藏能力同比提高20%以上，农产品交易规模增长5%以上。

2. 江西冷链物流面临的突出问题

(1)冷链物流发展严重滞后。目前，江西蔬菜、水果、肉类、禽蛋、水产品冷藏运输率总体上低于全国冷链流通率5%～23%的平均水平，冷链物流规模小。据统计，我国果蔬采摘后腐烂变质的平均比例为35%。以赣州果蔬为例，由于缺乏适当的采后管理，果蔬采摘后腐烂变质量高达159.6万吨。若按1元/千克计算，当年赣州果蔬因腐烂变质而造成的经济损失就高达15.96亿元。农产品产后腐烂变质不仅威胁到消费者的食品安全，还给农户和流通企业带来巨大经济损失。据估算，目前我省已有冷藏容量仅占货物需求的10%左右，冷藏运输率更是低至1%左右。目前大约90%肉类，80%水产品，大量的水果、蔬菜、牛奶、豆制品、鲜花等基本上还是在没有冷链保证的情况下运销。

(2)冷链物流企业提供服务水平较低。江西大部分冷链物流企业主要提供冷藏、冷冻等比较单一的服务，能够提供冷藏加工、运输、配送等全程服务的专业冷链企业比较少。与日益增长的专业冷链物流需求相比，专业冷链物流的发育程度明显滞后。专业的冷链物流是有相当严格的标准的，所配送的物品必须分类装车，并根据不同货品来调节温度，在运输过程中还有全程的监控和温度记录等，因此，必须配备专用车辆和远程监控系统。我省商品流通环节的企业及人员对冷藏保鲜物流及供应链管理认识不足，技术手段落后，专门从事冷冻保鲜物流业的企业寥寥无几，食品冷链市场化程度很低，第三方介入很少，易腐食品的生产企业和经销商的自营物流占总物流量比例是90%，第三方物流约占10%。

(3)设施设备不足、产业配套不全。冷链设施和冷链装备严重不足，硬件设施建设缺乏。我省大部分易腐物品装车大多在露天而非在冷库和保温场所操作，80%—90%的水果、蔬菜、禽肉、水产品都是用普通卡车运输。在城市配送中大量的牛奶和豆制品是在没有冷链保证的情况下运输的。有的企业采用“山地水冷储存库”的土方法进行冷藏作业。我省目前的冷库中肉类冷库多，果蔬冷库少；普通型冷库多，专业型冷库少；基础型冷库多，高技术冷库少。很多冷库只限于肉类、药品的冷冻贮藏，多种冷藏设施通常是由其他建筑用途改建而成，冷藏功能单一，而且库龄较长，设备设施陈旧，企业成本高效益差。冷藏冷冻车辆匮乏，都是小型配送车辆，运输成本高。而当生产淡季和原料资源不足时，冷库和冷藏车往往处于闲置耗能状态，所形成的资源不能得到有效利用。此外，冷链产业的整体发展规划欠缺，影响冷链物流的资源整合，供应链上下游之间缺乏配套协调。

(4)冷链标准化程度低，技术落后，缺乏专业人才。目前江西冷链技术仍处于一个较为落后的阶段，农产品冷链中冷冻冷藏专业技术不完善，冷链成本高、损耗大；信息技术落后，缺乏完善的冷链信息系统；物流技术落后，自动化、智能化水平低，效率不高；组织技术落后，没有建立起有效的战略联盟，无法实现上下游企业互利共赢。运输环节的温度控制常采用冰块加棉被等原始手段，先进的全程温度自动控制没有得到广泛应用。冷链物流各环节的设施、设备、温度控制和操作规范等方面缺少统一标准，冷链物流各环节的信息资源难以实现有效衔接，相关管理办法和操作规范跟不上冷链物流的发展。农产品生产与冷储、运输、批发、零售等环节的融合严重不够，未能形成完整的冷链产业链。冷链物流运营与管理人员大多是从普通物流转行而来，对农产品冷链特性和操作规范不熟悉，服务质量难以提高。目前，我省冷链物流人才培养与引进仍然比较薄弱。

3. 江西冷链物流企业典型案例

(1)江西新太好实业10万吨冷链物流园项目。新太好实业投资打造的“10万吨现代冷链物流及仓储交易中心建设项目”，位置优势显著，紧临320国道，驱车至西客站、华南城仅需10分钟，至市区红谷滩仅15分钟，高铁横穿对面。项目地所在的长堎工业园是经省政府批准的省级开发区，被定为南昌市物流业发展规划的三大物流基地之一，西外环高速、昌樟高速、昌铜高速、昌九高速、杭南长铁路、向莆铁路以及西客站、生米站等一系列重大交通设施交汇于此，为发展商贸物流提供有力的保障和天然基础，为项目的发展提供了更为有利的条件。一是该冷链物流园一期占地81.1亩，建筑面积88 000平方米，投资近3.76亿元建立集办公、仓储、农产品冷链物流、信息交易平台为一体的现代产业化集群地，是为促进地方经济繁荣发展而孕育的南昌市百大重点项目。二是运营模式：冷链网络信息为先导的多式联运及连锁经营模式。集农产品交易、供求信息、产品批发、产品展示、互动交流、宣传推广等服务为一体，配备“全国调拨，省内配送”的冷链物流网络和冷链物流综合信息平台，配备包括物流业务管理系统、物流企业管理系统、物流电子商务系统和客户服务系统的交易中心综合物流管理系统，将发展成为一个现代综合型的冷链物流中心群。拥有高温、低温、超低温、速冻等多种仓储功能及库型，实行统一管理、统一配送。冷库设计符合新常态下的冷链走向，达到国内同行业领先水平。冷链运输具有区别于其他物流类别的明显特征，如复杂性、协调性、高成本性。且冷链运输园前期投入大，属重资产项目，具有一定的公益性，是关乎周边地区民生的重大基础设施工程。

(2)九江市新雪物流园项目。该项目总投资12亿元，注册资金1.03亿元，占地面积187.01亩，总建筑面积约32万平方米，是九江市唯一具备专业冷链冷藏配置的农产品批发交易市场，库容量10万吨。一期冷库已投入使用，库容量4万吨，其中高温库库容量1.3万吨，低温库库容2.7万吨。高温库库温保持在0℃～5℃，主要用于存放水果、蔬菜、茶叶及相关农副产品等，低温库库温保持在－18℃左右，用于存放速冻食品、水产品、肉类、禽畜产品等，与之配套的速冻间、制冰间也已投入运行。新雪域物流园立足赣北，扎根九江，以库容量高达10万吨的超大型冷库为核心，服务周边同类市场，如琵琶湖农产品批发市场、九江米市、九江水果市场、京九批发市场等，在直径3公里内，形成冷冻食品、干货调味品、粮油、水产、冰鲜产品、禽类、蔬菜、水果、粮油、中药材、副食、百货等丰富业态，在配送方式上，除平台商户短距离自配以外，同时与配备强大高效的加工配送、仓储物流、电子交易平台等物流服务的长东仓储物流园形成联动机制，为诸多商家提供标准化、规范化第三方现代物流服务。

新雪域物流园目前主要以农副产品及快速消费品为主要配送对象，采用汽车运输进行配送。目前，平台内部可调配的冷冻冷藏专用冷链物流配送车辆约有60余台；自有常温配送车辆30辆，配送距离500公里以内，配送范围除九江地区周边县、乡镇及南昌区域外，辐射九江周边湖北、安徽等地区；配送车辆净荷载吨位1.5吨至50吨之间，其中山东、湖北、黑龙江、河南、福建等地进入园区长途专用冷藏保温车辆单车净荷载基本在40吨至50吨之间；配送覆盖率约为90%。

(3)赣州利友食品有限公司冷链项目。赣州利友食品有限公司大型现代化综合冷库坐落在章贡区沙河工业园区，距323国道100米，距高速路进出口200米，投资1.5亿元，容量为1.5万吨。该项目占地21.33亩，是集制冰、冷冻、储存、加工、经贸于一体的江西省第二大冷冻综合库，是赣南规模最大、江西省建设标准最高、规模第二大的农副产品冷链物流企业；建有配套的冷链食品客户批发、配送点。该企业正计划新增建设具有10万吨库容量的江西省最有影响的“农副产品冷链物流园”。建成投产后可安置就业岗位500个，年产值可达数亿元，为赣南地区18个县市脐橙产业提供了储存保障。对城乡农贸冻品市场具有良性的平抑作用，对改善和丰富城乡居民生活质量具有深远影响。

4. 建议

(1)加大星级冷链物流企业扶持力度。鼓励农产品物流企业配置节能环保的冷链运输车辆，淘汰“冰块＋棉被”等简陋冷藏运输方式。重点支持农产品城市配送的冷链物流配送体系建设，大力提升农产品冷链运输车辆匹配比例，推行农产品冷链城市配送车辆统一标识和车型标准化，推广具有常温、冷藏、冷冻等多温层功能农产品运输车辆。引导和鼓励企业使用托盘、容器、包装等标准化运输工具。加大财政资金扶持力度，鼓励和支持企业按照规范化、标准化运作要求，建设全程温湿度自动监测、控制和记录系统，鼓励企业申报星级冷链物流企业评估。

(2)加强冷链物流基础设施建设。推进冷链物流中心(配送中心)项目的规划建设，以物流配送中心为核心，发展区域内农产品及药品冷链物流体系。重点加强为批发市场、药品仓储、大型零售企业等冷链节点服务的冷藏设施建设，在城市周边规划建设生鲜农产品低温配送和处理中心，配备节能环保的长短途冷链运输车辆，推广全程温度监控设备。鼓励冷链物流企业加快各类保鲜、冷藏、冷冻、预冷、运输等冷链物流基础设施建设。

(3)加快培育第三方冷链物流企业。鼓励实力雄厚、经营理念和管理方式先进、核心竞争力强的大型冷链物流企业来赣投资兴业。积极发展现代农业，改变现有农业经营模式，发展农业产业园区＋电子商务＋物流的运营模式，保证农产品生产企业从源头开始，实现低温控制，发展冷链运输和低温销售，建立以生产企业为核心的冷链物流体系。鼓励重点冷链企业在产地、销地建设低温保鲜设施，实现产地市场和销地市场冷链物流的高效对接。支持大型农产品连锁超市建设鲜活农产品冷藏和低温仓储设施，购置冷藏车、冰柜等冷链设备，发展从农田到餐桌的鲜活农产品现代物流体系，提高鲜活农产品流通质量安全水平。鼓励大型连锁零售企业加快生鲜食品配送中心建设，在做好企业内部配送的基础上逐步发展为社会提供公共服务的第三方冷链物流中心。利用第三方物流，发展跨区域的农产品长途冷链物流体系。

(4)加大对冷链物流的政策支持。一是搞好冷链物流发展顶层设计。二是将冷链物流纳入物流标准化试点范围。在物流标准化试点中，将多温冷库建设、星级冷链物流企业评估、终端冷链销售设施发展、冷藏货车及托盘标准化等纳入范围，并给予相应政策支持。三是继续开展两岸冷链产业合作试点，不断扩大试点范围，促进两岸冷链产业深化合作。四是建立冷链口岸设施。在“一带一路”和“长江经济带”等战略区域内建立国家冷链口岸设施，作为水果、肉类、禽蛋、奶产品等农产品的进出口，完善通关设施，建立农产品冷链跨境电子商务产业园。五是完善冷链企业用地政策。对冷库建设新增用地，在提高土地集约利用的基础上，合理安排其建设用地。简化冷链物流企业设立时的前置审批手续，提高冷链企业的审批效率。土地管理部门在审批冷链物流用地时，应将冷链物流用地作为工业仓储用地给予优惠政策，在用地上优先考虑，在地价上优惠，以契合“国八条”的政策指导。六是完善冷链物流交通管理政策。建立农副产品公路运输“绿色通道”，加强公路交通运输建设，改善农副产品流通的基础条件，支持冷藏运输车辆跨区域加盟，在车辆审验、车辆管理等方面提供支持。

第五节　其他物流

一、全球化物流

电子商务的发展加速了全球经济一体化的过程，其结果是物流企业将向跨国经营和全球化方向发展。全球经济一体化使企业面临着许多问题，要求物流企业和生产企业更紧密地联系在一起，形成社会大分工。对于生产企业，要求集中精力制造产品，降低成本，创造价值；对于物流企业，则要求花费大量时间和精力更好地从事物流服务。客户对于物流企业的需求比原来更高了。例如，在物流配送中心，要对进口商品提供代理报关、暂时储存、搬运和配送、必要的流通加工等服务，完成从商品进口到送交消费者手中的一条龙服务。

二、精益物流

精益物流是起源于日本丰田汽车公司的一种物流管理思想，核心是追求消灭包括库存在内的一切浪费，并围绕此目标发展出一系列具体方法。它是从精益生产的理念中蜕变而来的，是精益思想在物流管理中的应用。精益思想的核心就是以越来越少的投入——较少的人力、较少的设备、较短的时间和较小的场地创造出尽可能多的价值，同时也越来越接近用户，提供他们确实想要的东西。精益思想诞生后，物流管理学家从物流管理的角度进行了大量的借鉴工作，并与供应链管理的思想密切融合起来，提出了精益物流的概念。

精益物流是一个出色的生产机制，在这个机制下，企业能够以最低的总成本，通过对企业系统的设计和管理，实现对原材料、半成品和成品在整个供应链运作中的流动状况的控制和定位。基本原则包括：①从客户的角度而不是从企业或者职能部门的角度来研究什么可以产生价值；②按整个价值流确定供应、生产和配送产品中所有必需的步骤和活动；③创造无中断、无绕道、无等待和无回流的增值活动流；④及时创造仅由客户拉动的价值；⑤不断消除浪费，追求完美。精益物流的实现需要一个持续且循序渐进的过程。在这个过程中，需要注重以下几点：①“拉动”的概念，以最终需求为起点，由后往前，同时保证生产的标准化、安定化；②重视人力资源的开发的利用；③实行小批量的生产，节约库存成本的同时，更易于现场管理；④与供应商建立长期可靠的伙伴关系；⑤保证高效率低成本的物流运输方式；⑥确保决策层的支持。精益物流的目标可概括为企业在提供满意的顾客服务水平的同时，把浪费降到最低程度。实现精益物流必须认识到：①正确认识价值流是精益物流的前提；②价值流的顺畅流动是精益物流的保证；③客户需求作为价值流的动力是精益物流的关键；④不断改进和追求完善是精益物流的生命。

本章小结

本章主要从五个方面对物流未来发展趋势进行了分析概括。

绿色物流是指以降低对环境的污染、减少资源消耗为目的，利用先进的物流技术规划和实施运输、储存、包装、装卸、流通加工等物流活动。

协作物流反映了通过改变物流方式和物流途径挖掘物流新利润、新源泉的趋势，它通过综合供应者到消费者的供应链运作，使物流、信息流和资金流的流动达到最优化，并追求全面的、系统的综合效果。

一流服务化物流就是以满足消费者的需求为目标，组织货物的合理流动。具体而言就是把商品的采购、运输、仓储、加工、整理、配送、销售和信息等方面有机结合起来，选择最佳的方式与路径，以最低的费用和最小的风险，保质、保量、适时地将货物从供方运到需方，为消费者提供多功能、一体化的综合性服务。

冷链物流是指以冷冻工艺为基础、以制冷技术和蓄冷技术为手段，使冷链物品(易腐食品、药品等)从生产、流通、销售到消费者的各个环节中始终处于规定的温度环境下以保证冷链物品质量，减少冷链物品损耗的物流活动。冷链物流的实施注重供应链管理思想的指导，要求综合考虑生产、运输、销售、经济和技术性等各要素，协调相互间的关系，以确保冷链物品在整个供应链过程中的保值增值，是物流体系中不可缺少的组成部分。与一般的物流系统相比，冷链物流的实施对设施设备和运行环境有着特殊的要求，如要求冷链产品的原材料质量好，处理工艺品质高，包装符合物品的特性等。

电子商务的发展加速了全球经济一体化的过程，其结果将是物流企业向跨国经营和全球化方向发展。全球经济一体化使企业面临着许多问题，要求物流企业和生产企业更紧密地联系在一起，形成社会大分工。对于生产企业，要求集中精力制造产品，降低成本，创造价值；对于物流企业，则要求花费大量时间和精力更好地从事物流服务。客户对于物流企业的需求比原来更高了。例如，在物流配送中心，要对进口商品提供代理报关、暂时储存、搬运和配送、必要的流通加工等服务，完成从商品进口到送交消费者手中的一条龙服务。

精益物流是一个出色的生产机制，在这个机制下，企业能够以最低的总成本，通过对企业系统的设计和管理，实现对原材料、半成品和成品在整个供应链运作中的流动状况控制和定位。

复习思考题

1. 绿色物流的含义是什么？
2. 分析绿色物流管理的含义。
3. 信息协作物流的含义是什么？
4. 简述一流服务化物流的含义。
5. 什么是冷链物流？
6. 发展冷链物流的意义是什么？
7. 全球化物流的含义是什么？
8. 掌握物流协作网络体系结构。
9. 简述服务化物流对企业管理的影响。
10. 精益物流的含义是什么？

案例分析

众品：打造中国特色的温控供应链服务体系

众品集团是中国领先的集农产品加工、食品制造和冷链物流服务于一体的企业集团，其战略定位是中国肉类产业链整合商和中国冷链食品集成服务商。众品集团供应链总监陈锐说，从整个众品集团的战略上讲，冷链物流是一个新的战略增长点。作为食品供应商，与消费者的距离太远，又不能通过办零售业来延伸，只能依靠良好的冷链物流服务提高产品品质。沃尔玛之所以能够成为世界最大的零售企业之一，不光是因为管理者非常优秀，还跟其占位有关，即占据了最靠近消费者的一端。以前众品物流为自身企业服务，现在众品第三方冷链物流业务已占总业务量的30%以上，而且还在不断提高。陈锐告诉记者，冷链物流的商业模式正在快速发生变化。运输型的企业向运输仓储一体化和运输网络化发展；仓储行业已经从纯粹的冷库储存走向库内作业服务，即提供冷库出租的同时，也提供分拣、装卸等增值程序；交易型模式已由摊位演化为交易区；区域配送模式则正在走向共同配送。"但无论是哪种业态的冷链物流企业，其共同发展方向都是朝着宽温带、一体化、信息化、透明的温控供应链发展。"陈锐说，"现在很多优秀的企业家都意识到这一点，有的公司干脆就把名字改为'××供应链公司'。"陈锐告诉记者，众品冷链物流包括四个核心内容：一是冷库网络化，二是发达的IT系统，三是生鲜加工，四是供应链的整合优化。"对于网络化，在企业的发展历程中，有一种很幽默的说法：小企业下跳棋，逮住一个算一个；中型企业下象棋，一步一个脚印；大企业下围棋，不等落下最后一颗子，看不出前面的布局有什么作用。"陈锐说。网络化的冷库布局是一个长时间的持续效应。陈锐介绍，众品的冷库网络化布局分为三种类型：产地冷链物流基地、销地冷链物流基地和工厂冷链物流基地。对于IT信息化，陈锐认为IT系统是物流之神，是整个物流的指挥系统。众品的信息化系统，已经实现了全程的可视化监控，包括每辆车的温度控制、行驶路线以及开门次数。从供应链来看，众品物流IT系统除了自身的监控，最重要的是实现了和客户的无缝连接。"必须充分发挥信息化监管的作用，做到在线监督、实时管理，'事后诸葛亮'不能做冷链。"第三是生鲜加工。在这个层面，最难的不是冷链加工技术，而是对农民的组织。在众品前期农产品采购中，对农民提供"五统一"服务，甚至对蔬菜的采摘时间都进行了详细指导，这在供应链的最前端保证了食品的质量和安全。第四是完整的供应链服务。陈锐给记者举了一个黑龙江大豆如何到许昌的例子。众品会根据客户不同的需求采取不同的运输方式：如果企业对运输效率要求比较高，众品采用从黑龙江到许昌的货车一站式运输模式，费用相对较高；如果客户要求节省运费，众品则采用产地—哈尔滨—郑州—许昌的多式联运方式。这些供应链的优化服务，不仅为客户降低了成本，更重要的是与客户一起开拓了新的利润空间，大家共同发现价值、共同实现价值、共同分享价值，这也是众品文化中最重要的基因之一。

思考

结合本章所学内容，谈谈众品集团的冷链物流给你带来哪些启示。

参考文献

[1]胡春森，袁荃. 物流与供应链管理[M]. 武汉：华中科技大学出版社，2012.
[2]程幼明. 物流与供应链管理[M]. 合肥：安徽大学出版社，2010.
[3]夏春玉. 现代物流概论[M]. 2 版. 北京：首都经济贸易大学出版社，2006.
[4]夏春玉. 物流与供应链管理[M]. 5 版. 大连：东北财经大学出版社，2016.
[5]张晓青，胡子瑜. 现代物流概论[M]. 3 版. 武汉：武汉理工大学出版社，2016.
[6]霍红. 物流管理学[M]. 北京：科学出版社，2009.
[7]施先亮，李伊松. 供应链管理原理及应用[M]. 北京：清华大学出版社，2006.
[8]王槐林，刘明菲. 物流管理学[M]. 2 版. 武汉：武汉大学出版社，2005.
[9]叶怀珍. 现代物流学[M]. 4 版. 北京：高等教育出版社，2019.
[10]孙国华. 物流与供应链管理[M]. 2 版. 北京：清华大学出版社，2017.
[11]储雪俭. 物流配送中心管理[M]. 北京：高等教育出版社，2011.
[12]田红英. 物流配送管理[M]. 成都：四川大学出版社，2006.
[13]陈平. 物流配送管理实务[M]. 武汉：武汉理工大学出版社，2007.
[14]王慧，郝渊晓，马健平. 物流配送管理学[M]. 广州：中山大学出版社，2009.
[15]刘娜. 物流配送[M]. 北京：对外经济贸易大学出版社，2004.
[16]魏丽玲. 物流仓储与配送[M]. 北京：北京邮电大学出版社，2008.
[17]周晓杰. 物流仓储与配送实务[M]. 北京：机械工业出版社，2011.
[18]何峻峰. 现代物流管理[M]. 2 版. 成都：西南财经大学出版社，2016.
[19]姚城. 物流配送中心规划与运作管理[M]. 广州：广东经济出版社，2011.
[20]王转. 配送中心运营与管理[M]. 北京：中国电力出版社，2009.